·项/目/管/理/核/心/资/源/库/

[美] 赫尔德曼 著
(Kim Heldman)

朱焕 吴江 译

项目管理快速入门

原则、方法与案例

PROJECT MANAGEMENT JUMPSTART, 4TH EDITION

電子工業出版社
Publishing House of Electronics Industry
北京 · BEIJING

版权贸易合同登记号　图字：01-2019-0895

图书在版编目（CIP）数据

项目管理快速入门：原则、方法与案例 /（美）赫尔德曼（Kim Heldman）著；朱焕，吴江译. —北京：电子工业出版社，2022.1

（项目管理核心资源库）

书名原文：Project Management JumpStart, 4th Edition

ISBN 978-7-121-42403-8

Ⅰ. ①项…　Ⅱ. ①赫…　②朱…　③吴…　Ⅲ. ①项目管理　Ⅳ. ①F27

中国版本图书馆 CIP 数据核字（2021）第 257285 号

责任编辑：刘淑丽
印　　刷：三河市龙林印务有限公司
装　　订：三河市龙林印务有限公司
出版发行：电子工业出版社
　　　　　北京市海淀区万寿路 173 信箱　　邮编 100036
开　　本：720×1000　1/16　印张：20　字数：392 千字
版　　次：2022 年 1 月第 1 版
印　　次：2022 年 1 月第 1 次印刷
定　　价：98.00 元

凡所购买电子工业出版社图书有缺损问题，请向购买书店调换。若书店售缺，请与本社发行部联系，联系及邮购电话：（010）88254888，88258888。

质量投诉请发邮件至 zlts@phei.com.cn，盗版侵权举报请发邮件至 dbqq@phei.com.cn。

本书咨询联系方式：（010）88254199，sjb@phei.com.cn。

译者序

项目管理作为一个专门的职业与学科，起源于20世纪50年代以美国为代表的西方国家。在20世纪80年代，以鲁布革水电站的建设为标志，现代项目管理方法开始被引入中国，并在中国改革开放的大环境中发挥着巨大的作用。项目管理作为一个经验性和实践性都很强的学科，在我们的日常工作和生活中也占有越来越重要的地位。在当今信息化的社会中，由于技术日新月异，市场瞬息万变，我们需要做越来越多的项目来适应社会环境的急剧变化，这也使得越来越多的人需要了解和学习项目管理。

在日常的项目管理实践、培训和咨询工作中，经常有客户和学员向我询问，是否可以推荐一些项目管理入门和科普的通俗读物，因为在他们所接触的项目管理书籍中大部分是非常专业的和理论体系化的，如项目管理协会（Project Management Institute，PMI）组织编写的《项目管理知识体系指南（PMBOK®指南）》。事实上，大部分项目管理的初学者看到这种高度概括和抽象的专业著作，都会觉得难以下手。我也一直在寻找这种关于项目管理的科普型读物，这时，电子工业出版社正好找我翻译一本有关项目管理的科普读物（该书在美国已经畅销多年，现在已经出版到第四版，而中国市场还缺乏此类书籍），于是我欣然应允。经我和吴江老师几个月的努力后，本书终于翻译完成。

由PMI推出的《PMBOK®指南》是目前国际最权威的项目管理标准，也是系统的管理思维与知识在项目管理领域的具体应用。本书以《PMBOK®指南》为基础，用轻松和通俗的语言完整地描述了在整个项目生命周期中项目管理的具体流程和方法，其中，还穿插了很多有趣易懂的项目案例。我们相信，本书可以让对项目管理感兴趣的初学者更快地开启项目管理的学习之旅，从而轻松愉悦地遨游在项目管理实践和知识的海洋之中。

本书作者赫尔德曼女士，在IT领域的项目管理方面拥有超过25年的工作经验，是项目管理领域很多畅销书的作者。本书总共12章，其中，第1、2、4、5、6、7、8章及前言等部分由我翻译，第3、9、10、11、12章及附录等部分由吴江老师翻译。本书遵循项目生命周期的时间顺序来编写，各章的主要内容介绍可以参见本书的前言部分。在本书的翻译过程中，我们力求通俗易懂，在某些文化背景不同的地方进行了适当的改写和创译，以更加适合国内读者的阅读习惯。

项目管理无处不在。相信本书的出版能让广大的项目管理初学者和爱好者更好地了解和学习项目管理这个实用的知识体系和实践方法，从而为大家在工作和生活中解决问题、迎接挑战，提供巨大的帮助。

朱焕

2021 年 8 月 9 日

前言

如果你正在探索项目管理领域，或者准备开始科学管理你的第一个项目，那么本书正是为你而写的。

项目管理不仅仅可以运用到我们的工作中，还涵盖了我们生活中的方方面面。如果你仔细想想，其实你做过的很多事情都是项目，比如组织一个庆祝孩子生日的晚宴，把一个新产品推向市场，等等。你将在本书中学到项目管理的基本流程与思想，这会帮助你更好地管理和完成你的项目工作。

项目管理可以运用于所有行业。如果在一些热门的求职网站上去搜索项目管理或项目经理的职位，你会更多地了解项目经理对于组织或公司的重要性。在当前的市场经济环境中，组织不太愿意去承担一些有较高风险的项目，它们希望一旦选择了开展某个项目，就要让该项目取得成功。阅读本书会让你掌握扎实的项目管理基础知识和技能，如果你能在未来的项目管理工作中更多地运用你在这里学到的知识和技能，那么你的项目的成功率将会更大。

如果你发现你对项目管理这个领域很感兴趣，觉得项目管理是一个值得追求的职业，我强烈建议你去考取和获得 PMI®的相关资格认证，它们是事实上的项目管理方法论的标准。在你的求职过程中，你也会发现现在许多组织的项目管理相关职位都要求具有 PMP®证书。PMP®是项目管理专业人士（Project Management Professional®）的缩写，是 PMI®颁发的受到各大企业和组织认可的项目管理职业资格证书。

阅读本书将使你快速了解项目管理的基本原理。你还可以通过参与项目管理相关课程的学习、阅读有关项目管理的书籍，以及与组织中的项目管理工作者建立联系，来实践和巩固在本书中所学到的知识。本书的内容遵循 PMI®的项目管理知识体系标准，你在本书中读到的许多术语、概念和流程都是基于 PMI®所著的《PMBOK®指南》。

> 注意 要想更全面地了解项目管理及 PMP®认证，请阅读我的另一本书 *PMP®: Project Management Professional® Study Guide, 9th Edition*，也是由 Sybex 在 2018 年出版的。

无论你是否准备去考取相关项目管理资格认证，对项目管理知识和实践有基本的了解都是非常有必要的。在你的职业生涯中，你会参与各种各样的项目。即使你不是项目的管理者，但是了解一些项目管理的基础知识，比如什么是项目生命周期、如何规划和执行一个项目等，也会更有利于你与项目团队中其他人的沟通，同时还会让你更加了解应该遵循什么样的流程才能确保项目取得成功。

谁应该阅读本书

本书是为那些刚接触项目管理的人士所写的，为更好地理解和掌握项目管理的基本流程和方法奠定基础。即使你在项目管理领域已经有很丰富的工作经验，你也会在本书所包含的示例项目、模板和清单中，找到对你管理下一个项目有价值和帮助的内容。

购买了本书，意味着你对学习新事物感兴趣，想更好地进一步发展你自己的事业。对项目管理知识和实践进行深入的了解，有助于提高你的市场竞争力。你对本书介绍的项目管理基本流程和思维方式的学习和理解，可以让你的老板更加相信：你知道如何成功地去完成一个项目，并为他节省时间和成本。如果你更进一步地去获得相关项目管理的资格认证，那么你就能获得更多的晋升，以及薪水更高的项目管理职位的机会。你现在或未来的老板，会把你对项目管理知识和认证的追求，理解为你具有自信和远见卓识。

本书涵盖的内容

本书会从头到尾地引导你完成整个项目生命周期，就像在实际工作中去管理项目一样。书中提供了许多有用的项目管理案例、提示和注意事项等，它们将帮助你解决一些常见的项目管理问题。本书的章节是依照项目生命周期的时间线来设计的，以下是本书内容的概述：

第 1~2 章

这两章主要介绍项目管理的基础知识，包括项目的定义、项目生命周期，以及优秀项目经理所必备的项目管理技能等。

第 3~4 章

这两章主要讨论了项目生命周期中的启动和规划过程。在这里，你将了解项目章程的相关知识，以及如何设置项目目标、收集项目需求等。

第 5~7 章

这些章节会指导你将项目分解为可管理的项目组件、获取资源、识别并规划项目的风险等。

第 8~9 章

到此大部分的项目规划工作已经完成，现在，你需要将它们整合到一个最终的项目计划中，包括项目进度计划和项目预算等。

第 10~11 章

现在开始正式执行项目工作了。在这里，我将介绍如何执行和监控项目流程，包括团队建设、报告项目状态、监控项目绩效，以及采取必要的纠正措施等。

第 12 章

最后，介绍项目的收尾流程，也会简要介绍敏捷项目管理的相关知识。

更好地阅读本书

在每章的前面，会列出本章将阐述的重点内容。在这些要点中你会见到一些新的专业术语，可以帮助你快速地熟悉和了解本章的主要内容。此外，书中有三种特殊的段落样式会突出显示需要引起注意的重要信息：

注意 “注意”段落会介绍与正文相关的更多信息，包括相关信息的扩展参考资料。

提示 “提示”段落会描述一些让你更容易和有效执行任务的相关信息。

警告 “警告”段落会告诉你在执行项目管理任务时，你应该做什么，或者不应该做什么。

在每章的末尾，本书还提供了一些思考题，以测试你对本章内容的理解程度，你可以在附录A中找到这些思考题的参考答案。你还会在每章的末尾找到一份关键术语，以帮助你复习每章中所介绍的关键术语。

本书附录B还列出了在整本书中出现过的所有模板和清单。你可以根据自己项目的需要来使用或修改这些模板和清单。

目录

第1章

基本概念

本章要点：

- ✓ 项目管理的定义
- ✓ 各种组织结构
- ✓ 项目管理过程组
- ✓ 项目标准
- ✓ 制约因素和它们的影响
- ✓ 项目管理认证

欢迎来到项目管理的世界。你可能已经具备了一些项目管理的相关经验，但只是你自己并没有意识到。例如你可能组织过你们公司的年会，或者参与过一个新产品的研发工作。在你的职业生涯中，从项目的开始一直到最终项目结果的产出，你可能已经实实在在地使用过项目管理相关的流程和工具。

在阅读本书的过程中，你会发现你可能已经使用过其中的一些流程，只是你没有意识到，它们已经是既定的项目管理工具和流程。我将在这些流程中加入一些新的元素，你也将会学习到一些新的技术和过程，这将增加你的项目管理经验，并帮助你在以后的项目中更加游刃有余。

在本章中，你会学习到一些项目管理的基础知识，为以后的良好项目管理实践打下基础。

■ 项目管理之旅

我们项目管理之旅的第一站便是对 PMI®的简要介绍。PMI®，英文 Project Management Institute 的缩写，是当今世界推动项目管理实践和理论向前发展的领导者，受到全球广泛认可。PMI®一直致力于制定项目管理相关标准、维护项目管理相关职业道德，并提供出版、培训等服务，同时还会举办行业会议、全球各地设立分支机构和行业分会，以及和大学合作设立项目管理学科等。PMI®还推出当前社会广泛认可的项目管理专业人士认证 PMP®。

本书内容将主要围绕 PMI®发布的《PMBOK®指南》进行展开。《PMBOK®指南》已经成为关于项目管理术语、过程、技术的标准，并被全球上百万的项目经理所了解和领悟。本书我将使用《PMBOK®指南》中的术语和过程名称以帮助你熟悉和了解世界各地的项目经理的共同语言。

我们项目管理愉悦之旅就要开始了，你准备好了吗？在本章中，我会从项目的定义开始，以便让你对项目管理的过程和规划有一个概要认识，并能让你在未来的项目中通过使用这些项目管理技术而受益颇丰。在介绍项目管理之前，我还会介绍一些关于组织基础结构的相关知识。

项目管理：用知识、技能、工具和技术描述的这些过程，会组织和监督项目的各项工作，最终达成项目目的。（这个定义来自《PMBOK® 指南》。）

↘ 这是一个项目吗

你如何知道新分配给你的工作是否为一个项目？学习这些项目管理相关的知识和技术是否会对你的工作有益？可能你像大多数人一样，每天的工作，一般就是检查邮件，并与你们团队中的同事进行讨论交流。有时候你的老板会询问你们讨论的问题的进展情况。所有的这些日常工作，没有一个明确的开始和结束时间，这些工作不断持续地在进行。项目并不是这些日常的工作，如果一项工作我们要把其当成一个项目，则它必须符合项目的特征。

项目会产出一个独特的产品、服务或成果，还会有时限性要求，也就是有明确的开始和结束时间，我们称之为临时性。你可以用项目计划中陈述的项目目标和可交付成果，与项目实际产出的结果或产品去对比，来判断项目是否已经被完成。

我们的日常工作很多时候是一直持续的，这些持续性的工作一般被称为运营。可能你喜欢每天午后都要吃一些巧克力来犒劳自己，而工厂生产这些巧克力的工作就是运营。生产巧克力的生产线知道需要生产的巧克力的数量、外包装的颜色，以及每袋需要放入多少块巧克力，等等。每天成千上万袋的巧克力按照他们的方式被包装并送到商店的货架上，最后被我们购买并食用。这些生产巧克力的日常工作不是项目。

现在生产巧克力的公司的高层决定引入一条新的生产巧克力的生产线，这条新生产线可以生产新的口味和形状的巧克力。于是你们组成了一个团队来处理引入新生产线并生产新型巧克力的这项工作。市场团队去市场上收集数据，这些数据表明新型巧克力是顾客的真实潜在需求。于是这些新型的巧克力按照生产计划被生产出来，并同样被送到商店的货架上。那么这是属于项目还是日常运营呢？

答案是：尽管生产新型巧克力是公司每天都需要做的工作，但这是一个项目。其中生产巧克力这个过程可以被看作运营工作，但是，公司以前从来没有生产过这种口味和形状的巧克力，这是一种独特的产品。你应该记得项目的特点，项目产出独特的以前没有的产品、服务或成果。这个新型巧克力项目从开工，到执行、监控，并在所有的要求都达到的情况下收尾完工。完工后巧克力的生产工作不会停在那儿，项目完成后，这个巧克力的生产过程会转变为持续性的运营工作，成为公司日常工作的一部分。这个项目以交付给运营而最终结束。表 1.1 列出了项目和运营工作各自的特点和区别。

表 1.1　项目 VS 运营

项　　目	运　　营
明确的开始和结束时间	没有明确的开始和结束时间
临时性	持续性
产出独特的产品、服务或成果	反复产出同样的产品、服务或成果
资源专注于项目工作	资源专注于运营工作
有指定的标准来判断是否需要结束	运营过程一直持续

↘ 我们要去哪儿

当你开始一个旅程时，脑海中一般会有一个目的地。现在你已经踏上了项目管理探索之旅的旅途，所以我先描述一下当旅途结束时你会在哪儿。

客户：客户可以来自组织内部或外部，是项目产出的产品、服务或成果的终端用户或接收方。

当项目结束时，需要回顾完成项目的各个过程，来了解客户是否对项目产出的产品满意，并在整个项目进行过程中总结经验教训。你可以用这本书来指导你的下一个中小型项目，这样你可以轻易地在项目的各个阶段（不仅仅是项目结束的时候）评估项目的各个要素。（我认为大项目一般是指类似于建造宇宙飞船、建设高速主干道，或者开发一个可以同时自动看管你的店铺和监控你的高尔夫球运行轨迹的大型软件系统。）如果你刚刚开始你的项目管理职业生涯，你很有可能不会一开始就接手一个大型的项目。但是所有的这些中小型项目也同样会让你了解项目管理的基本之道。随着你的项目管理经验的增加，你的项目管理之路会越走越好，做的项目也会越来越大。

注意

当你开始一个小项目时，你所获得的项目经验并不会因此而打折扣。大项目也是由很多小项目组成的。通往大型项目的成功之路正是由各种中小项目的成功来铺垫的。

在这一章和接下来的章节中，你需要了解各个过程的案例讨论，这样你可以更好地应用，甚至适当裁剪所学的知识和模板，以便更好地完成你的项目。现在让我们来鸟瞰一个完成的项目。

↘ 鸟瞰

第一个项目案例就是你手上拿着的这本书。相信你还没有读过整本书（除非这是你第二次读），可能你会有疑问："这本书会不会给我想要的知识？"，或者"读完这本书后，我是不是就可以让我的下一个项目运行得更加高效？"当然，我认为这两个问题的答案都是"是！"当你读完本书时，你对这两个问题就会有自己的答案，你的头脑中会浮现出你所学到的新知识。当你面对下一个项目时，你的项目管理工具箱的装备也会更加齐全。换句话说，本书会满足你对项目管理的好奇心，以及增加你项目管理的知识和技能。

项目的运行都有着统一的规律。作为一个项目经理，在整个项目期间尤其是项目结束的时候，你首先需要关心的是："我是不是达到了客户的要求？客户是否满意？”如果你正确地遵守了项目管理的各个流程，你就会越来越接近项目的成功，从而能肯定地回答这个问题。在项目结束的时候，你需要总结经验教训，这样有利于你未来项目绩效的持续提高。

项目因为需求而产生，而需求与客户的期望密切相关。那么我们如何才能把握好客户的期望？我们怎么知道客户是否满意？表 1.2 所示的核对单简要概括了你在项目中需要创建的计划和需要执行的过程。你可能不完全明白这个核对单中的全部内容，但是请不要担心，我会在本书中一一详细阐述其中的每一项内容。你还可以在本书附录 B 中再次看到项目管理流程核对单。

注意　你还可以从如下网址下载这个项目管理流程核对单：www.sybex.com/go/projectmanagementjumpstart4。

表 1.2　项目管理流程核对单

是否完成	流程或文档名称	说　明
❑	商业论证	一般由项目发起人创建，用于论证项目是否对组织有财务方面的收益。商业论证创建于项目开始之前，用于判断项目是否需要被开展
❑	项目章程	一般由项目经理创建,并由发起人和关键相关方提供输入，最后经项目发起人批准，用于描述项目的目的和成果
❑	相关方登记册	由项目经理创建，列出了关键相关方的姓名、联系方式、对项目的影响力、与项目的利害关系，以及其他能更好帮助管理相关方所需要的信息
❑	假设日志	由项目经理创建，相关方提供输入。描述项目的假设条件和制约因素
❑	项目范围说明书	由项目经理创建，并由发起人和相关方批准。在项目范围说明书里面，项目经理与团队和相关方一起来定义项目的可交付成果
❑	关键成功因素	定义项目完成所必需的要素和要求。可以被包含在商业论证、项目章程或项目范围说明书里面
❑	沟通计划	由项目经理创建，描述相关方和项目团队的信息传递方面的需求，包括如何和何时分发项目信息等
❑	工作分解结构（Work Breakdown structure，WBS）	由项目经理创建，对可交付成果进行层级分解，使其成为更易于管理的工作包，描述了完成项目所需要完成的详细工作内容

续表

是否完成	流程或文档名称	说　明
❑	责任分配矩阵	由项目经理创建，描述了 WBS 各个要素中项目团队成员的角色和职责
❑	资源计划	由项目经理创建，描述了为完成项目所需要的实物资源和人力资源
❑	采购计划	由项目经理或采购部创建，描述需要从外部供应商采购的资源或服务
❑	风险管理计划	由项目经理或风险管理团队创建，识别、描述和规划项目风险
❑	质量管理计划	由项目经理或质量团队创建，描述如何进行质量规划、管理和控制
❑	项目进度计划	由项目经理或项目进度专员创建，描述任务之间的依赖关系、完成任务所需的时长、项目里程碑式的节点，可用于确定关键路径
❑	项目预算	由项目经理创建，描述项目的目标成本
❑	变更管理计划	由项目经理创建，描述如何识别、批准和管理变更
❑	变更日志	由项目经理创建，列出项目的变更请求内容、如何处置、执行日期、相关备注和其他信息
❑	实施核对单	由项目经理创建，描述项目结果在移交给内部运营部门或客户后需要关注的要点
❑	最终状态报告	由项目经理创建，对整个项目进行概要描述，包括做法和问题，并记录相关方接受项目关键可交付成果的日期
❑	经验教训登记册	由项目经理创建，并由发起人、相关方和团队成员提供输入。提供用于改进未来项目绩效或当前项目的未来阶段绩效的各种经验教训

项目章程、项目进度计划、项目预算……如果你认为工作量太大了，你就对了。任何值得做的事情是值得我们花时间和精力去把它做对和做好的。请注意项目的规模决定了你需要投入多大的精力在这个核对单中的每一项中。你可能会很高兴地看到对于小型项目来说，这个核对单中的某些计划和文档可以被合并或被相应地缩减。但是在做这样的裁剪之前你需要考虑项目的特性，以及要考虑如果项目失败，会对你的职业发展产生怎样的影响。

这个长长的清单现在可能吓到你了，但是当你读完本书，你会更好地理解清单中这些计划和文档的重要性，以及为什么你需要在你的下一个项目中运用它们。

↘ 了解你所在组织的结构

对于项目经理来说，了解你所在组织的结构非常重要。每种组织结构都会对项目经理的工作效率有着有利或不利的影响，组织及其文化对于不同的项目经理来说都是独特的。下面我会主要描述项目的组织结构。

一个决定项目组织结构类型的关键要素是高级管理层对项目经理的授权意愿和授权程度。项目经理的权力大小取决于组织结构，以及其与各层级管理层之间的关系。例如，在职能型组织结构中，项目经理拥有很小，甚至没有正式的权力。他们的职位可能都不是项目经理，而是“项目主管”“项目协调员”，或者是“项目联络员”。一个主要与运营层级经理一起工作的项目经理很有可能会比一个与中层或战略层级经理一起工作的项目经理的权力要小。下面让我们来更进一步地了解各种类型的项目组织结构的特点。

职能型组织结构

职能型组织结构是一种传统的天然具有层级性的组织结构。员工汇报给职能经理，而该职能经理汇报给更高层级的经理。

职能型组织把一些类似的运营工作合并在一起形成一个职能部门。比如财务部，财务部的员工都知道如何统计费用，以及让相关的开支维持在一定的幅度内；再比如人力资源部、信息技术部和市场部，等等。这些职能部门的工作都是一些相似的流程，一个部门里的所有员工也是拥有相似的技能，尽管他们的技能水平有高有低。

假设你有一个和老板一起工作的机会，老板对你的工作分配有一定的权力。而你的老板上面还有更大的老板，这样在职能型组织结构里面就会形成一条命令链。例如，所有的市场部员工都汇报给市场部经理，所有财务部员工都会汇报给财务部经理，所有信息技术部员工都会汇报给信息技术部经理，等等，公司所有的员工都是通过他们的职能经理向他们的老板汇报，他们的老板还会向更高层汇报。大部分组织基本上都是这个结构，这是一种非常常见的组织结构模式。

在职能型组织结构中工作的项目经理通常除了手头上的项目工作，还会有其他工作职责。比如，当人力资源部经理收到上层的指派，开展一个名为“自动离职申请系统”的项目，则他不仅仅需要管理这个项目，还需要继续管理好他的部门日常工作。他可以把一些工作分配给他的职员，这样一来，他的工作会变得相对轻松。但是由于他需要同时负责项目管理工作和部门日常的工作，他的职责也会变得更加复杂。图 1.1 是一个典型的职能型组织结构的组织结构图。

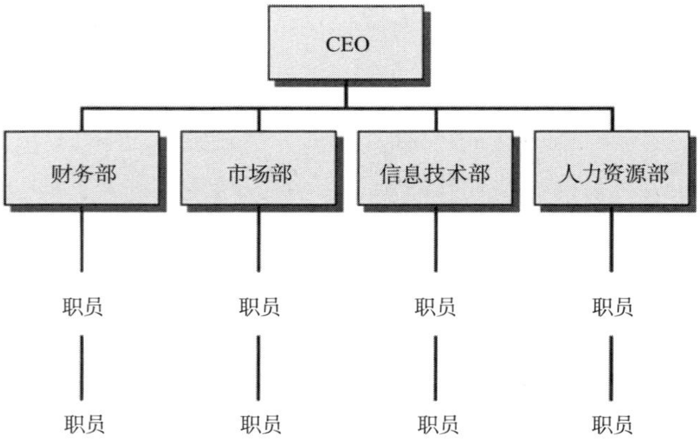

图 1.1 典型的职能型组织的组织结构

如果你是这种组织中的项目经理，你需要注意严格遵守这种命令链的组织文化。这意味着你必须直接和职能经理交谈，除非他们要求，否则你不得越级去找他们的老板。另外，当你需要和这些部门中的项目成员去交流时，你很有可能需要取得这些项目成员所在部门职能经理的允许。

职能型组织结构有如下优点：

（1）清晰的命令链。

项目团队成员只有一个领导，这样他们非常清楚上层的指示和安排。

（2）富有凝聚力的团队。

项目团队成员之间一般互相认识，项目经理对他们的技能和才干也很了解，因此分配任务也非常明确和轻松。

（3）专注某一专业。

这种组织结构允许团队成员一直专注于某一个具体领域，最终成为该领域的专家。

职能型组织结构有如下缺点：

（1）项目经理很多时候是由职能经理来担任的。

上层安排通常倾向于找一个职能经理来担任项目经理。如果项目经理不是职能经理，那么项目团队成员可能不太认可项目经理手中的临时权力，这样会导致项目绩效不好。

（2）官僚主义层级严重。

这种组织结构会让项目的流程变得臃肿和效率低下，因为大量的时间都花在了决策或审批等流程环节，团队自主性不足。

（3）资源竞争严重。

当多种优先级的项目同时进行的时候，职能部门可能会显得捉襟见肘，容易顾此失彼，从而影响部门的各种工作。（严格来说，这个问题也会发生在其他组织结构中，而不仅仅是职能型组织结构。）

（4）项目经理权力有限。

职能型组织结构中的项目经理需要非常强的谈判能力，这样才能通过与职能经理的谈判来获取所需要的资源。对于团队成员，项目经理的正式权力通常只有很小，甚至没有。

项目型组织结构

项目型组织专注于项目本身的工作而不是职能部门的工作。在项目型组织结构中项目经理拥有很大的正式权力，甚至一些职能部门可能都会汇报给项目经理，如会计部、人力资源部。

项目型组织结构与职能型组织结构刚好相反。如果你是这种组织结构的项目经理，你很有可能直接向主管项目管理工作的副总裁甚至是 CEO 汇报工作。

在这种组织结构中，项目经理拥有项目的所有权力，一些支持性的职能部门，如会计部和人力资源部，在他们的专业领域内会汇报给项目经理而不是职能经理。这种类型的组织结构会专注于项目工作，把其作为第一优先级来对待。这样一来，项目经理拥有各种各样的权力，包括组建项目团队、分配资源，并专注于项目本身的工作。所有的项目团队成员都会直接汇报给项目经理，因为他们唯一的职责就是把项目工作做好。如果当前项目结束了，这些项目团队成员会被分配到新的项目上，或者会有其他的工作安排。

集中办公：项目团队成员在同一个物理地点一起工作。

在项目型组织结构里，项目团队成员一般都是以集中办公的方式来工作。这样所有人都在一起工作且汇报给同一个项目经理，可以促进沟通和提升决策效率。图 1.2 是一个典型的项目型组织的组织结构图。

注意 项目型组织结构可以存在于某一个职能型组织里面。也许公司正在做一个关键项目，这个项目需要一个全职的团队，这些项目团队成员只为该项目工作。指派的项目经理直接汇报给主管经理，团队组建好并分配了任务，这样在一个职能型组织里面就有了一个基于项目型组织结构的项目。

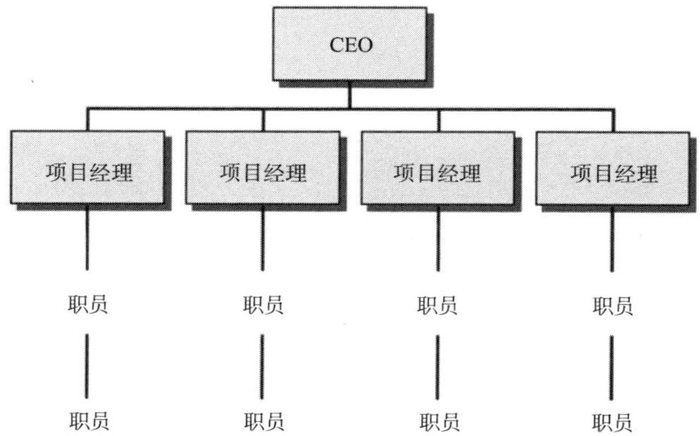

图 1.2 典型的项目型组织的组织结构

项目型组织结构有如下优点：

（1）项目经理拥有非常大的权力。

项目团队成员只有一个领导，他们非常清楚应该听谁的。团队一般采取集中办公的工作方式，沟通效率高。

（2）项目经理是主要的决策者。

这样可以使一些权责更加清晰，如问题最终由谁来解决、谁来负责设定工作的优先级等，也就不会有推卸责任的现象发生。

（3）组织聚焦于项目工作。

资源会专注于项目和项目工作，从而会形成对项目和项目经理的忠诚度。

项目型组织结构有如下缺点：

（1）项目团队成员需要重新分配。

当项目工作全部结束时，项目团队成员需要重新分配。项目团队成员可能不能马上就加入另一个项目。

（2）资源利用率不高。

拥有某一特殊技能的项目团队成员，可能只是在项目过程中的某个环节，或者只有在某些指定的任务里面才被需要。其他时间当这些成员不工作的时候，他们就会闲置下来，这是项目型组织结构的一个需要解决的重要问题。

（3）项目之间会存在对资源的竞争。

组织内部的项目经理在有限的团队人力资源和实物资源的争夺方面会有竞争。当在某个项目运气不好时，其项目经理找到的都是相对比较差的资源，这个时候会对外部客户带来负面影响。

矩阵型组织结构

矩阵型组织结构是指一个项目团队成员需要汇报给多个领导的组织结构，多个领导包含一个职能经理和至少一个项目经理。

矩阵型组织结构是一种结合了职能型组织结构和项目型组织结构的优点，并尽量降低它们二者固有缺点的组织结构。大量的组织在执行项目时都采用这种组织结构。在项目导向型的组织中，矩阵型组织结构会更加专注于项目工作。

注意　矩阵型组织结构最大的缺点就是项目团队成员有一个以上的领导。我不知道你的情况，但是我知道一个领导已经很难对付了，更不用说两个或三个。

项目团队成员被分配到一个或多个项目中，于是这些项目团队成员需要汇报给所有其参与项目的每一个项目经理。他们可能还在他们所属的职能部门有一些日常工作，这样一来他们还需要汇报给他们的职能经理。

让我来给你举一个例子。假设你的项目是需要在银行汇款操作区域内安装一个新的设备。(该设备会在拿到你的钱后把钱存入银行账户，完成支付或汇款功能。)这个项目需要涉及好几个部门：汇款支付、信息技术、客户服务和财务部。为了完成这个项目，上述这些职能部门都会分配人员到该项目中。现在你是这个项目的项目经理，你必须让所有的项目团队成员专注于这个项目并在截止日期前完工。然而来自财务部的 Sara 实际上不太想做这个项目中的工作，只想做她们财务部的内部职能工作，对她自己所在的财务部经理负责。她把她的大部分时间都花在了她职能部门的日常工作上，经常声称她的这些职能日常工作非常紧急和高优先级，导致她的项目上的工作基本从来没有按时完成过。通过这些描述我想你已经了解了当前项目的基本情况。

在矩阵型组织结构的项目中，组织如果把项目工作放在更加重要的位置，就可以解决上一段中描述的问题。当组织非常强调项目工作时，在项目开展期间项目团队成员就不用再为他们职能部门的日常工作而担忧。职能经理负责收集整理这些成员的时间安排表，对这些成员所负责的低优先级的行政职能工作进行监督观察即可，而项目经理给这些成员安排项目上的工作。在人员绩效评审的时候，项目经理会提交这些成员在项目上的绩效评估报告给他们各自的职能经理，该报告会成为这些成员年度绩效评审的一个重要依据。职能经理会负责对这些团队成员做最终正式的绩效评审并分级排序。

在这种组织结构中的项目经理，肯定需要与职能经理在项目的各个环节保持密切协作，包括在准备项目计划、设置进度安排、决定在某些特定的活动需要什么样的人力资源，等等。如果你不与职能经理密切协作，或者你缺乏谈判技能，那么你可能会很奇怪地发现每次当你的项目需要资源的时候，这些资源总是不可用。

当职能经理与项目经理良好协作，而且公司文化又相对于职能工作更加注重项目工作这一块的时候，这种矩阵型组织结构就会运行得很好。这种偏项目的矩阵型组织结构被称为强矩阵组织结构。在强矩阵组织结构下，项目经理会比职能经理拥有更大的正式权力，这样一来项目经理会更加便于开展项目，如更加容易地处理成员之间的争论、分配资源，从而让团队成员能更加专注于项目工作。图 1.3 是一个典型的矩阵型组织的组织结构图（强矩阵）。

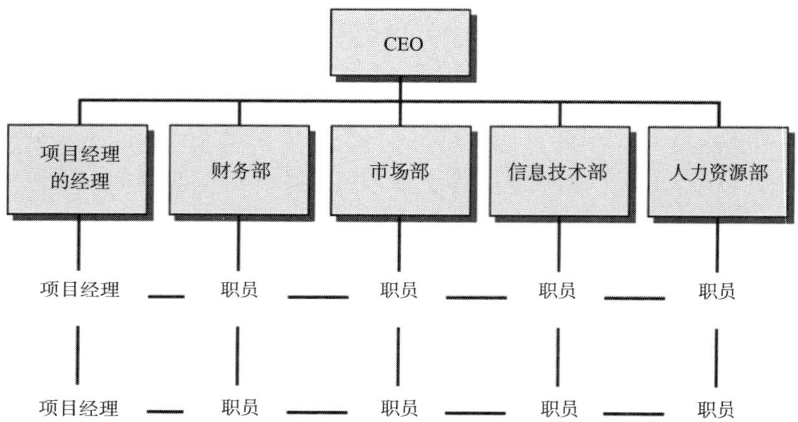

图 1.3　典型的矩阵型组织的组织结构（强矩阵）

强矩阵组织结构有如下优点：

（1）组织专注于项目工作。

资源会更加专注于项目工作。

（2）组织与各种技能的人才相得益彰。

拥有特殊技能的团队成员，可以在跨部门的各个项目上尽情发挥他们的才干，并在他们的专业上与时俱进，这会同时惠及团队成员和组织。

（3）更好的发展机会。

团队成员将他们的职业生涯扩展到组织内不同的部门，这在职能型组织里面是很难实现的。他们的视角会更加全面，对组织整体如何运行会有更深的理解。

强矩阵组织结构有如下缺点：

（1）不止一个领导。

团队成员会汇报给不止一个领导，这种情况可能会导致各种冲突，或者在团队成员更加倾向职能经理的时候会导致项目活动的延误。

（2）职责混淆。

如果项目经理与职能经理没有很好地协作，团队成员就会容易混淆他们的工作优先级安排。

（3）经理之间的冲突。

对于资源和优先级的争夺会影响项目经理和职能经理之间的关系，从而影响项目地执行。如果项目经理和职能经理之间还存在着某些隔阂，那么事情会变得更加复杂。

虚拟型组织结构和混合型组织结构

虚拟型组织结构是指团队没有在同一个物理地点一起工作，但是通过公司内部网络或互联网而连接在一起。虚拟型组织结构可以存在于前面我们讨论过的其他各种组织结构里面。混合型组织结构是由两个或多个组织结构类型混合组成的一种组织结构。在某种意义上讲，矩阵型组织结构就可以被看作是一种混合型组织结构。

项目管理办公室

项目管理办公室（Project Management Office，PMO）是一个专业化的、集中对组织内的项目和项目集进行监督和指导的组织部门。

一个公司设立 PMO 的主要原因是建立和维护项目管理方法论的流程和标准，以及管理好分配到各个项目上的资源。PMO 最常做的事情就是建立项目管理的框架，这个框架可以确保组织内的项目、项目集和项目组合能够与组织的战略目标保持一致。

PMO 的关键作用是对项目经理提供必要的支持，以增加项目成功的可能性。这些支持包括如下几个方面：

（1）提供一套可行的项目管理方法论，包括项目管理相关的模板、表格和标准化的流程。

（2）对项目经理进行指导、辅导和培训。

（3）跨项目的协调和沟通。

（4）管理资源。

PMO 一般还负责对项目文档进行维护和存档管理，以便能供未来参考和使用。它还确保项目与组织战略目标的一致性，同时还会对项目进行审计并针对纠正措施提出建议。PMO 会对已经完成的项目进行评审以了解项目团队成员是否遵守了项目管理计划，还会问类似如下的一些问题：

“项目是否满足计划的时间要求？”

“是否在预算内完工？”

“质量可以接受吗？”

> **注意** 项目经理负责让他们所管理的项目能达到项目目标，管理好项目内的资源和各自项目的制约因素。PMO 需要在它的职责范围内管理好一系列项目总的目标，跨项目管理好所有资源，以及各个项目之间的依赖关系。

在当今的组织中 PMO 已经很常见了，就算其他都不做，PMO 至少还可以做一些项目文档的整理和归档工作。有些 PMO 还会制定和优化针对本组织项目特点的项目管理标准和方法论，还有些 PMO 会提供项目管理相关的顾问咨询服务。尽管如此，要在你下一个项目中运用良好项目管理实践，PMO 的成立并不一定就是必要的。

作为一个项目经理，了解你工作的当前组织是什么样的类型，或者什么样的项目汇报结构对你来说是非常重要的。了解组织结构会让你更好地定位你的权力大小，以及为什么在某些特定的组织结构中你很难把事情做好。了解每种组织结构的优缺点可以让你在未来遇到一些不可避免的问题之后，还能在各种冲突中选择一条正确的道路带领项目团队成员走向成功。

项目管理实践的收益

通过学习什么是项目管理、如何利用好这些良好实践和专业工具，你马上就要开始你的项目管理世界之旅。或许你已经被选择成为接下来公司年会的工作人员，你需要协助项目经理负责公司的供应商参加年会的各种安排，如分配他们在年会上的展位空间，并帮助他们协调好酒店的住宿与活动安排。事情开始进展一直很顺利，直到在年会开始前的一个夜晚，你发现有一些供应商的展台没有铺设牵引电线过去。更糟糕的是，酒店通知你同时会有另外一个会议在酒店的另外一个区域开展，酒店的工作人员会非常忙碌，他们只有在他们有需要的时候才会过来找你。

在你的项目中应用良好的项目管理实践方法和技术可以防止这种问题的发生。不是说你不会在项目中遇到这些问题，而是说在遇到这些问题时，你可以运用良好的项目管理实践方法和技术，从而可以让你更好地解决这些问题。另外，如果你在项目前期就做了很好、很详细的规划，那么对这种问题你也不会感到意外，因为这些问题你在规划阶段就已经考虑到了。

项目管理就是在你的项目上运用技能、知识和已经比较成熟的项目管理工具与技术，让你的项目更大可能地有更好的产出。你会在本书接下来的篇幅中学到所有的这些工具与技术。一旦你学会了这些技能，怎么能更好地运用就取决于你自己了。但我可以确定的一个事情就是，如果你现在是在凭自己的感觉在做项目管理，你会发现你管理项目的方法和我们这儿描述的方法之间有很大的不同，尤其是项目的规划阶段。如果你还没有实践和学习过项目管理，遵守这些你将要学到的流程和技术会让你更像一个资深的项目管理专业人士。

你可能在想，这样一整套的项目管理流程有点像项目以外需要额外做的一些事情，为什么不跳过这些直接开始做具体实际的工作呢？实际上这样想是不对的。你要知道古语有云时间就是金钱，在整个如此长的项目生命周期中，对项目的良好规划、执行和监控会节省你大量的时间。你可以用一些工具来实时测量你是否在通往项目成功的道路上。适当的规划和跟进会防止一些错误和意外事件的发生，这些错误和意外事件如果得不到及时有效处理，就会慢慢蔓延成灾难性的后果。或者至少当发生这些意外事件（其实就是风险）的时候其影响可以得到有效降低。如果你有效地节省了工作的时间，你想想你是否会获得其他额外的收获？

注意　运用良好的项目管理技术可以让你对项目有驾驭感。你用不规范的方法去管理项目，你的项目很可能就会失控，会遇到各种问题。而如果你运用这些项目管理流程里面的工具和技术，你就驰骋在项目成功的道路上了。

再强调一次，良好的项目管理技术会让你对项目有驾驭感。它们会让你更好地控制和运用项目的资源，然后确保你和你的团队在通往项目成功的正确道路上。作为一个项目经理，你必须了解运用良好项目管理技术会给你的下一个项目带来的各种优势。这儿有一个简要的清单，列出了在你的组织中建立起完善的项目管理流程会带来的优势：

- 提高整体项目绩效。
- 缩短项目完工时间。
- 降低项目风险。
- 提高质量。
- 改进沟通效率，提供开放良好的沟通氛围。
- 提供组织中每个人都可以遵循的项目管理方法论标准。
- 确保汇报的一致性。
- 提升项目报告的准确性。
- 增加项目成功的可能性。

目前已经有好几种成熟的项目管理流程体系。很多供应商和公司会向你推荐他们的解决方案和咨询服务，以在你的组织中建立起一套完善的项目管理流程体系。如果你们公司内部没有项目管理方面的专家，这可能是建立你们公司项目管理流程体系的一个方法。大部分的这些产品和流程都可以比较轻易地适用于你们组织的需要，也会有很多咨询顾问会很乐意参与你们组织的项目管理流程体系建设。

项目管理协会（PMI）：一个专注于提升跨行业标准化项目管理流程体系的世界级组织。

其实你没有必要去购买其他的解决方案，因为你可以在短时间内花些精力，遵循像 PMI®这样的组织已经建立好了的标准，来建立起你们自己的项目管理流程体系。PMI®推出的《PMBOK®指南》已经成为国际上项目管理的标准，所以我会在本书接下来的部分重点介绍 PMI®的相关指南、流程和术语。除了 PMI®出版的这套标准，也还存在有其他的项目管理标准，这些标准也可以很好地运用到你的项目中。在本章的后面我会列出一些网站，你可以访问这些网站来了解这些项目管理标准的观点和方法。

请注意，你需要运用哪些具体的流程这并不重要，重要的是你应该遵循一套成熟的流程体系，以及你需要对你的项目工作进行合适的规划和监控，并遵循良好的沟通技巧和文档处理流程。

↘ 专业工具

当前世界上已经有比较成熟的项目管理标准和良好实践，以及一些工具和资源。这些可以在项目的各个阶段来协助你管理好项目。如果你想在你的庭院里面建造一个小房子，那么你需要购买一些工具，而项目管理工具与你想购买的工具没有什么不同。在建造房子的时候，你肯定知道应该如何使用这些工具才能使你的利益最大化，你不应该期望某一个工具是万能的，能做任何事情，你不会用一个锤子去拧一个螺丝。项目管理工具也是一个道理，你不应该期望一个项目进度管理的工具去做风险分析。除了项目管理的相关工具，你还需要一个良好的项目计划。你当然可以一整天一直用锤子在木板上钉钉子，但如果你没有一个可行的项目计划，你建造出来的可能不是一个小房子，而是一个狗窝。

注意 一种工具，不管它多么优秀，都不能够替代良好的项目管理实践。

在你了解这个注意事项之后，让我们来看一些可用的工具，这些工具可以帮助你在下一个项目中取得成功。

项目管理软件

现在你可以自己来做一些事情：找出你最喜欢用的互联网搜索引擎，然后搜索“项目管理软件”关键词。你会看到各种各样的产品包括进度管理软件、风险评估软件，等等。这样的项目管理软件很多，但是它们是不是都是必要的？是不是都好用？当然，这就要视情况而定了。

让我们回到古代，古代人们没有任何电脑和相关的电脑软件程序。你可以想象吗？他们是在纸上做这些项目管理的工作。那么纸是当今最好的工具吗？肯定不是。这是告诉你工具只是让你记录很多信息，可以让工作效率得到提高。自动化的流程当然可以帮助你更好地规划和监控项目，但是你仍然需要理解为什么屏幕上会得到这个输出，也就是这些自动化工具和流程的工作原理。现在在小学老师都会教学生如何进行手动数学计算，还要让他们背诵乘法口诀表。学校为什么要这么教呢？他们完全可以在入学的第一天就让学生用他们智能手机上面的计算器来做这些数学计算。这是因为要让学生知其然还要知其所以然。学生需要懂得为什么在计算器里输入 2 × 2 屏幕上就会弹出来 4。（这儿还有一个很有意思的问题，如果某天外星人侵略地球让地球上的电磁场混乱，这样所有的智能手机都变成了板砖，那这个时候谁会做这些数学计算呢？）只有你理解了项目管理的这些方法、流程和理念，你才能更好地处理项目上可能会发生的各种变更和风险。

注意　有一个非常知名的项目管理软件就是 Microsoft Project。在后面的章节中，你会了解到这个软件的各种功能，以及它会如何帮助你更轻松地做好项目进度安排。今天这个产品已经被广泛地运用在各个不同行业，更是让甘特图成了一个家喻户晓的专业术语。这个产品最强大的功能就是进度管理和资源分配管理，你会在本书的后面深入了解这些功能。

也有一些其他的与 Microsoft Project 功能类似的软件，我建议你自己去找一找。记住这些软件的输出不是项目计划本身，应该说这些软件是整体项目计划的一部分。另外一个你需要注意的事情就是，如果你输入软件里面的就是错误信息，那么你肯定会得到一个错误的输出。

项目管理的表单和模板

你小时候有没有玩过那种带有各种图案的橡皮印章？你把一个印章放在手中，然后向下紧紧压在纸上，松开之后你就会得到一个非常优美的图形。项目管理用的模板和这种印章模板很像，它们为各种文档和任务（如范围说明书、项目进展汇报等）提供一个统一的格式，然后可以一直在不同的项目中重复使用。你会在本书中看到很多这样的模板示例。如果这些模板示例激发了你的求知欲，你想了解更多，你可以去一些网站上搜索这些项目管理相关的模板、信息及文章。这儿列出了一些网站供你参考：

www.projectmanagement.com
www.techrepublic.com
www.tenstep.com
www.pmi.org
www.projectconnections.com
用你最喜欢的搜索引擎去找一找，看是否可以找到更多这样的信息。

让项目文档保持在可被编辑的状态

很多项目管理软件提供了相应的功能可以让你存储、共享和归档项目文档。你的组织可能会有一个内部的站点或文档库用以存储项目文档。如果你的组织有PMO，那么他们会指导你如何，以及在哪儿存储项目文档。不管是什么文档管理系统，主要是要可靠，而且你要知道如何使用它。当你的老板突然毫无征兆地问你项目情况的时候，你需要能立刻定位并且找到你想要找的相关信息。

↘ 理解项目过程

根据《PMBOK®指南》，所有的项目过程可以按时间维度被归类为五个过程组：启动、规划、执行、监控和收尾。我们会一一展开来看一下这五个过程组。首先让我们来概览一下这些过程组是如何一起开展工作的。

我们把编写和印制本书作为一个项目示例。最开始有一个写书的想法，然后这个想法提交上去，经过审批，再按照各种项目筛选标准进行评估和筛选之后，项目就正式立项可以开始做了（启动）；然后做出一个项目计划并得到批准（规划）；接着开始编写每一个章节（执行），并同时由相关技术专家来做评审以保证本书的准确性和专业性，当专家发现某些错误，或者某些段落可以被写得更清楚的时候，会把这些反馈发给作者去改正（监控）；作者改正这些有问题的地方，然后再次提交书稿送去评审和获得批准（重复执行和监控）；最后本书被正式完成，经过最终的评审和批准，经过出版社的审校等流程，最终进行印制并销售给读者（收尾）。

项目生命周期

项目生命周期是指项目从开始到结束所经历的所有阶段。

每一个项目，不管是修建一座桥梁、出版一本书、建造一栋建筑，还是开发一个新的软件程序，都会经历一个完整的项目生命周期。这些生命周期的阶段在不同行业会有所不同。例如，在建筑行业一个项目生命周期一般会包括启动、设计、建造等这些阶段。在每一个阶段结束的时候，项目经理和其他相关方会评审决定项目是否需要继续进入下一个阶段。这种阶段之间的评审被称作阶段关口审查。每一个阶段结束的时候都会作为一个评审点来判断评审项目是否在预期的轨道上，项目只有在阶段评审通过之后才能进入下一个阶段。如果事情的进展不如预期，就需要做出决定比如有些阶段需要重做，甚至是整个项目都需要提前结束。

移交

移交是指在项目生命周期中阶段与阶段之间的交付。

项目管理过程组工作的方式其实差不多。每一个过程组都有它自己的特点和它所属的一系列过程组成，执行过程组会产生输出，而这些输出又会作为下一个过程组的输入。而收尾过程组的输出，就是项目的最终移交。让我们来看一下每个过程组的作用及其产出。

启动过程组

启动过程组是第一个过程组，在这个过程组里面项目被请求立项、批准和开始。

项目启动是在项目最开始的时候进行。启动过程组评估决定哪些项目需要被立项开展。它会评估项目是否值得做，是否会对公司产生收益。更重要的是，启动过程组会授权项目开始，授权项目使用组织资源。下面是启动过程组需要完成的一些事情：

- 定义项目的主要目的。
- 确定项目的筛选标准。
- 指定项目经理。
- 制定项目章程。
- 批准和颁布项目章程。

规划过程组

在规划过程组里面，会制订项目计划，定义项目可交付成果和验收标准，制定项目预算，制订项目进度计划。

项目的规划过程组是项目管理工作的核心。规划过程组会告诉所有相关方你准备去往哪，准备如何到达目的地。我认为做出一个好的项目计划是很有必要的。很多项目会把大量的时间放在项目的规划过程组。当然，一般来说项目的主要时间和成本都会花在执行过程组上。规划过程组所产出的文档会被用在接下来的其他项目过程组里面，去执行项目活动以及监控各个过程。下面是规划过程组需要完成的一些事情：

- 确定项目的可交付成果。
- 确定项目的验收标准。
- 制定和颁布项目范围说明书。
- 定义项目活动。
- 估算项目活动的工期和成本。
- 制定项目预算。
- 制订项目进度计划。
- 确定需要完成项目所需的资源及其所需的特殊技能。
- 识别项目风险，并创建风险应对计划。

执行过程组

在执行过程组里，项目团队成员执行项目工作。项目经理组建团队，分配任务并开展项目工作。

执行就是开展一系列项目工作的过程。在这儿你会把所有在规划过程组制订的计划付诸于行动。你的团队成员已经被分配进来并且厉兵秣马期待开始大展拳脚，项目经理会让团队成员聚焦于项目工作上。执行过程组是项目资源消耗量最大，也是项目预算花费最多的过程组。需要注意的是，在执行过程组你很有可能会遇到进度方面的冲突。下面是执行过程组需要完成的一些事情：

- 组建项目团队。
- 获取其他项目资源。
- 主持召开项目状态评审会议。
- 沟通项目信息。
- 管理项目的各个过程。
- 执行质量保证流程。
- 执行批准的变更请求。
- 执行风险应对计划。

监控过程组

在监控过程组里，需要监督项目绩效，确保项目的产出符合要求。监督和评审变更请求也属于监控过程组的工作。

在监控过程组需要衡量项目绩效，评估项目可交付成果和项目目标是否达到

要求。如果没有，需要采取纠正措施把项目拉回轨道使其与项目计划保持一致。这意味着你可能需要交叠开展项目的规划和执行过程，以确保能把这些纠正措施落实到位。在本过程组还需要开展项目的变更管理，包括项目变更的评估、管理和执行等。下面是监控过程组需要完成的一些事情：

- 对比项目管理计划来衡量项目绩效。
- 如果项目绩效不理想，需要采取纠正措施。
- 评估纠正措施的有效性。
- 确保项目按照计划执行。
- 处置变更请求。

裁剪

裁剪包括决定在项目实践中需要运用具体哪些项目过程和过程组。当做这些裁剪决定时，项目经理和项目团队需要考虑项目规模大小，以及项目的复杂性。一般来说，在任何项目中都开展这五大过程组已经是公认了的项目管理良好实践。

很多项目经理包括我自己在内，会把项目的几个过程并行开展，而不是按顺序开展。有一些项目，尤其是一些小项目更是如此。我的项目一般都是基于信息技术的，经常需要涉及一些新的软件编码，以及一些硬件和系统的安装，等等。在这样的项目中，并行开展执行和监控过程会更好，因为你需要经常测试和调试，以确保你的产出符合项目要求。其他项目或行业可能也适用这样的项目管理流程。决定需要开展哪些过程，以及是否需要并行开展某些过程，这就是裁剪的概念。当你对项目的过程和过程组进行裁剪的时候，需要考虑清楚项目规模的大小及项目的复杂性。

请注意组成每一个过程组的这些过程不是一成不变的，也没有一个固定的模板。你需要判断和决定什么适合你自己的项目。如果你不太确定，那么对于项目的规划和监控工作，多做要比少做好。

收尾过程组

收尾过程组是最后一个过程组，在这个过程组，项目会获得项目收尾的最终批准，项目团队还需要归档项目文档以供未来参考。

收尾过程组里的过程经常被忽略。在收尾阶段，项目已经产出最终产品，客户也比较满意，项目已经收尾，所有人都被释放到下一个项目上。但是收尾却是个非常重要的过程。你需要在这个过程里庆祝项目所取得的成功，总结所获得的经验教训，并移交最终的可交付成果。下面是收尾过程组需要完成的一些事情：

- 移交最终项目可交付成果。
- 总结经验教训。
- 整理和归档项目文档。
- 项目的形式收尾及客户满意度调查。
- 释放项目资源。

提示

你可能听说过吐根糖浆，这是一种催吐剂和急救药，经常用于促使吞服了有毒物质的人呕吐。你可以用这个缩写来轻松地记住这五大过程组：IPECC（Initiating，Planning，Executing，Controlling，Closing），这个缩写的读音听起来有点像 ipecac（催吐剂）（注意：最后你还需要在"Controlling"前面加上"Monitoring and"才完整）。在你的下一个项目中高效地运用这些过程组会使你成为项目的救生员。（IPECC 的谐音 ipecac 在英文中是一种急救药，与此处的救生员含义相呼应。——译者注）

如前面所说，项目管理的这些过程和过程组会贯穿整个项目。举个例子来说，我们写本书这个项目会有监控过程。当作者去检查某一章时，发现遗忘了一个重要的主题。为了确定这个重要的主题应该插入哪儿，作者修订了相关规划过程组的过程。在规划过程里，作者指出了应该把这些新内容插入到哪儿，然后会再一次开展执行过程组把这些新的内容写进去，然后会再一次开展监控过程组来检查与评估新增这部分内容的准确性。在项目快结束的时候，就会开展收尾过程组，正式宣告项目结束。大部分的项目都会遵循这个流程，会经常循环开展这些规划、执行和监控过程。

当你开展一个多阶段的项目时，一个阶段的收尾过程组与下一个阶段的启动过程组会有一个过渡。在项目的每一个阶段结束的时候，会做决策，即是否需要进入下一个阶段。在阶段收尾时，需要检查项目目标的落实情况，并决定是否需要启动项目的下一个阶段。

图 1.4 展示了项目管理过程组之间如何相互作用。启动过程组的输入是项目的概括文档（如项目工作说明书 SOW）或商业论证。往后启动过程组的输出会成为规划过程组的输入，规划过程组的输出又是执行过程组的输入，等等。你会发现监控过程组的输出又会回过头来成为规划和执行过程组的输入。这体现了这些过程组是循环交叠进行的这种特性。

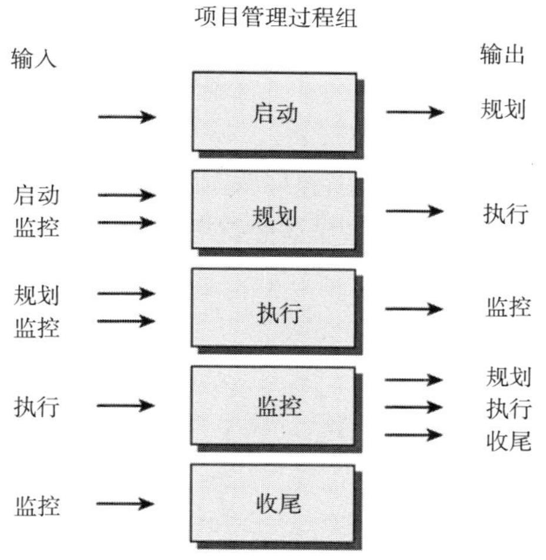

图 1.4　项目管理过程组之间的相互作用

有一些项目管理理论会把执行和监控过程组合并成一个过程组。如果你能严格注意不跳过其中任何一个环节，这样合并其实也没问题。我会在本书接下来的章节讨论每一个过程组，这样你可以了解它们各自的特点，从而决定是否需要把这两个过程组合并为一个。

21 世纪的项目管理

现在的项目管理是否与几百年前的项目管理不同？我的理解是我们今天管理项目所用的方法，与古代埃及建造金字塔，或者设计和建造中世纪城堡等这些项目所采用的项目管理方法相比，可能不会有很大的区别。今天我们管理项目会使用很多的工具，比如计算机和一些做规划的软件，古代虽然没有这些，但是我相信古代所用的项目管理核心流程方法与我们今天所用的是一样的。

古代的项目管理流程有点像这样：某个人有很多的钱和时间，他想到一个项目——他们一般不需要去获得项目立项的审批，因为这个项目发起者一般就是这个王国的管理者，所以对项目的立项不需要更多的讨论和论证。然后这个项目的发起者会招募一个专家，来管理和监督项目的执行。如果项目进展不如意，这个专家会被解雇甚至更糟。我相信他们所用的项目管理的核心流程跟我们现在的项目管理方法相差无几。都是最开始有某个想法或念头，然后做规划，再执行开展项目，最后项目结束。

敏捷项目管理：一种轻量级、增量交付工作的项目管理方法，这种方法可以让项目在很短的时间周期内被轻易地分配、管理和完成，这个时间周期被称作迭代或冲刺。

由于我们现在是在讲21世纪的项目管理，那就不得不提敏捷项目管理。这是一种非常流行的项目管理的方法，主要运用在信息技术领域。我会在本书的第12章中详述敏捷项目管理方法。

↘ 旧瓶新装，古为今用

尽管我们会使用一些和古人所用的项目管理方法类似的基本流程和方法，但是我们也会用不同的名字来称呼它们。PMI®竭力建立了一套跨行业运用的项目管理的标准、指导方针和术语。把这些标准的项目管理官方术语用在我们的项目上，可以帮助我们更加有效地沟通和协作。当你告诉我你在规划项目资源的时候存在问题，我就知道你具体指的是什么，具体哪个项目管理环节出现了问题。

相关方：任何在项目中有既得利益的人。

项目成功的标志其实非常简单，而且从项目开始就会保持一成不变，即成功的项目会达到或超出相关方的期望。相关方可以是任何从上级派来的、让你交付项目给客户的人。作为一个项目经理，你也是一个相关方，当然相关方还包括其他部门的经理、项目团队成员、供应商和客户，等等。相关方会在项目中扮演不同的角色，我会在本书第3章中进一步阐述项目相关方及他们的角色。

↘ 制约因素

让我们回到咱们之前的那个生产巧克力的项目。老板讲述了他关于这个项目的一些初步想法，以及最终产品应该是怎么样的。你把老板说的话做好笔记，一一记在心里，然后对这些话认真思考。这时候老板说了一句话让你感到非常惊讶："只要你需要，你有无限制的预算和时间来完成这个项目，做出最终产品。而且质量不是一个大问题，我们也不需要担心终端顾客对我们这些新巧克力产品会有什么样的看法。只需要完成项目并且生产出巧克力就可以了。"

制约因素：任何限制或制约项目团队行为的事情。

你是否重读了上面老板说的话？你相信吗？我知道你肯定在怀疑，而且你是正确的——这有点像在演一部低成本制作的电影！在这段无法置信的话语里面，老板所说的每一条就是我们这儿讨论的制约因素。当今没有项目经理会在这种条件下做过项目，所有的项目都会有制约因素。

最大的三个制约因素（也叫三重制约），是经验丰富的项目经理常常挂在嘴边灌输给你的词。这最大的三个制约因素就是范围、进度和成本。然而，因为制约因素的定义是任何限制或制约项目团队行为的事情，所以除这三大制约因素外，很有可能还会有其他更多的项目制约因素。有可能是这三大制约因素对项目的产出影响最大，因此才引起我们的重点关注。

让我们来更详细地了解这些常见的项目制约因素。

三重制约：范围、进度和成本。这三个要素中的每一个要素，或者它们之间的任意组合，都会影响项目的质量。

范围

所有的项目都会设定一个独特的产品或成果作为最终产出。范围定义了这个产品或成果应该是什么样子，它需要考虑项目的目的和目标，并描述应该如何达成。项目会被分解成为更小的组件直到组件可以被清晰地定义。项目的范围在项目进展过程中经常会发生变更，这告诉我们为什么需要做范围管理。（我会在本书的第 4 章中进一步阐述这部分内容。）

范围会经常影响其他制约因素，范围的变更也会导致进度、预算等要素的变更，而进度、预算的变更同样也会影响范围。举个例子来说，我现在在有限的预算内建造一座新房子，想在卫生间使用花岗岩台面但是预算不够。我只好修订项目的范围，对台面使用一种不同的、便宜一些的材料，这样我才能在项目预算内完工。

进度

绝大部分项目都会有完工的截止日期。如果你的项目是建造一个购物中心，而这个购物中心必须在假期的购物旺季开张，那么你的项目就是一个进度制约型的项目。进度以时间为单位，所以你经常会在三重制约里看到用时间来代替*进度*。截止时间表示项目活动计划完成的时间。

项目的相关方或项目的发起人，要求该购物中心必须在十月一日开始营业，你努力工作，并制订出一个项目进度计划以便让所有的项目活动都能在截止日期前完工。需要注意这种时间制约，它通常关系到进度活动，会给项目经理制造出一些麻烦的问题。如果你的进度计划在某个特定的时点需要铺路的工程人员，但是到了这个时点铺路的工程人员不可用，这样你就遇到麻烦了。我会在本书后面来进一步阐述当我在做进度管理的时候，是如何来解决类似这种问题的。

预算

预算是所有项目的重头戏。无论项目规模是大是小，它都会有预算。如一个项目，你可以计划预算是 3 500 美元，或者是 350 万美元，但无论预算是多少，你都会受到预算的制约，你需要在规定的预算内达成项目目标。掌握扎实的项目管理技术和方法会帮助你，使你在规定的预算内达成项目的所有目标。

质量

质量也是一个制约因素，但是它经常被三重制约里的某一个或几个要素影响。质量确保项目最终产品符合要求，以及符合在规划过程组里定义的产品描述。

用质量测量指标开展质量控制可以确保产品达到质量要求，还可以让这些测量指标与项目初始要求保持一致。

客户满意度

客户（以及他们对公司产品或服务的满意度）是我们取得成功的关键。这对我们项目管理也同样适用。就算项目的范围、进度和预算都严格遵循和符合计划，但是如果客户不满意，他们肯定也不会买账，项目就不算成功。

你可能会想，既然我们的项目达到了产品描述中的各项要求，在计划的时间和预算内交付了产品或服务，客户怎么还会不满意呢?

我会从两个方面来回答这个问题：首先，沟通问题；其次，关系建设。这两个方面其实是紧密相连的。如果项目经理因为沟通能力欠佳或者情商不高，导致与客户的关系比较疏远，客户就会对项目不满意。他们可能喜欢这个产品，但是不喜欢做这个产品的项目过程。当你进一步深挖，你会发现客户不满意（基于客户对产品本身满意的前提）的根源在于沟通问题和人际关系技能不足。我们会在本书后面阐述这个主题，现在你要知道的是良好的沟通技能可以规避项目中大量的问题。从现在起，你要尽快让自己提高和改善这些技能。

取得平衡

对于项目经理来说，管理一个处于三重制约下的项目，就像杂技一样，需要时刻取得平衡。在某一时刻所有的球都在空中，而在下一时刻，某个球可能就会坠落到地上并滚到角落里去。一般来说，我们需要对这些制约因素做一定的取舍。如果预算是首要的制约因素，那么时间和范围就可以适当地妥协。而如果时间是最重要的制约因素，那么也可以比原预算适当多花些钱来完成项目，以能在计划的截止日期前完工。理解了这些制约因素和它们的影响，你就可以管理好项目的产出。制约因素会对每一个项目产生限制，但是不会阻止你完成项目工作。

项目中另一个你需要尽早做的重要事情，就是评估制约因素中哪一个因素是首要的制约因素。例如，当出现关于预算和范围的项目问题，而你又知道时间是首要制约因素时，你就能更好地处理这些问题。

有时候会比较难确定哪个制约因素是项目的首要制约因素。例如，你的老板分配给你一个新的项目，就是要对公司的网络进行升级。他告诉你，你需要在 11 月 1 日之前把公司的网络升级到最新技术，并且预算不能超过 15 万美元。那么你如何才能确定哪一个制约因素是主要的呢？乍一看你是无法判断的，时间和预算都是这个项目的制约因素。为了确定哪一个制约因素更重要，你可以问老板一个问题："老板，如果要你二选一，项目在 11 月 1 日前完工，或者预算不超支，你会选哪一个？"如果老板回答你必须严格遵守预算不得超支，你就知道了预算是项目的首要制约因素。这是不是就意味着你可以不去尽力在截止日期前完工了？当然不是，但是意味着如果项目中途遇到问题，你能够肯定老板可以在截止日期上做适当妥协，因为你知道老板是不可能增加预算的。

制约因素还可以是除三重制约之外的其他要素。管理层可能会直接下达指令来约束项目团队。在你的某个特定项目中，当前技术方案要求必须使用某种指定设备。政府的相关规章制度可能也会约束项目团队的行为。重要的是你需要注意这些项目的制约因素，这样你才能更好地去规划、估算和控制你的项目。你需要在项目文档中记录和存档这些制约因素。

还有你不要忘记持续和你的项目发起人沟通这些制约因素的当前状态。我们还会在项目的规划阶段再次评估各个制约因素。

■ 你将何去何从

一旦你有了一些项目管理方面的工作经验，你就会考虑去进一步深造，或者获得一些专业的认证，以便能成为一个正式的项目经理。很多行业越来越重视项目管理及项目管理认证，很多组织都把获得相关认证作为招聘的条件之一。

很多大学现在也提供项目管理认证相关的项目。就像学术型项目一样，它包含一系列的课程，有些课程还需要一定的实践时间，再加上很多考试。攻读这些项目（甚至只是去研修少量的课程）的经历会成为你简历上的闪光点。那些认真考虑想要成为一个专业项目经理的人，就很有可能想去申请这些学位项目进一步深造。尽管如此，这些学位项目需要花费大量的精力和时间，可能并不一定适合你。在这种情况下，少量的一些课程可能与你的要求比较吻合。还有一个途径就是很多大学也会获得 PMI®授权成为授权培训机构，这些大学也会推出相关的 PMI®认证培训课程。所以如果你想获得项目管理专业认证，你的选择还是很多的。

PMI®推出的 PMP®项目管理专业人士认证是该领域最受认可和欢迎的专业认

证。如果你确实真心想在项目管理领域有所发展，我强烈推荐你去学习和取得PMP®认证。获得PMP®认证之后，可以让你潜在的雇主和客户对你更加认可，他们会认为你对项目管理的理论和实践有扎实地理解和掌握，以及你会对相关的项目管理工作岗位更加具有胜任力。获得 PMP®认证可以让你在职业生涯中走得更远；它还可以让你的客户、公司对你更加有信心，从而相信你已经掌握和建立起项目管理流程标准和理论知识体系结构。

除了PMP®认证，还有一些你可能也想知道和了解的其他认证。CompTIA®'s Project+ 是另外一个项目管理的认证，你或许也可以考虑这个认证，或者说同时考虑该认证及PMP®认证。

↘ 获得 PMP®认证

PMI®成立于 1969 年，致力于开发出一套跨行业的项目管理实践标准。它的目标已经成功实现，因为它已经开发出了一套世界公认的项目管理良好实践标准。PMI®已经把这套标准中的主要流程和技术整理和提炼在它自己的书籍中，这本书叫《PMBOK®指南》。市面上有很多书在深入研究和解读PMI®推出的标准，你在读完本书后也可以对这些书籍进行进一步的阅读和学习。正如前面所说，本书遵循PMI®定义的流程和知识体系框架，因为这些已经成为业界标准。

如果你想参加PMP®考试，PMI®会要求你去填写一份申请。你可以在其官网（www.pmi.org）在线提交你的申请。除了填写该申请，你还需要满足一些其他要求。你需要有 35 小时的正式项目管理学习课时证明，这些学习课时可以包括研讨会、工作坊、大学课堂或培训课程。你需要在你的申请中列出这些课程的名称、日期，以及所花的课时数。

PMI®还要求你具有几年的项目管理实践经验。访问 PMI 的网站可以获得所有这些需要的表格，其用来核实你的项目管理实践经验。

举行考试的考点会设置在全国各个主要城市。你可以通过联系PMI®，或者上网查询找到离你最近的考点。考试的时候你需要出示身份证和准考证，并把你随身所带的物品放置在考场指定的位置，不得带入考场。考场会发给你计算器、铅笔、橡皮和草稿纸。考完就会出来分数，在你离开考场前你就能知道你是否通过了考试（中国国内考试不会当场出成绩，需要约一个月的时间才会出考试成绩——译者注）。

如果你想认真备考 PMP®考试，我推荐一本考试辅导用书：*PMP: Project Management Professional Exam Study Guide, 9th Edition*。这本书有几百个例题，还有很多真实的项目案例可以帮助你理解消化所学到的知识。在每章结尾的项目案例分析里都会运用到书中所出现的各个项目管理过程。

> **注意** PMI®对其认证都会有一些要求，你最好去访问其官方网站，来了解关于这些要求的最新信息。

就算你不打算参加考试，你也可以考虑成为 PMI®的会员，以及加入 PMI®设在当地的本地分会（成为 PMI®会员并不需要你必须取得 PMP®认证）。今天 PMI®已经在 270 个国家和地区拥有 47 万会员，在很多国家和地区都设有 PMI®当地分会。你可以访问 PMI®的网站（www.pmi.org）来查找离你最近的当地分会，我鼓励你加入它们。加入当地分会可以让你有机会与其他项目管理从业人员进行交流和分享，并能学到业界最新的技能和技术。PMI®一直在持续努力维护和更新项目管理行业标准，以及提升项目经理的职业素养。PMI®组织编写和出版了大量的出版物，并提供了很多培训、研讨会等来对新项目经理进行培训，同时让有经验的项目经理保持自我更新。

↘ 取得 CompTIA®'s Project+认证

CompTIA®是一个针对 IT 行业的个人进行认证的组织，这些认证主要考查认证候选人的行业通用知识和行为规范。（例如，你可能听说过 CompTIA®推出的主要考查 PC 硬件常识的 CompTIA's A+认证。）

CompTIA®'s Project+认证考试主要是根据项目管理的通用知识和原则进行测试，该认证非常适合项目管理的新人。参加该考试之前，你不需要具有项目管理方面的工作经验或培训经历。如果你刚刚接触项目管理这个领域，建议你先参加这个考试，以熟悉认证考试流程并开始构建自己的项目管理资格证书体系。

CompTIA®'s Project+认证考试主要考查你对项目管理的相关技术和术语的掌握程度，你可以访问其官方网站 www.comptia.com 以获取更多信息。

↘ 正规学历教育项目

当前也有很多与项目管理相关的正规学历教育项目。很多大学和科研院所都会提供一整套相关的教育项目，涵盖从取得项目管理的相关认证到攻读项目管理硕士学位。无论你对哪一层级的课程感兴趣，你都可以找到对应的学习方式。尝试联系你当地的大学，看看它们能提供什么样的教育项目。也不是说只有回到教室你才能学到项目管理知识，你还可以在网络上找到一些大学提供的相关在线课程进行学习，相信你会被线上丰富的相关教学资源所震撼到。

关键术语

敏捷项目管理
收尾过程组
集中办公
制约因素
客户
执行过程组
职能型组织
交付
启动过程组
矩阵型组织
监控过程组
规划过程组
项目生命周期
项目管理
PMI®
PMO
项目型组织
相关方
裁剪

回顾与思考

1. 什么是项目管理？
2. 项目型组织有什么优点？
3. 什么是五大过程组？
4. 描述规划过程组你需要完成的三件事情。
5. 描述执行过程组你需要完成的三件事情。
6. 哪一个过程组经常会被忽略？
7. 列出评判标准，用来判断分配给你的工作是不是项目。
8. 什么是制约因素？
9. 什么是项目的三重制约？还有哪些其他的制约因素？
10. 简要介绍 PMP 和 PMP®证书持有者。

第 2 章

项目管理技能

本章要点：

✓ 通用项目管理技能

✓ 组织能力

✓ 沟通技能和方式

✓ 信息交流

✓ 积极倾听

项目经理都是多面手。为了项目取得成功，你需要掌握多种技能。本章所叙述的很多技能与大部分其他职业所需的技能基本是一样的，是通用技能。（与项目管理相关的专门的技能会在后续的章节中介绍。）

到目前为止，对于项目经理来说，最重要的技能是沟通技能。本章会讨论有效沟通的重要性，沟通也是本书后续各章节内容的基础。对你的项目管理职业生涯来说，组织能力可能是你第二重要的技能。组织能力包括诸如时间管理技术、设定优先级及信息管理等。

掌握了本章的内容，你就奠定了管理技能的坚实基础，可以帮助你更好地管理好你的下一个项目。

什么都懂一点点

在你的项目中应用的项目管理技术，包含了一整套独特的技能。阅读本书可以有助于你培养这些技能，或者至少可以让你知道需要哪些技能，这样的话对于那些你不太熟悉的技能，你可以进一步去了解甚至实践。阅读完本书之后，你应该对项目经理这个职业有基本的了解，这样你可以做一些自我评估来决定你是否准备好了从事项目管理相关工作。

如果你很享受与组织内各个层级的人一起工作，开展各种各样的活动，管理活动流程和结果，你肯定会喜欢项目管理的世界。这是一个多彩的职业，因为没有任何两个项目是相同的。对于不同的两个项目，你可以用一些类似的管理技术，但是产品是不同的，相关方也不同，甚至项目所在公司或国家都会不一样。

组织经常会犯错误，如它们会把顶级的、表现出色的技术人员提拔为项目经理。组织一般会这么想，如果这个员工在编写代码、工程或研究等领域表现出色，那么他肯定能自然而然地管理好项目。但事实并非如此。你可能是一个非常有天赋的程序员，但当你转岗做项目管理的时候，你可能就会很不适应，工作的表现跟以前比会完全相反，我见过太多这种情况了。技术专家转做项目管理工作之后经常会困难重重，不知所措。当然，这不是说你一定就会这样，如果你努力学习项目管理相关技术并持续实践，我相信你的项目将会做得很好并最终取得成功。

项目管理可以让你在许多不同的行业学到知识和积累经验。作为一个项目经理，你不必是你所在行业的技术专家，因为你的专长是管理项目。然而，大部分公司在招聘项目经理的时候，还是会更加青睐具有一定行业经验和知识的候选人。在行业中你不需要在项目的每个方面都是专家，但是如果你能够懂一些技术，你就会比其他候选人更加具有竞争力。如果你是在一个全新的领域工作，也就是说你没有任何行业背景经验，那么你在管理项目的时候就需要依靠行业中的技术专家给你提供对项目有关的技术支持。他们会提供给你规划项目所需的有关项目活动的详细信息，以及这些项目活动的相关估算。

作为一个项目经理，你所需要的最重要的技能是口头和书面沟通能力、良好的组织能力，以及通用的管理能力。通用的管理能力包括编制项目预算、团队建设、谈判、解决问题及人际交往能力。

作为一个项目经理，不是一定要很深入地懂得一套专业技能，或者说知道具体做某件事情的方法，而是各方面都要懂一点点，然后对各方面进行协调和整合。

注意 作为项目经理，他们的重点在于知识面和技能的广度而不是深度，他们的技能涵盖广泛的通用管理学科。

↘ 沟通是关键

项目经理最重要的技能就是沟通技能，包括口头和书面沟通。作为项目经理，你需要发起和引导项目中发生的几乎所有的沟通。你需要与相关方、团队成员、客户、供应商、高级管理层等各方进行沟通，你还需要创建项目状态报告、生成大量的项目文档、撰写邮件，等等。你沟通得越好，你的项目就会进行得越顺畅。这是不是就意味着你不需要去解决相关方或团队成员的问题呢？当然不是，这意味着你需要让每个人都知道他们所期望的东西是什么，在任何时间每个人都了解项目的状态，以及接下来会发生什么。

提示 在正确的时间与正确的人沟通正确的信息有助于项目的成功。当你遵循这个原则的时候，你就不会沟通过度。

我们会在本章后半部分详细阐述高效沟通技巧，以及其他沟通技能。

↘ 组织技术

我应该把钥匙放哪儿？

当你冲出大门去上班，或者去参加一个重要会议的时候，你有没有问过自己这个问题？我经常会问自己这个问题，直到在我进来的一瞬间，把钥匙挂在挨着车库门旁边的一个挂钩上。尽管这是一个很小的例子，但是这阐明了组织技能如何帮助你管理项目。如果每天早上我都在浪费时间寻找我的钥匙，有些事情我就完不成了（就像堵车时堵在很拥挤的路上一样）。这个也适用于项目工作上。如果我总是白费力气地从堆积如山的项目文档中，或者从遍布公司内网的各种资料库里去寻找需要的文件，如果我发现我花了半天的时间去解决一个不重要的问题或电子邮件，我就在浪费我宝贵的时间，这些时间本可以用来做更有意义的事情。

既然这样，你应该如何分清主次，从海量的项目信息中优先处理那些重要的信息和问题呢？一些基本的组织技术会让你有一个良好的开端。你是否还记得在第一章“基本概念”里，我谈到了几种不同的方法去评估你所在公司的项目管理信息系统或项目文档库里的项目信息？这就是一种组织技术，你可以马上运用在你所有的项目文档中。把所有的项目信息放在一个专门的地方，可以瞬间让你有条不紊地组织管理好这些信息。你会在本书剩下的章节中看到如何用项目文档库来管理项目信息，包括发布了什么信息，以及如何发布的。你需要组织管理好项目文档，但是具体如何去做时间管理？如何处理好所有的电子邮件和语音邮件？（这还只是列举了一部分）

组织能力是一个涉及很多领域的主题，包括时间管理、优先级设定及信息管理。让我们来一一看看这些领域里面的相关技术。

时间管理

每天在你快下班的时候你都会纳闷儿：“时间去哪儿了？”你瞟了一眼钟表看到现在是下午 5:15，但是你感觉今天什么事儿都没有做。如果这段话描述的就是你，那有可能就是你的时间在管理你，而不是你在管理你的时间。

我们每个人一天都只有 24 个小时来完成我们的任务。然而有一些人却可以在同样的工作时间内，完成相比其他人两倍工作量的工作。他们和我们相比并没有更多的可用时间，那么他们是怎么做到的呢？他们非常好地运用了时间管理技术来完成工作。时间管理是一个你可以用来控制你的时间以及事情优先级的流程。这个听上去是一个非常基础的管理技能，实际上也确实是。时间管理最开始做的是保持你的日历实时更新，把你每天的待办事项维护好列在日历上。这两件事情可以很好地帮助你让你的每一天不至于失控。我发现把每一天需要做的任务列出写下来成为一个任务清单，可以帮助我设置事情的优先级。这样我能知道我的时间应该花在什么事情上，可以帮助我集中精力完成某些重要的任务。

市场上就有一些时间管理工具。这些工具最少的功能也会包括日历、任务清单、笔记及通讯录。这些时间管理工具有纸质格式的，也有电子格式的。我很喜欢电子格式的，因为它既可以让我的预约、待办清单及联系人等所有信息放在一个地方，还可以让最新项目状态报告、重要的项目信息，以及高层级的项目计划等信息随时随地可查看。如果有人正好在其他主题的会议上问我项目上的问题，我就可以非常轻易地查询项目最新信息。

请记住一个原则：一个工具只有你知道如何使用它，才会对你有价值。

提示 管理你所有的预约、任务和通讯录等，只需要使用一个管理工具或 App。你可以把工作及个人相关信息组合好都放在一个地方，这样你的时间安排才不会起冲突。

本章的原则是只使用一个工具。我知道一个使用三个单独的时间管理工具的项目经理，工具太多让他非常抓狂，因为他不知道他接下来需要做什么。他用的三个工具中，第一个工具用来管理与项目相关的预约、任务和备注；第二个工具用来管理他的日常管理职责（突击测试：根据这个描述请问这是什么类型的项目组织结构？）；第三个工具用来管理他的私人事务。你可以想象这个场景：到了他需要从足球练习场去接孩子的时间了（这个任务被记录在第三个工具里），可同时他又需要赶紧去参加一个计划好了的项目会议（这个任务被记录在第二个工具里），这样就出现了时间方面的冲突。从这可以看出，我们需要将所有你的预约和任务放在一个地方。如果你使用的是电子工具，比如说 Microsoft Outlook，那么你可以对你的私人事务做一个标签，这个标签下的事务可以在公共视图里面被隐藏。

市面上有大量的与时间管理相关的课程和书籍，可用于你的进一步学习。如果你从来没有了解过时间管理，或者就算你认为你已经很了解了，我都鼓励你去学习一些时间管理的课程。这样你一定会学到一些有用的技巧，会让你更好地管理好你的时间。

优先级设定

根据你正在处理事情的重要性和紧迫性来设定你的时间优先级，将有助于你专注做对的事情。

大多数优先级一般可以分为四个区域，我把这些区域分别称作“救火区”“规划区”“转移区”“浪费时间区”。让我们看一看每个区域的描述：

（1）救火区。

火灾已经发生，现在需要马上处理，否则问题会变得更糟。你需要放下你现在正在做的所有事情，去解决当前出现的该问题。你可能会在该区域发现类似这些问题，如紧急情况、意外风险、业务或服务突然中断等。你的项目到最后期限了，却遇到重要的紧急问题，而这些问题需要去花时间准备、做出适当回应或在短时间内做出决定。你不想花太多的时间在这个区域，因为它是一个时间杀手。你可以通过把更多的时间花在规划区里，来规避这些救火区里的问题的发生。救火区用来处理紧急而重要的事务。

（2）规划区。

每天你都需要有一份新的清单，上面列出你今天需要做的事情和昨天没有完成的所有任务。每天早上花几分钟时间来回顾你需要完成的任务，并确定它们的优先级，这将帮助你更有效地管理你的工作，并减少和尽量避免你在救火区花费太多的时间。（这意味着你在月初花了一些时间来设立你这个月的目标。然后该月后面的每一天，你都要完成各种任务，这样才能完成这个月的目标。）问问你自己，“我今天必须要完成什么事情？”以此确定任务的优先级。如果可能的话，可以把不需要你亲自关心和完成的任务委派给其他团队成员。计划使你处于你自己的掌控之中。把这个区域想象成地震后房屋等的建设改造，而不是救火。你要创造一个非常良好的流程或结构，当然这个流程或结构的创建目前不是特别紧急，因为还没有受到特别直接的威胁。你要持续对清单上的事项进行审查和优先级排序。某一天看起来是高优先级的事情，随着时间的推移，优先级可能会发生变化，比如说优先级变低。规划区用来处理重要但不紧急的事务。

（3）转移区。

在这个区域，警报正在响起，但没有发生真正的危机。这个区域可能包括一些不必要的会议、不重要的电子邮件和语音邮件，以及和一些不速之客闲聊关于他们最近去夏威夷的旅行时光，等等。对于那些不重要的电子邮件和语音邮件，建立一些规则并把它们删除——你不需要阅读你的每一封邮件。让那些不速之客知道你确实对他们的夏威夷之旅很感兴趣，但是可不可以在午餐、休息或下班以后再来分享和交流他的那些旅行照片和故事？试着远离这个区域，因为它是一个时间杀手，记住你还有很多更重要的事情有待你去完成。转移区处理看起来很紧急，但其实并不重要的事情。

（4）浪费时间区。

该区域没有任何警报，没有任何危机，也不需要为这些事情去做任何规划。自己想一想，有时候是不是没有动力不想做任何事情？你可以想一下这个区域会包括哪些事情，它会包含诸如玩玩魔方、上网冲浪、见一个人就开始让他看你的夏威夷之旅的照片、处理没用的文档和电子邮件等。如果你发现自己经常在做这个区域内的事情，是时候问一下你自己了：你喜欢和享受这份工作吗？你是在做充实有意义的工作，还是仅仅在消磨时间？当你经常发现自己身处这个区域时，你可能是时候考虑去寻找做一些更有挑战性的工作了。浪费时间区处理那些既不重要也不紧急的事情。

使用这些区域类别来对你所有的待办事项进行分类，可以帮助你确定哪些事应该立即做，而哪些事可以等等再做。处理流程大概是这样的：那些非常重要而且高度紧急的事情应该最优先去处理，你必须先救火。然而，如果你发现自己经常在救火，救火已经是常态化了，或者你手头上有一个失控的项目，到处在着火都急需你的救援，你可能是因为没有花足够的时间去做规划。如果是这种情况，可能是时候需要去重新检查项目的范围，重新检查项目的目的，甚至可以考虑终止项目。尝试着把你的主要注意力放在规划区，这样可以尽量避免这种常态化到处救火的现象发生。在你的日历上每天都写好当天计划完成的任务。如果你每一天开始的一小段时间都花在规划事情上，从长远来看这可能会为你节省更多的时间。

提示 对项目的各种事项做合适的规划，可以避免把你所有的项目时间都花在“救火区”内的这些事情上。

最浪费你时间的是那些在“转移区”“浪费时间区”内的事情。对花在“转移区”内事情上的时间量要做一定的限制（比如设定最多能花多少时间在这个区域里面），不要花任何时间在“浪费时间区”上。你就会发现你有了更多的时间去做规划，也有时间在必要的时候去参加“救火”了。

提示 我相信有时候之所以项目经理把时间花在了“浪费时间区”内，是因为他们忽略了去适当休息和给自己充电。如果你发现自己经常处于“浪费时间区”，可能是时候去给自己放个假了，或者至少你需要暂时放下手头的工作稍做休息。

你可以使用这些区域来帮助你确定需要开展哪些项目工作，需要完成哪些任务，包括回复电子邮件、回电话、参加会议、委派任务等。如果某些事项不重要，或者没什么价值，那么不要浪费时间在上面。

信息管理

我承认，我喜欢各种各样的信息，好奇心很强。我喜欢学习新事物，喜欢打破砂锅问到底去探寻事物的本质及其背后的原理。但首先我们需要知道哪些信息是重要的，我们需要对信息先进行分类梳理。如果你不去管理即将发生的事情，它会把你淹没在无用琐碎的各种细节之中。

今天，我们被海量的信息所“轰炸”，管理这些信息主要有四种方式：电子邮件、即时通信、语音邮件或消息协作站点。下面我将给你一些处理这些信息的技巧。

（1）电子邮件。

信息的来源多种多样，随着项目的进行，项目的信息量会呈指数级迅速上升。如果你真的把项目中所有电子邮件的内容全部用纸打印出来，这些纸可以填满一个或两个房间。这就引出了一个问题，你是否应该保存所有电子邮件并将它们存储在项目库里面？这就要看情况了。是否全部保存这些电子邮件，有的时候看个人偏好，有的时候看电子邮件的优先级和重要性。如果是一封有可能给项目团队带来重大问题的电子邮件，比如说涉及延迟发货，或者职能经理不太合作，这种情况下我建议保留一个该邮件的副本作为参考。

提示 一次只处理一条信息，并且需要立即处理掉它——比如说删除它，回复它，或者将其归档。

我在信息管理方面遇到的最好的建议之一就是：一次只处理一条信息，不管是电子邮件、语音邮件、办公室内部邮件，还是传统的蜗牛式邮件（比如平信，蜗牛式是指邮寄速度慢）。一旦你开始读邮件，就需要马上处理掉它。如果你需要保存它，那么将它分类并移动到一个项目文件夹内；如果它没有什么价值，或者是你不需要的，那么直接删除它；你收到的纸质邮件或信息其处理方式也是一样。一次只处理一条信息，阅读它，然后马上处理掉。

电子邮件是一个很好的工具，它有一些非常方便的功能，可以用在你的下一个项目中。我建议为你的项目设置一个文件夹，甚至还可以在该项目文件夹中为不同来源的电子邮件分别创建一系列的子文件夹——比如专门与供应商通信、与团队成员通信、与客户通信，等等，都可以建立各自的子文件夹，用来存储与各方通信来往的邮件。你可以使用电子邮件系统的一些有用的功能来帮助你处理你收到的海量邮件。比如，你可以创建一些规则，将重要的电子邮件移动到指定的文件夹中。收到垃圾邮件要立即标记，这样过滤器可以将该邮件和未来与之类似的邮件直接移至邮件垃圾箱。像这样设置邮件规则可以节省你大量的处理邮件的时间。这样一来，你不会仅仅因为这些垃圾邮件在你的收件箱里，就不得不需要处理它们，你也不需要浪费时间去手动删除它们。

电子邮件的规则是一个方便的工具，因为它们可以让你轻松地将你的邮件自动移动到你指定的文件夹中，也可以把收件箱中的邮件标识好颜色进行分类（我已经将所有来自我老板的邮件标识为红色，这样我就不会漏掉它们），或者还可以删除掉那些你不想看的邮件。当然规则也不是万能的，比如说它不能告诉你如何或者何时去回复邮件，这需要根据你的电子邮件的发送者和内容来决定。

你可能想在一天中专门留出一些时间来阅读和回复电子邮件，也可能会认为每两个小时检查一次电子邮件就足够了，在这两个小时的时间内你可以从事其他更富有成效的工作。但我要提醒你，这很难做到。也许你像我一样，当看到“新邮件”通知的那一刻，就会直接跳到收件箱。不过，这可能会很浪费时间，因为它会经常打断你，分散你对其他工作的注意力（比如说你在做项目计划或日程安排）。你停止了你正在做的事情，去阅读电子邮件，迷失在邮件的细节之中，接着回复邮件，然后可能还需要做进一步的安排，最后你都忘了你阅读电子邮件之前在做什么。试着设定一个时间表，每两个小时（或者其他的时间段，根据个人情况而定）检查一次电子邮件，这对你才是有效的。

（2）即时通信。

即时通信（Instant Messaging，IM）是一个在线工具，可以让你实时与同事聊天。虽然 IM 提供了一种快速与其他团队成员沟通的方式，但它可能也是一个潜在的时间杀手，它可能会让你从重要的工作中分心，从而影响你正常工作的开展。IM 的交流与沟通通常是非正式的，一般用来问一些简单的问题或者传达一个简单的信息。你肯定也不希望使用 IM 与相关方或团队成员去沟通很重要的信息。如果你坚持使用这样一种非正式的沟通交流方式，就要知道在项目资料库中保存 IM 的消息是很困难的。需要注意的是，IM 会让你很容易地就陷入并耗在“浪费时间区”，所以你需要更加有智慧地来管理好 IM 的使用。

（3）语音邮件或消息。

目前还没有一种简单的方法，可以用来对你收到的语音邮件或消息进行分类和整理，但你仍然可以运用一些我前面已经阐述过的原则来处理你的语音邮件或消息。比如一次只听一条语音邮件或消息，听完后马上处理掉它。处理措施包括要么直接回电话，要么把相关任务分配下去，要么直接删除它。

当你发送语音邮件或语音消息进行留言时，要吐字清晰并控制语速，并且养成在留言中重复你电话号码两次的良好习惯。对于语音接收者来说，如果他必须不断地回放或重复你的语音消息才能够勉强捕捉到你的电话号码，这是很烦人和令人崩溃的。

这是我几年前从我一个朋友那学到的另外一个技巧，真的非常方便。很多时候，当我在家做工作以外的其他事情的时候（是的，除了你当前的项目工作，你应该还有你自己的个人生活），我脑子里会突然蹦出我正在做的这个项目相关的一些事情，而我不想忘记这些事情。这些事情可以是我需要打一个电话，或者是我需要联系上项目团队中的某个人。这个时候可以给工作中的自己打一个电话，然后给自己留个语音邮件，说明你明天想做的事情。（在语音邮件里可以不要说得太具体，比如你会具体如何做。）别说我没告诉你，我自己用的其实是一个修改过的版本，而且正好相反。我是在我工作的时候，想到一些家里的事情，然后为了避免忘记这个事情，我会给自己发一条短信，这样当我回家的时候，这条短信就会提醒我需要在家里做哪些事情。

提示　可以使用语音邮件或文字短信作为一个方便的提醒工具。当你想到一些你需要注意的事情，并且担心忘记的时候，可以发个语音邮件或文字短信给自己留言。

（4）协作站点。

协作站点提供一种交流协作的方式，可以让团队成员共享文档、更新日程进度和任务列表、发布日历事项、询问问题，以及在线交流讨论等。协作站点的作用就像它的字面意思一样。这是项目团队成员可以编辑或修改项目文档的地方，这些项目文档可以包括比如项目章程、项目范围说明书、项目进度计划等。协作站点通常还会包含讨论区，团队成员可以在这儿提问、发布各种信息或在上面进行讨论。如果需要讨论项目事项、处理跟踪问题及聊天等，我建议使用协作站点，而不是电子邮件。协作站点会把所有信息保存在一个地方，这样项目相关方在遇到问题想提问的时候，就可以先去查看讨论区，因为在讨论区其他人可能提出了同样的问题。

我在本书中经常提到项目资料库或项目站点。项目站点通常与协作站点是分开的。协作站点主要是用来共享信息、编辑文档和讨论项目事项，而项目站点则主要是用来保存最终版本的文档和官方项目构件的。举例来说，一旦项目章程被批准和签署，它就应该保存在项目站点中。会议记录、最终确定的项目进度计划以及项目状态报告等，也应该保存在这儿。项目站点对于你的项目来说，也是管理海量项目信息所需的一种高效方法。举个例子，发邮件的时候，你不需要将详细的项目状态报告或最新的进度计划放在邮件内容里面发送给接收方，只需要简单地发送它们在项目站点上的相应链接就可以了。

（5）其他工具。

正如我刚才所说，项目资料库是一个很好的项目管理工具。而核对单是另外一个很有用的工具。在本书第 1 章所示的核对单里详细地列出了项目管理所需要的大部分文档，该核对单可以让你确保不会忘记清单上面的每个文档。

这可能听起来就是一些日常工作没有什么稀奇，但是把这些日常工作做好也可以让项目上的每一个人都能有条不紊做好工作。举个例子来说，可以在一些固定的时间来召开项目状态会议——比如第一个和第三个星期二的上午 10 点，安排团队会议也是类似。一旦每个人都参加了一个或两个会议，他们就会明确自己的期待，并会对项目需求做好相应的准备。

我喜欢爱因斯坦关于信息管理方面的理论。他曾经说过类似的话："当我随时都能够查找到这条信息时，为什么我还需要费劲去记住它呢？" 我相信肯定会有人说他不知道自己的电话号码是多少，因为他可以随时在电话簿里查找到。所以我们可以想一想，为什么要花时间去记住那些原本可以轻松写下或记录下来的信息呢？养成随身携带一个小笔记本或一个带有任务日历类 App 手机的习惯，这样就可以记下你随时蹦出的想法或突然想到的一些事情。

↘ 通用管理技能

项目经理是个多面手。这意味着你需要对很多通用管理技能有基本的了解，这些通用管理技能会涉及很多方面。在项目中，你需要制定预算、建设团队、为了资源与职能经理进行谈判、与供应商和客户进行沟通以及给客户提供服务。所以作为项目经理，这些领域你都要有所了解。

在估算项目所需的资源和材料时，项目经理必须要具备一定的估算能力。大多数的相关方都想知道实施该项目需要花费多少钱，而项目经理通常是负责初始估算项目成本的人。这并不意味着你需要成为一名注册会计师，而是需要对会计和财务工作有所了解。大多数组织都有会计部门，负责与钱和预算相关的事情。

你将与这些人紧密合作，以得出项目成本的初始估算结果，进一步制定项目预算，并监控项目资金的支出。如果你了解他们的行业术语，这会使你的工作更加得心应手。

领导者： *建立和启发愿景的同时，鼓励和激励他人实现愿景的人。*

作为项目经理，你有时候是领导者，有时候又是管理者。领导技能与管理技能不一样。

领导者考虑问题会重点关注全局视野或公司的战略方向。他们能够激励他人，并能够鼓舞引导大家朝一个共同的目标或愿景前进。一旦建立了愿景，领导者就可以通过致力于实现愿景的其他人来完成事情，并采取行动引导和鼓舞大家实现愿景。优秀的领导者擅长采用引导的方法，换句话说，他们首先会告诉你最终的结果是什么样的，然后他们会确保每个人都了解目标，并始终让人们保持专注，共同朝目标前进。他们传达愿景，并让团队成员共同努力以实现愿景。你会发现大多数优秀的领导者都具有很强的人际交往能力。

管理者通常以任务为导向，关注完成手头上的工作，从而让客户或相关方满意。他们关注的是计划、预算和人力资源管理，他们主要关心是否遵循了既定的政策和流程。

注意

领导者鼓舞人心，并指明了项目的总体方向。管理者完成任务，创建计划，并监控绩效。项目经理需要同时运用这两种能力，才能在项目管理世界中更加游刃有余。

管理者： *管理者会完成与愿景相关的任务和活动，并管理好日常运营工作让相关方满意，最终实现领导者建立的愿景。*

在整个项目的不同时间节点，你需要兼具领导和管理这两项技能。在项目最开始的时候，你需要召集和鼓舞项目团队，传达项目目的和愿景，并使团队成员对项目的成功确立信心。有时团队会在项目中途遭遇挫折后停滞下来，这样就会影响项目的进展。你需要再次运用这些领导技能，使团队重新聚焦于最初建立的愿景，不忘初心，方得始终。

在项目的其他时候，你需要运用你的管理技能制订项目计划，监控项目活动确保其遵循项目计划等。项目本身就需要做很多管理工作，包括制订项目计划、对项目活动做进度安排、分配工作、监控项目任务、向相关方汇报项目进展，以及如果遇到问题需要采取措施纠正并解决问题，等等。你需要在整个项目中运用这些管理技能。

如何为客户服务的技能也很重要，因为你所有的相关方，也就是那些在你的项目中有利害关系的人，都是你的客户。一些简单的事情，比如使用适当的会议礼仪、有礼貌、对与你一起工作的人不要背地里说人坏话等，这些都是工作的常识。尽管如此，你要知道最重要的是，客户才是你在这儿从事这项项目管理工作的本质原因，不管他们是公司内部还是外部客户。最终目标都是一样的——那就是满足他们的期望，按时按预算交付项目。

↘ 人事管理技能

人员管理是一个很大的话题。作为项目经理，你的大部分的工作时间都需要花在与人沟通互动上，因此了解人们如何工作、如何激励他们，以及如何使他们专注于任务和工作上至关重要。你在小学里学到的一些礼仪在这里仍然适用，例如经常说“请”和“谢谢”，不要打断他人说话等。除此之外的一些其他技能，例如，如何激励员工，如何授权、向上管理，等等，对你来说也同样重要。

你必须要熟练掌握人事管理技能，因为这种技能不是先天形成的，而是后天培养才能得到的。有人的地方就有江湖，有江湖就必然会有冲突。谈判技巧和问题解决技巧一样，都是项目经理必须掌握的必备技能。这两个技能可以帮助你处理冲突，并解决那些可能成为项目真正症结的问题。我将在第 6 章“规划和获取资源”中详细介绍相关内容。

你与项目中的其他人（尤其是供应商、相关方和客户）打交道的一些指导原则，来自项目经理职业的职业道德，我将在第 10 章“执行项目”中详细介绍。现在，请记住，人们喜欢因为自己对团队做出了贡献而受到认可，如果他们知道自己的工作对项目和组织都很重要，他们就会特别高兴。在工作中锻炼你的领导能力，比如说你可以让团队成员认识到他们的工作对项目非常重要，你会发现团队成员会变得干劲十足，项目绩效也会越来越出色。

■ 有效沟通

你是否在你的工作或生活中遇到过这样的情况，有时你会发现自己在自言自语地说：“如果我知道具体发生了什么，我就会知道应该怎么办。”假设你正面临一次重大的升职机会，然后参加了关于升职的面试。你一直渴望了解该升职面试过程的最终结果，但是一直没有得到任何消息。所以你对接下来的商务出行不太好安排，因为可能你安排了出差或正在出差的时候，你已经升职到新的岗位了。你现在需要做的是找负责招聘的经理，与他详细沟通，以便帮助你决定如何采取下一步行动。

或者想象你是一个项目的相关方。你已经好几周没有听到项目经理的任何信息了，所以你认为项目的一切进展应该都很顺利。然后在某一个下雨的下午（在很多电影情节中，是不是下雨的时候，一般就没有什么好事？）项目经理突然出现在你的面前，手还在挠着头。你猜到肯定是项目有问题了。果不其然，项目遇到了很大的问题，而这是你第一次听到这个问题。想象一下你有多懊恼和沮丧。因为一直以来，你都相信这个项目已经步入正轨，而到了现在项目经理却告诉你，项目遇到如此大的一个问题，这个问题已经让项目处于非常危险的境地。我不建议你以这种方式来管理你的下一个项目，因为出现了如此重要的项目问题之后，你的项目很有可能会失败。让项目的相关方及时了解项目状态是项目经理的职责所在。项目的相关方一直认为项目进展很好，而项目经理很长时间都没有给这些相关方更新项目信息，直到突然告诉相关方一个很不好的消息，这是一个项目经理缺乏经验的表现。

清晰坦诚的沟通可以避免这种情况的发生。有些问题可能是很难解决，同时对项目影响很大，这种问题很有可能置项目于死地。所以说，项目经理应该在整个项目期间经常与相关方保持项目信息的沟通，这样就不至于让他们对某个项目问题的发生感到特别突然。如果项目经理从项目的前期开始，就一直与相关方保持良好的沟通，那么相关方或高级管理层就可以帮助项目经理更好地解决项目中出现的各种问题。但是，如果他们对项目的状况一无所知，那么一旦问题发生，他们就很难对这些发生的问题提供实质性帮助了。而且这种情况的发生，对项目经理的职业发展来说也不是一个好兆头。

提示　持续与项目相关方进行坦诚而清晰的沟通，让其保持对项目状态的了解，不要隐瞒项目的进展情况。项目经理需要做的就是在正确的时间与正确的人分享正确的信息。

研究表明，项目经理多达 90%的时间都花在了沟通上。根据我自己在项目管理方面的工作经验，我认为确实是这样。你需要在项目中召开团队会议、撰写报告、生成各种文档、组织召开项目状态会议、向相关方报告项目的问题、帮助解决问题，以及就资源进行谈判，这些还只是举出了一些沟通的例子。下一节将展开介绍关于沟通的各个方面，包括沟通中最关键的要素——倾听。我还会重点介绍十个关于高效沟通的技巧。

↘ 交换信息

简单来说，沟通就是信息的交换。你（发送方）有话要对我说或有信息要发给我，我（接收方）想听到这些话或想接收到这些信息。作为发送方和接收方，我们双方都在沟通中发挥各自的作用。另外，沟通方法，以及信息传递的方式都会影响沟通的效果。

沟通方法

信息是沟通交流的核心，信息的传递方式可以有多种形式。两种最主要的沟通方式是口头沟通和书面沟通。你可以在会议、电话或面对面的场合用口头语言来交流沟通信息，你也可以在电子邮件、即时通信、备忘录和项目报告中使用书面沟通的方式。根据情况的不同，口头和书面沟通都可以是正式的或非正式的。

（1）口头沟通。

项目经理与各相关方单独交谈，这采取的是一种非正式的沟通方法。与项目团队成员进行一对一的沟通时也是如此。这种非正式的沟通方式会让你更加平易近人和更具有亲和性。如果在项目中存在某个重大问题，而团队成员可能因为担心受到批评或指责而不敢报告这个问题，这个时候你具有亲和性就非常重要了。如果你们以前面对面地沟通交流过，而且团队成员觉得你是好打交道和平易近人的，他们就很有可能会向你汇报和沟通这个问题。如果他们觉得与你的每一次沟通都很正式甚至是死板，你就很有可能从他们那获取不到关键的项目信息，直到问题爆发时，你才知道存在这个问题，这个时候就一切都太晚了。

当召开项目团队会议和项目状态会议时，你应该使用更加正式的沟通方式，比如说提前制定好会议议程，并让每个人都聚焦于会议主题上。这有助于在会议期间保持正常的会议秩序，正式的沟通方式会传达一种重要和严肃的感觉。

注意 项目经理应该使用正式统一的沟通方式来召开项目团队会议和项目状态会议。

（2）书面沟通。

一般来说，书面沟通除了即时通信和某些电子邮件外，都会比口头沟通更加正式。有的电子邮件的沟通会呈现出一种随意交流的语气和形式。我建议你限制这种类型的电子邮件，因为它有太多的无关内容，容易形成对真正想要沟通内容的“噪音”。保持电子邮件的简要和干练，不要闲聊。永远不要在电子邮件中写一些你不想让公司里的每一个人都知道的东西。

当你需要传达复杂、详细的信息时，书面沟通是一种很好的沟通方式。如果某些项目活动需要非常细节详细地阐述，那么请使用书面沟通的方式。合同就是书面沟通方式的一种，除了合同还有信件、备忘录、收据发票等。

使用书面沟通的优势在于，复杂的信息可以以一种详细的方式记录下来进行传递，这样接收方就更容易理解和追溯。书面信息可以迫使人们注意信息背后的思想，而口头沟通则不然。接收方还可以根据需要多次回顾这些书面的信息和材料，这样会更加有利于掌握和理解这些复杂的信息。所有的项目文档、项目计划和状态报告都应该用书面的方式来进行沟通，所以如有必要请提高一下这些文档的相关商务写作技巧。

使用语言是将信息从发送方传递到接收方的一种方法。语言其实是一种编码，对需要传递的信息进行编码，编码成接收方能够理解的格式。然后，接收方会对收到的编码好的信息进行解码，以理解发送方在说什么。然而，语言只是传递信息各种方法中的一种。另一种传递信息的方式是视觉形式，其中图片、图形、图表和视频都是发送方如何将信息以视觉形式传递给接收方的例子，发送方也可以把视觉方式和语言方式组合起来使用。要保持良好的沟通，首先就要在给定的情况下明确要使用哪种工具或哪种信息传递方法。一般来说，非正式沟通很多时候可以采用口头沟通的方式，而像项目计划这样的复杂信息文件的传递则应该采用书面沟通的方式。项目中有什么问题，或者什么不确定的地方需要进一步讨论明确，将其写下来是很好的一种方式。

发送方

发送方的责任是确保信息清晰准确，他们还应确保信息能被接收方理解。同样重要的是确保你向正确的人发送正确的信息。

假设你正在与你当前项目的供应商一起工作。将项目成果移交给运营部门的过程中，出现了一些关于设备运输方面的小问题。延迟发货不会对最终项目进度产生影响，因为该活动对于项目的完成来说并非关键因素。现在的问题是，是否应该将此信息发送给整个项目团队和所有相关方？答案当然是否定的。但是，参与此活动的项目团队成员需要了解延迟发货的相关信息。并且，如果你还需要职能经理的协助，则应当告诉他发货将被延迟的信息，以及你期望如何对接下来的安排做相应调整。但是，营销副总裁与该问题关系不大，是不是仅仅因为她是该项目的相关方，就需要了解这一点呢？可能不需要。如前面所说，我们要做的是向正确的人发送正确的信息。除此之外的其他发送的信息只是“噪音”。

我曾经与一个项目经理一起工作时发现，她会把这个项目的各种细节通过电子邮件发送给项目团队中的所有人，有时甚至还会一天发好几次。大多数相关方和团队成员都习惯于不再阅读她发送的电子邮件，而是直接将其删除，因为他们都知道这些邮件是与自己无关的“噪音”。而这样做就很像“狼来了”这个故事中所描述的情节,一旦项目真正遇到问题,比如说在进度上项目遇到了严重的问题，这样做就会适得其反。她虽然发送传达了这些信息，但是由于她一股脑地发送邮件细节给所有人的坏习惯，她的接收方都习惯不去阅读她的邮件而是直接删除，所以接收方错过了这样的重要而关键的项目信息。

> 注意 我有一个坏毛病——我敢打赌，你也有这个坏毛病——遇到项目相关话题的时候，总是向公司或项目中尽可能多的人甚至所有人发送电子邮件广而告之。从现在开始，别再这样做了！

在撰写信息之前，请先仔细考虑一下你需要传达的信息，以及使用的沟通方式。考虑一下该信息如果发送出去，会对各个信息接收方造成什么样的影响，考虑好了这个你就能对谁应该获取什么信息做出良好的判断。如果你不太清楚某个相关方是否需要接收该信息，那么也可以直接把信息发送给他们，发送一到两次用来试错。如果你收到一些反馈，由于一些不必要的信息使得他们的收件箱杂乱无章，你就会知道，他们对类似的这些信息不感兴趣。或者更好的方法是，在将信息发送给他们之前，直接询问他们是否想要接收该信息。

烦人的电子邮件并不是唯一的“噪音”来源。其他的噪音来源的例子包括如下：

- 口头沟通中的干扰。
- 打断。
- 会议中断。
- 干扰别人阅读理解信息。
- 压力。
- 无意义的文本或即时消息。
- 组织问题。

我相信你还可以在这个列表中添加更多的内容项。请记住，在发送书面信息时，应当向正确的人发送正确的信息，这样可以减少“噪音”。当口头沟通时，请降低或消除干扰，以便每个人都可以专注于实际需要沟通的信息。所有沟通的原则是保持信息的简洁明了。如果接收方理解你发送的信息，需要像寻宝一样去挖掘对他有用的信息，则他很有可能会错过沟通中的关键重点内容。

接收方

发送方使用语言或其他形式的信息传输工具首先对信息进行编码，并将其发送给接收方，然后接收方对其进行解码。接收方确保他们理解所传达的内容。尽管发送方应该确保信息是清晰明了的，但接收方需要负责理解信息的内容，并确保他们已经收到和拥有了所需的全部信息。如果在沟通中存在误解或不清楚的地方，接收方应要求发送方对其所传达信息的含义进行澄清，或进一步加强沟通以便让信息更易于理解。

接收方接收到并理解的信息与发送方发送的信息相比，接收方会过滤掉一些信息。有多种方式过滤接收到的信息，例如，他们自己的个人认知水平、听到消息时所处的情绪状态或发送方与接收方之间的文化差异。所有的这些都会使得传递过程中的信息会被某种程度的过滤和损失。发送方在准备沟通时应牢记这一点，以便让信息的呈现尽可能清晰，信息的传递尽可能高效。以下是接收方对信息进行过滤的几种方式：

- 关于这个话题的背景知识。
- 个人认知水平。
- 文化影响。
- 个人价值观。
- 语言能力。
- 情绪和态度。
- 压力。
- 地理位置。

接收方应尽可能以客观表面的含义（而不是根据自己的理解）来解释发送给他们的信息。尤其是当与可能来自其他文化或国家的团队成员或相关方一起工作时，这一点更加需要注意。对他们来说，一种自然的、习惯的说话方式或写作风格对你而言却可能会觉得生硬、唐突，甚至粗鲁。在与这些相关方沟通时，请记住这些差异性。

如果发送方发送的信息中充斥着“噪音”和其他无关的消息，请让发送方对其进行澄清和解释。如果你不理解这些信息，很有可能其他人也会不理解。请记住，作为项目经理，你沟通的方式是他人的榜样，沟通应该尽量减少“噪音”，信息尽量清晰扼要。

兼顾两者

项目经理在项目中同时是信息的发送方和接收方。表 2.1 中展示了你在发送和接收信息时应该重点关注的事项。

表 2.1　发送和接收信息时应该重点关注的事项

发送方	接收方
信息清晰明了	阅读并理解
降低减少“噪音”	避免直接下结论
给正确的人发送正确的信息	如有疑问让发送方澄清问题
避免不必要的细节和过多技术层面的术语	掌控自己的情绪，尽量客观理解信息

在沟通中发送方和接收方都同样重要。发送方负责发送清晰明了的信息。如果你发现你的信息被接收方误解了，那么请返回并检查信息的内容。是不是写清楚了？它表达了你想表达的意思吗？对于你想要传递的信息里面，是否有太多难以理解的技术方面的术语？如果信息是口头传递的，而你的肢体语言或面部表情

展示了一些你的语言中没有表达的含义，则接收方可能会得出你意想不到的结论。请注意这些问题，并在它们有可能对你的沟通造成不利影响之前将其纠正。

> **提示** 当我作为一个发送方的角色时，我经常使用的一种技术就是把需要沟通的内容先写下来，并将其保存好（如果是在写电子邮件，可以写好先发送给自己），然后在当天晚些时候再回过头来检查一下，书写的内容是否清晰和有意义。这将使你对沟通有一个更新的认识，并有机会将自己置于接收方的角度来审视自己将要发送的信息，这样可以进一步地检查信息是否清晰和简洁。

接收方有责任确保他们理解所接收到的信息，并确保他们已经收到和拥有了所需的全部信息。项目经理的大部分时间都会用在沟通上，所以在发送或接收信息时，对发送方和接收方两个角色的职责都要了然于心。

项目经理和项目团队之间需要交换大量的项目信息。我建议把表 2.1 发送给项目团队中的每个人供他们参考。在第一次召开的团队会议上分享介绍这个表，告诉他们你期望他们在沟通中如何更好地做好这两个角色。

↘ 积极倾听

积极倾听不仅仅意味着去听人说话或阅读所写的内容。它还包括你需要注意观察。假设你在餐厅遇见了你的团队成员之一陆涛。你们打了个招呼寒暄了几句，然后你记得陆涛正在等着商业分析师回答他一些问题，回答完，他才能继续进行他计划的项目活动。你问陆涛情况怎么样了，他说："哦，他们正在解答这些问题。"他说这句话时，他的视线移至其他地方，他的肢体语言告诉你他的内心想法与他语言表达的意思不一样。你进一步询问："你上一次与商业分析师联系是什么时候？他们有没有给你一个日期比如说到底什么时候可以给你最终准确的答复？"陆涛才说了实话。真实的情况是，当陆涛向这位商业分析师询问问题的时候，这位商业分析师心不在焉地敷衍他。陆涛不好一直追着商业分析师去问，担心他会感到不舒服。

如果在这种情况下你没有去积极倾听，你很有可能就不会知道事情的真相。当陆涛所承担项目任务的截止日期来临时，你会关注到陆涛的绩效不太好，这时你也不会想到他绩效不好的原因是这个问题导致的。而当你运用积极倾听技能很早地就发现了这个问题时，你就可以用你的超强的沟通能力来介入此事，并解决他们之间的问题。在沟通交流时注意观察，并留意隐藏在事物表面下的非语言线索，你可能会有更大的收获。

提示　积极倾听除了让你获得语言所表达的信息外，还能让你获得更多的其他信息。请善于运用你的观察力。

积极倾听包括认真倾听对方的说话，并注意观察对话所处的环境。我们经常认为我们自己在认真积极倾听，其实并没有。我们开始打腹稿，想着晚上晚餐的时候，跟老板说要加薪，并陈述加薪的理由证明我是值得加薪的。分心，比如说短信、电话铃响、干扰或老板经过，都可能妨碍你积极倾听。不要忘记你自己也会有偏见。你如果对说话或发送信息的人存在偏见，就会妨碍积极倾听和理解他所表达的信息。

倾听对于所有项目经理来说都是一项核心技能。从团队成员到相关方再到最终客户，你需要倾听所有项目相关人员的意见和看法。如果别人发送给你的信息和你所理解得到的信息之间存在不一致的地方，那么你的项目可能会遇到各种问题。认真聆听他人与将自己的信息清晰地传达给他人同样重要。下面列出的一些行为建议可以提高你的倾听技能，并能帮助你避开项目中潜在的各种陷阱：

（1）对别人说话的内容表现出真诚的兴趣。

在对方讲话时，时常点头让对方知道你对他的观点感兴趣，并在适当的时候提问，提前告知他你希望听到他讲什么内容。

（2）尽量让别人多参与。

一般来说，只是让某一个人去主导会议或讲话通常都不会太高效，除非你们是在一个大型的会场中。这种情况也适应于与相关方的会议或团队会议中。作为项目经理，你需要尽量控制你自己讲话的时间，多给其他参会人员发言的机会。

（3）消除沟通中的“噪音”。

尽量减少沟通中的干扰。在举行团队会议时请注意关上门，当有人与你在你的办公室交谈时，不要着急去接听电话，全身心地做好当前的事情。还有确保你所分享的信息适合受众。

（4）不要打断别人。

打断别人讲话会给他传递出这样的信息：他说的话并不重要，也不值得花时间去听。当你的行为告诉他们：“他们并不重要，你不想听他们说”，那么你很难指望别人会认真听你讲话。

（5）让讲话者解释和澄清问题。

这是一种很好的技术，可确保你正确地理解了所听到的信息。倾听时遇到疑惑的地方可以提问，让讲话者解释和澄清他们的观点，这样可以确保你听到的和他想要表达的内容是一致的。

（6）用自己的话复述一遍你所听到的。

这个经常与上一个技巧“请讲话者解释和澄清问题”一起配套使用，达到双剑合璧的效果。时常复述你所听到的，然后用你自己的话告诉讲话者你认为他们在说什么，这样可以进一步确保你听到的和他想要表达的内容是一致的。

（7）保持眼神交流。

当他们说话的时候，请看着说话的人。这样有助于让他们放松，让他们知道你对他们要说的话很感兴趣。

↘ 有多少条沟通渠道

在一个游戏活动中，所有活动参与者都站着围成一个大圆圈，第一个人稍微倾斜身体向他旁边的人悄悄说句话。然后，听到悄悄话的这个人接着向下一个人耳语他们听到的是什么，以此类推直到完成整个圈子的循环。当消息到达最后一个人时，这个人大声向在场所有人说出他所听到的信息。这个时候人群里爆发出笑声，因为最后一个人听到的信息通常与游戏的第一个人说出的信息大不相同。

这场游戏说明了使用清晰沟通和积极倾听技术的重要性。当然，在游戏中听的人不能让讲话的人去解释澄清他说得不太清楚的内容，我想你应该已经明白问题出在哪儿了。这个游戏还展示了沟通链条中的参与人数也会影响信息的有效传递。来回传递信息的人越多，发生误解误传的地方就会越多。图 2.1 显示了 5 名沟通参与者之间的沟通渠道。

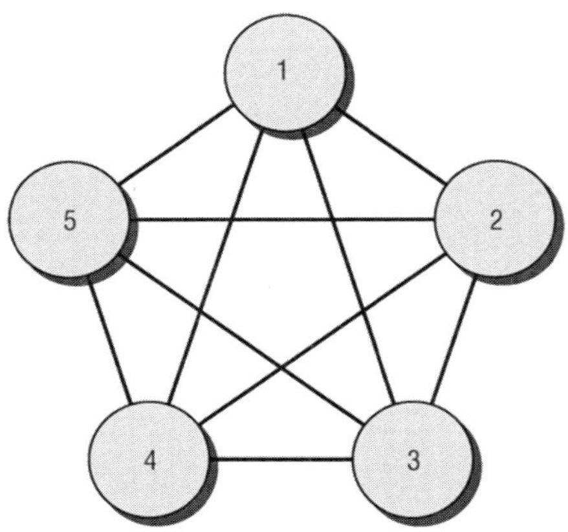

图 2.1　5 名沟通参与者之间的沟通渠道

沟通渠道数： 参与沟通的相关方之间沟通渠道的数量。

圆圈或节点表示参与沟通的相关方，节点之间的连线表示相关方之间的沟通渠道。这个项目有 5 个项目团队成员，5 个团队成员之间有 10 条沟通渠道。这也意味着可能会有 10 个地方出现沟通问题。你的团队越大，沟通渠道就越多，因此

出现沟通问题的可能性就越大。

你可以绘制一个类似的图来确定你的团队中存在多少条沟通渠道，但是如果你的项目中有 6 个或 7 个以上的人，那么沟通渠道的图形看上去会很混乱。这里有一个公式用来计算沟通渠道的数量：

$$[n \times (n-1)] \div 2$$

变量 n 表示项目中参与沟通的相关方的数量，你项目中有 5 个团队成员，将 $n=5$ 代入公式，你会发现有 10 条沟通渠道：

$$[5 \times (5-1)] \div 2 = 10$$

正如我之前提到的，团队中的成员越多，他们之间的沟通渠道就越多。6 个人的团队会有 15 条沟通渠道，8 个人的团队会有 28 条沟通渠道，10 个人的团队会有 45 条沟通渠道。在所有人之间会彼此交流的情况下，你沟通的人越多，沟通就会越清晰。当你有信息需要发送给很多人时，我建议你使用正式书面的沟通方式。因为如果你以口头方式传达信息给他们，他们之间会讨论你讲话真正的意思是什么，那么你很可能面临的状况就是：对你说的话不同的人有着各种不同的理解。

↘ 高效沟通的 10 个技巧

本节我们重点讨论了关于沟通这个主题的内容。请记住，良好的沟通是项目经理管理好项目的非常重要又很基础的一环。如果你已经掌握了出色的沟通技巧，那么你几乎可以在任何行业的任何项目中取得成功。

我认识一些项目经理，他们在一些行业工作时，其实他们的技术能力相当一般，也缺乏行业实践经验，但是他们仍然把项目管理得非常好，成功地交付了很多数百万美元规模大小的项目。他们所依靠的就是他们出色的沟通能力，能很好地与团队成员保持互动，并把项目管得井井有条。

举个例子，你不需要成为一个编程专家，就可以成功地领导和管理好一个 IT 项目的交付。作为一个项目经理，虽然具备一些行业知识和经验对你管理好项目是非常有帮助的，但是你不会被期望成为技术专家，你应该做的是管理并带领项目取得成功。你的团队中会有专业的技术人员，他们可以协助你估算和定义一些特定的技术任务。确保你经常与你的团队成员，尤其是技术专家进行交流。要求你的团队成员经常更新个人完成的任务情况以及项目进展，并和团队一起关注当前项目状态。如果你是一个优秀的沟通者，能与团队成员进行良好的互动和交流，那么你很可能会带领该项目取得圆满成功。

作为项目经理，你最主要的工作就是沟通，你 90% 的时间都应该花在沟通上，你最重要最需要的技能就是出色的沟通能力。让我们来看一看下面 10 种高效的沟通方式：

（1）在正确的时间向正确的人提供正确的信息。不必要的信息会分散人们的注意力，如果接收方不需要这些信息，那你发送的这些信息对于他们来说就是垃圾邮件，或者是“噪音”，这样还会让他们的工作变得混乱。所以在沟通时需要选择和定位好合适的受众。

（2）使用适当的电子邮件礼仪。保持你的信息简明扼要，并将邮件发送给真正需要了解其内容的人。

（3）用自己的话复述一遍你所听到的，告诉讲话者你认为他们在说什么，这样就不会造成误解。这是在告诉讲话者你确实在认真听他们讲话，并且你很想正确理解他们讲话的内容。

（4）提问并让讲话者解释和澄清一些问题。这是在告诉讲话者你听到了什么，但是你还需要更多的信息才能完全理解他们讲话的内容。这也有助于正确理解和澄清讲话者所讲的内容。

（5）使用适当的语音邮件礼仪。留下简短的描述性信息，说话吐词清晰，留下你的电话号码并重复两遍，这样接收方就可以只听一遍语音就能获取到该号码。

（6）消除“噪音”。“噪音”会分散人的注意力，还会干扰人们的沟通。把注意力集中在与你会面的人身上，全身心地做好当前的沟通。

（7）积极倾听。积极倾听包括与讲话者做眼神交流、听的过程中时常点头表示你对讲话的内容感兴趣、经常问一些问题，以及观察讲话者的非语言信息（比如说肢体动作、面部表情等）。

（8）让你的信息尽量清晰明确。如果可行的话，在你的信息中尽量少用技术专业术语和行业专业术语。使用公开演讲技术可以使你的信息更加清晰明了和简明扼要：首先，概述你准备说什么；其次，开始具体说要说的内容；最后，总结你刚才说了什么。

（9）组合使用多种沟通形式。当你说话的时候可以使用视觉辅助工具，在你的书面材料中也可以包含图形和图表。将两到三种沟通方法结合在一起使用，这样会让人们更高效地记住你所沟通的内容。

（10）在沟通复杂的或专业技术方面的信息时要有耐心。有时你所要沟通的信息会涉及某个技术层面的专业知识。当这种情况发生时，要对你的听众或接收方保持耐心，多花一些时间来解释你的意思。你当然知道自己想表达的意思，但是你的听众可能缺乏相关专业技术背景知识，这个时候需要你有足够的耐心。

在结束本章之前，还需要注意的一个要点，就是在沟通时重要的信息需要重复（也就是我们俗称的“重要的事情讲三遍”）。在邮件中不断指出文中的重要信息或要点是良好的习惯。一般来说，人们需要听或看到信息三到七次才能很好地记住。所以当你在进行交流时，请记住这一点，并考虑好需要重复重点信息多少次，以便让所有人都能听到和记住你强调的这些要点。

我知道我已经做了很多关于沟通的介绍。然而，你不需要把这些都牢牢记住。我在本章中讨论的大部分内容都应该记录在项目沟通计划里。我将在第 4 章“定义项目目标”中进一步讨论该计划。

关键术语

领导者	接收方
沟通渠道	发送方
管理者	

回顾与思考

1. 项目经理需要具备的最重要的技能是什么？
2. 为什么时间管理很重要？
3. 在时间管理的四象限中，有哪些事情是需要放在救火区来管理的？
4. 有哪些事情需要放在浪费时间区？为什么要尽量避免做这些事情？
5. 信息管理最重要的原则是什么？
6. 列举在信息交换中所涉及的各个环节和元素。
7. 在与团队成员或相关方进行沟通时，发送方需要负责哪些事情？
8. 接收方在接收信息时需要负责哪些事情？
9. 列举三种高效倾听的技巧。
10. 列举三种高效沟通的技巧。

第 3 章

启动项目

本章要点：

- ✓ 选择项目及确定优先级
- ✓ 发起人提议项目
- ✓ 定义相关方的角色及责任
- ✓ 制定项目章程
- ✓ 举行项目开工会议

我在第 1 章“基本概念”中详细地介绍了项目的相关标准，现在你应该清楚地知道，新分配的工作其实就是一个项目。阅读完第 2 章后，我相信你已经具备了良好的沟通和组织技能，或许你还新买了一套项目管理软件。现在，你的项目前期准备工作已经做好了，接下来该做什么呢？

第一步要做的就是项目的启动，启动过程是项目管理的第一个过程。在这一阶段，你需要论证项目是否可行，选择应该开展的项目，并决定项目开展的顺序，最后还要发布项目章程。

本章将详细介绍启动过程各方面的内容。

■ 选择正确的项目——实现组织战略目标

启动过程通常是整个项目生命周期的第一个阶段。我们第 1 章已经对“这是一个项目吗”给出了答案，现在我们就要正式地启动这个项目了。

启动过程：这是我们要讲的第一个项目管理过程，通常也正是项目生命周期的第一个阶段。这个过程通常表明一个项目或阶段的开始，其主要可交付成果是项目章程。

启动过程宣告一个新项目或一个新阶段的开始，如果你在做一个大型的多阶段项目，在前后两个阶段交接的时候，你可以通过再开展一次阶段启动过程，以决定是否需要正式进入下个阶段。

事实上，项目启动的主要工作就是制定一份项目章程。一般来说，启动过程的流程是这样的：首先，发起人根据商业需求提议一个项目；其次，把这份提议交到评审委员会审核，如果审核通过，就标志着项目启动，接下来就要创建并批准项目章程，以确定资源并指派项目经理。

图 3.1 简单说明了启动过程的运作流程。这一过程的输出是项目章程，而项目章程又会是规划过程的输入。

图 3.1　启动过程

注意

在你的组织里，中小规模或不太复杂的项目可能只需要有一位高层领导同意就能获批，然后你就可以开始准备项目章程了。而大型的项目，特别是有一定风险或需要大量的成本投入的项目，则需要更多的批准流程，比如还要进行商业分析、可行性研究，或者成本效益分析。这些内容都会在本章进行讨论。

↘ 项目是如何产生的

假如某一天公司销售副总裁来到你老板的办公室请求帮助：她希望从供应商那里购买一套能够帮助其团队找出潜在客户的软件系统，而且要让分布在 6 个国家和地区的销售部门都能使用。因为此软件系统与 IT 相关，所以副总裁认为 IT 部门来执行这个项目是最合适的。

你上次完成的一个项目非常成功，给老板留下了深刻的印象，因此他认为你是管理这个新的软件系统项目的最佳人选。而且你也觉得这个项目能帮助你在项目管理方面获得更多的经验和技能，所以你不会错过这个机会。

首先你明白这个工作是个项目，因为它有明确的开始和结束日期，而且是独特的、临时的。虽然副总裁计划直接从供应商那里购买这个软件系统，但是购买和安装过程还需要来自销售和 IT 部门的成员参与，这个新的软件系统还要和目前 IT 部门的系统对接。

事实上这个项目的提出是为了满足商业需求。副总裁希望为组织增加销售额，她认为这个新工具将帮助她的销售团队实现这个目标。的确组织总是在寻找新的方式创造商业机会，包括如何更有效地节省时间和金钱，并以比竞争对手更卓越的水平为顾客服务。这些都是新项目立项请求背后的一些原因。下面让我们看看产生项目的各类需求。

↘ 项目产生的动力——需求

大多数的项目都是由需求驱动的，而需求来源于战略机会，因为“需求”带来的项目通常与组织的战略目标相一致。有些情况下，了解项目产生的原因能帮助你确认项目的目标和范围。举个例子，假设你发现一个项目是根据法务的要求而产生的，那么这个项目必须按照特定的（法律）要求开展，而且项目的某些内容不能有任何协商的余地。下面就简要介绍一下产生项目的需求的分类。

商业需求和战略机会

上文提到的筛选客户的软件系统项目就是源于商业需求。该组织希望销售团队通过检索已有客户群体信息来发展新客户，从而增加销售额。所以商业需求（包括提高效率，减少成本，提高资源利用率）和战略机会都是非常普遍的新项目产生的原因。

市场需求

因为经济环境、供需周期的改变，从而带来的市场需求可以驱动新的项目。例如，汽车行业可能想要启动一个项目来设计一种由电力和汽油混合驱动的新车型，原因是目前石油供应有所减少，或者电动汽车需求量有所增加。

客户需求

客户需求可以催生许多新项目。这种需求可以来自组织内部或外部的客户。从供应商的角度看，前面提到的筛选客户的软件系统项目就是一个客户需求。你们公司的销售部门从供应商那里购买了一个软件系统，在交货之前，供应商必须对它进行一些特定的设计，以保证这个系统能满足需求。从供应商角度看，优化这个系统以满足你的组织的需求就是产生项目的驱动力。

法律需求

根据法律需求而开启的项目也很多。比如，政府新颁布了一项有关专有数据的使用法规，其中包括数据的管理、储存、获取、分享及其他有关流程，以保证专有数据的安全。据此，你所在的组织就必须改变数据管理的方法，于是就催生了新的项目。

先进的技术

我们生活在一个技术日新月异的时代，像全球视频聊天这样以前无法想象的事情，如今都可以轻而易举地实现了。由技术进步催生的项目，其目的是想要充分利用新的软件功能，为客户提供新的服务，并为组织获得更多的利润。

社会需求

根据社会需求所产生的项目，比如为了提高公众防范意识、预防传染病传播而进行的宣传活动，或者面向贫困儿童提供教育课程，等等。社会需求可以来自客户或普通百姓的关注点。也许某个重要客户有很强的环保意识，他就可能会对公司施加压力，要求公司开发新的技术以减少环境污染，或要求公司保护国家的水资源。

生态环境的影响

生态环境方面的内容，包括“绿色”环保倡议、利用可替代的能源、使用和处理一些特定材料的要求，等等，这些都可以触发项目的产生。

政治环境的变化

在我的职业生涯中，已经遇到很多由于政治环境变化产生项目的例子。

> 注意　确定项目是如何根据需求或者战略规划而产生的，会帮助你更清晰地定义项目的目标。

不管是什么原因产生的项目，你都必须了解项目的优先级，还要知道项目是怎么与公司的战略规划相匹配的。很遗憾，大多数公司都没有进行项目选择及优先级确定的流程。常常是某个领导拍板后，就开始做了，直到下一个人（有些时候可能就是同一个领导）突然告诉你要停下所有工作，因为要去做另一个有更高的优先级的新项目。过了一段时间，原来的领导又回来了，问你之前的那个项目做得怎么样。这时候你真的不知道该怎么回答，只能站在那儿和他大眼瞪小眼，最后不得不鼓起勇气说你正在做一个优先级更高的项目——想象一下，如果你的公司没有一套项目选择及优先级定义的流程，我保证你一定会遇到这种窘境。所以花一些时间去建立一套流程来规范定义项目的优先级，这样你就不会在自己全身心投入某个项目的时候，突然发现实际上你应该先做另一个项目。

↘ 项目申请

让我们再来看看销售副总裁要求的那个筛选客户的软件系统项目。在项目的最初阶段，根据公司要求，项目申请需要通过两个步骤才能得到批准。第一步，要向项目评审委员会提交项目申请表，或者叫项目概念文档（见图 3.2）。

项目概念文档：主要用于描述项目的目的及高层级目标，在选择项目的过程中，评审委员会或者其他决策者会参考这份文档以决定项目是否被批准。

项目概念文档（第一页）

Ⅰ．一般信息

项目名称：________________　　项目编号：________________
申请者姓名：________________　　申请日期：________________
申请者联系方式：____________

第一部分——由申请者完成

Ⅱ．商务判断（说明必须实施项目的原因、项目要解决的问题或难点，描述如果不批准项目会对组织产生的影响）

Ⅲ．项目描述（提供高层级的项目目标，包括一个期望项目产出的概要清单）

Ⅳ．项目成本（如果知道相关信息，可以提供高层级的估算）

Ⅴ．时间框架（是否有关键的完成日期：是/否　申请日期：________如果不是关键的，所期望的完成日期：________）

图 3.2　项目概念文档（示例）

注意　你可以从 www.wiley.com/go/projectmanagementjs4 下载项目概念文档的模板。

在项目概念文档的第一页，你需要填写项目的一般信息，这样项目评审委员会的成员能够快速了解项目的目的及概要，从而决定是否开展这个项目，并确定该项目在组织中的优先级——这就是项目申请两步中的第二步。注意，这一步也要在项目真正开始之前完成。

项目概念文档（示例）是项目启动过程中的第一个模板，当然，你可以按照组织的要求，对它做一些适当的调整。要记住，这个文档的目的是向管理层提供信息以帮助其判断是否应该开展此项目，因此要写得简明扼要，而更进一步的详细信息、项目目的应该是项目章程及范围说明书的内容。在项目规划过程组，你需要准备其他文档来详细描述可交付成果、需求等信息，目前阶段的项目概念文档只需要包括以下基本要素：

- 申请者姓名。
- 申请者联系方式。
- 申请日期。
- 项目名称。
- 项目编号，以便在部门内跟踪。
- 商务判断，包括项目产生的需求，以及对以下问题的答复："这个项目要解决的商务问题或争议是什么？"这部分可以描述如果不批准这个项目将会对组织产生的影响。商务判断还要适当包括一些财务信息，如投资回报、成本收益分析、内部回报率等，以便评估项目，从而帮助评审委员会做出决定。
- 项目描述，就是说明申请的项目的目的及产出，包括高层级的目的，以及判断项目成功要满足的条件。
- 项目成本。如果申请者的预算额度有限，就需要在此说明情况。如果申请的项目需要一个供应商，或者需要从组织外购买服务，也要在此列出已知的初步估算的成本。
- 时间框架，也即关键的或期望完成的项目日期。

项目概念文档的第二页包括两个部分（见图 3.3），即第二部分和第三部分，其中第二部分由项目经理（如果还未任命项目经理，可由职能经理代替）来填写。这一部分包括高层级的初步计划，以使评审委员会了解此项目需要多久才能完成。另外还可以写上进行这个项目可能影响组织中哪些业务领域。

第三部分是评审委员会负责填写的，内容包括审查日期、建议，以及结果。还要留一个区域用来签字。

完成项目概念文档的填写后，可将其保存到项目文档库中。你可以把它分享给其他人，还可以把其中的部分内容放到项目章程中。因为项目概念文档非常重要，只有准备好足够信息，才会得到批准，下一步就能起草项目章程。多数管理者在批准团队可以开始项目之前，都想先知道这个项目的目标是什么，需要的预算是多少，多长时间能完成，等等。因此，为了项目能够被批准，认真总结项目的各种信息，从而写出一份信息完整的项目概念文档是十分必要的。

项目概念文档（第二页）

第二部分——由项目经理或职能经理完成

VI. 初步计划（提供完成项目的高层级的进度计划）

VII. 业务影响的领域（列出受项目影响的所有业务单元）

第三部分——由评审委员会完成

VIII. 评审委员会审查

审查日期：
建议：
项目接受/拒绝：
项目优先级：

IX. 评审委员会签名

图 3.3 项目概念文档（续）（示例）

↘ 商业论证

项目概念文档非常适合中小型的项目，对于大型项目，就需要商业论证了。商业论证比项目概念文档包含更详细的信息，比如商业论证包括预期的项目收益和产出。有的组织在做初步决策时可能只会用到类似项目概念文档这样简单的表格。

商业论证的目的是理解商务需求，以确认对项目的投资是否值得，这一部分要写清项目源于怎样的需求。商业论证还要包括相关的财务分析。

进行需求分析是准备商业论证的第一步，其关键性无须多言。需求分析要考虑相关的商务要求、市场机会、成本、风险或更多方面，同时还要写明计划生产这些产品或提供这些服务，是基于怎样的假设，又将要面临怎样的限制条件。一旦完成了需求分析，做商业论证就非常容易了。商业论证文档一般包含以下要素：

- 项目描述，包括驱动项目的商务需求和机会，还包括如果不实施这个项目会对组织造成的影响。
- 高层级的可交付成果和产出。
- 项目相关方的人员名单。
- 项目面临的问题或机会分析，包括项目如何与组织的战略目标保持一致，是什么样的问题（或者机遇）驱动项目的设立，对于所在组织现有的能力的分析，并且对比项目实施前后组织将会发生的变化。
- 高层级的风险描述清单，包括目前已知的风险。也包括随着项目的进展将会发现的风险。
- 项目关键的成功要素的描述。
- 对于备选方案各个方面的概述，包括解决方案的分析、风险描述、基于推荐选项的限制及假设条件、高层级的实施计划及对应的里程碑、项目依赖的条件、相关方的角色和职责。
- 评估说明，包括项目完成后如何评估项目给组织带来的收益。

上文已经解释了一些要素，其他的则非常简单，不过这里要强调的是关键的成功要素，通常针对的是特定的可交付成果或需求。当准备好项目概念文档或商业论证时，就可以向评审委员会进行汇报了。

关键的成功要素：必须且要正确地完成的项目的可交付成果或需求，同时也是确认项目成功与否的必备条件。

↘ 项目的选择及优先级排序

在选择项目和确定其优先级时，第一步是建立评审委员会。评审委员会将根据相应的标准审查项目概念文档用以批准项目。评审委员会决策的标准可能会非常简单，比如公司的某个高层领导坚持认为这个项目一定要做；也可能会非常复杂，比如会涉及用各种评分模型来进行判断。因为大多数组织的业务是以营利为目的的，所以评审委员会将着重关注有机会带来收益的项目，当然也会关注那些通过减少运营成本而获得利润的项目。另外，对于非营利或政府组织，他们一般不太关心具体收益，但是也会关心如何最大化地利用运营资金。

下面让我们看一下组织在选择项目时首要考虑的指标。

投资回报

不论是否以营利为目的，绝大部分的组织都只有有限的资源和时间。在实施项目之前，他们都想知道其所花费的时间和所用的资源是否值得，换句话说，完成这个项目后，你的收益是大于投入吗？对于这个问题，其实有很多的财务工具都可以帮助你确定投入的资源和时间能否带来所期望的收益，因此在比较多个项目时可以用有关的财务指标作为标准。

常用的财务指标包括回收期、现金流折现、成本效益分析、内部收益率（Internal Rate of Return，IRR）和投资回报率（Return on Investment，ROI），下面我们将对这些指标进行简要的解释。相关的详细计算公式已经超出了本书的范围，不过如果你有兴趣参加 PMP®考试或 CompTIA® Project+考试，建议你了解一下相关的公式，我推荐你学习 *PMP: Project Management Professional Exam Study Guide, 9th Edition, CompTIA® project+, 2nd Edition*（这两本书都是 Sybex 出版的）。

（1）回收期。

简单地说，回收期就是收回项目成本需要的时间。通过比较所有项目的成本与将获得的收益，计算出需要多长时间获得的收益可以与初始投资持平。当比较两个相似规模和范围的项目时，一般会选择回收期较短的项目。

> **注意** 记住，你可以在项目概念文档或商业论证中写明财务分析的结果。

（2）现金流折现。

现金流折现是通过现值来判断这个项目是否有利可图或者可行的方法，一般可以用于比较多个相互竞争的项目。这个方法与人们常说的“时间就是金钱”有关。现金流折现考虑了金钱相对时间的价值，从而确定项目的收益是否大于费用。它的逻辑非常简单，就是同一笔数额的钱，你今天拿在手上比明天收到要更有价值。因为如果今天你已经拥有了资金，就可以通过投资获得利润，或者把它存入银行以获得利息，又或者用它开始一个小规模的业务，等等。所以，你明天收到的钱需要被转换成今天它的价值（现值）。

现金流折现考虑了与今天的价值有关的未来的收益。比如，如果每年的利息是 7%，两年前的 1 000 美元，今天就是 1 140 美元（按 2021 年 7 月 27 日中国银行汇率信息 1 美元=6.486 8 人民币计算）；而两年后的 1 299.6 美元，今天也是 1 140 美元。人们经常用这个方法比较一些规模和范围类似的项目。如果有两个现值不同，但其他情况都差不多的项目，通常你会选择现值较高的项目。比如一个项目的现值是 1 145 美元，另一个是 1 023 美元，你一定会选择现值是 1 145 美元的项目。

（3）成本效益分析。

成本效益分析是对项目花费的成本与获得的财务收益进行比较。其中，成本包括生产产品的成本、市场推广的成本、持续提供业务支持的成本。用成本效益分析来决定项目是否可行是非常简单的——只要成本比预期的收益要少，这个项目就会获得批准。

（4）IRR。

IRR 是指当现金流的现值或投资价值等于原始投资时的折现率。

一般来说，IRR 较高的项目对应的收益也会高。不过 IRR 的计算过程较为复杂，一般要用计算器，还要查数学公式来寻求答案。

具体是这样来应用，假如你的初始投资是 10 000 美元，而未来的现金流价值等于现值 12 000 美元。IRR 计算的折现率就是要让现值 12 000 美元等于初始投资的 10 000 美元。与其他方法类似，用 IRR 也可来比较规模和范围相似的项目。例如，项目 A 可带来的 IRR 是 5%，而项目 B 的 IRR 为 6%，在此情形下，如果两个项目的规模和范围差不多，自然就要选择项目 B 了。

（5）ROI。

ROI 用来测量项目将要产生的成本节省或利润。它可以用简单的百分比来计算：如果你的初始投资是 20 000 美元，获得的收入是 30 000 美元，净利润为 10 000 美元，则该项目产生的 ROI 是 50%。

在向评审委员会汇报时，财务计算结果是很容易说明项目是否有收益的。有些组织专门制定了项目财务目标的标准。例如，组织只接受 IRR 大于 5%的项目，或者要求所有项目的回收期少于 18 个月。如果你申请的项目只有 3%的 IRR，那肯定不会被批准。

选择项目的方法

选择项目除了利用财务计算结果，还有其他方法，包括根据项目评审委员会确定的一系列标准，或是采用问答和评分模型来对项目进行评分。总之，综合评分方法和财务计算能让你清楚知道要选择哪个项目。不过，这两个方法都不能百分之百确保项目的成功。你可能有一个非常好的财务数据或者很高的得分，但是项目最后仍然可能会失败。所以你还需要一个好的项目计划来帮助你克服困难、跟踪进程，并让你在对的时间采取恰当而正确的行动。

提示 在项目选择过程中，高的得分并不能保证日后项目会成功。想要获得项目的成功，你还需要遵从后面章节介绍的项目管理的方法。

评分模型有许多形式，包括项目评分问卷、检查单或是稍微复杂的加权评分的模型。表 3.1 是一个简单的项目评分问卷的示例。

表 3.1　项目评分问卷

评分标准	得分（分）
有效解决了业务问题	5
获得了客户的满意	4

续表

评分标准	得分（分）
有潜在收益	4
有市场	5
容易生产和提供支持	3
总分	21

在这个例子中，评审委员会根据对应的标准来检查项目概念文档，然后按 1～5 分打分（5 分为满分）。打分结束后将所有的分数汇总，以此来对项目做一个最终的评判。有的组织可能有些预先确定的规则，如所有的总分低于 18 分的项目都会被否决掉。

另一个例子如表 3.2 所示，它是一个简化的加权评分模型。这个表列出了与表 3.1 同样的评分标准，但是每个标准又都根据公司的目标或评审委员会的规定分配了权重。

表 3.2　有权重的项目选择问卷

权　　重	评分标准	得分（分）	分值（加权后）（分）
25%	有效解决了业务问题	90	22.50
25%	获得了客户的满意	90	22.50
20%	有潜在收益	85	17
15%	有市场	95	14.25
15%	容易生产和提供支持	75	11.25
总分			87.5

表 3.2 的第一列是评审委员会事先定义的对应评分标准的权重。每个评分标准将会被赋予 0～100 的得分，这里第一项的得分是 90 分，它对应的权重是 25%，最后的分值是 22.5（90×0.25）分。

以此类推，每个标准都有对应的分值，总分就是将各个标准的分值相加。最后评审委员会将它们汇集起来作为项目选择的依据。

具体选择项目时可以采用不同的形式。例如，评审委员会可能认为客户满意度这个标准是很重要的，如果其分值小于 20 分，那就会自动否决这个项目。按照类似的思路，另一种选择方法是对总分提出一些限制条件。如果总分小于某一数值的项目也会被自动否决。所以在对一些规模和范围类似的项目进行选择时，得到高分的项目将会被批准。

这些选择方法也可用于项目优先级排序。例如，使用财务计算结果和得分，按照最大收益、最高回报或最大的市场占有率来进行项目排序。

不过你可能会遇到一些特殊的情况，比如有的组织会有一些很强势的领导，想要什么他们都会得到。比如某个领导说“我需要项目 A”，那么除非这个项目一眼看上去就是完全不可行的，否则这个项目很可能会被批准。虽然你们的评审委员会可能使用上面介绍的几种方法来选择项目，但也没辙。所以不要低估一些特殊人物的政治影响力，他们可能不会遵循正式流程，甚至可能都不考虑评审委员会的意见。

其他选择标准

在项目选择时，评分和财务的影响都是很重要的，但也还要考虑其他因素。事实上，可以将下面的内容添加到上面提到的加权评分模型中。

（1）战略目标和使命。

所有项目都要和组织的战略目标及总体使命相一致，这一点是很容易理解的。例如，你在一家生物制药公司工作，有人建议设立一个项目来研究和开发用于花粉患者的新型抗过敏药物。因为研发和推广新药是该公司的主要收入来源，毫无疑问，至少要将这个项目提交到评审委员会要求审查。就算是有其他的原因可能无法通过，但是这绝对是符合公司战略规划的。

假设你在一家小型的生物制药公司工作，该公司重点研究和开发治疗特殊血液疾病的药物。如果这时有人建议设立花粉抗过敏药物项目……，那么想象一下可能的结果，相关经理可能会和提出此建议的人面谈，提醒他公司的真正重点是研究和开发治疗血液疾病的药物，和他所建议的完全不一样。所以这个项目的提案就永远不会被递交到评审委员会，因为它不符合公司的战略规划和使命。请记住，只有能帮助组织实现其战略目标的项目才能够被立项。

所以在提交建议之前，就应该将项目与公司的总体战略规划和使命相联系，用战略规划和使命来作为选择的标准，以确定是否批准项目请求。如果一个项目不支持战略规划和使命，自然就不会被批准。

（2）风险和影响。

大多数公司考虑的另一个问题就是风险和影响。其实风险的发生有很多种形式，在这个阶段，评审委员会主要考虑的是对公司的风险，比如财务风险、不利的宣传报道、对公司声誉的影响、潜在的产品失败率等，还有项目风险，比如可能无法按时完成项目，或者项目目标不符合客户的业务需求。如果会造成公司的财务风险，很可能不会选择这个项目。不过要记住，组织和你我一样，其实是有一定的风险承受力的。例如，有些项目对某个公司来说是高风险的，但对另一个公司来说可能就没有影响。

当然风险并不一定都是坏事。有些时候风险可能是正向的，比如可以带来收益、有利的公关宣传、好的声誉建立，等等，这些也都是组织想要实现的。

所以当提交项目申请时，要意识到项目对公司的风险和影响，以及公司对应的承受力。

（3）制约。

制约是指那些束缚或是完全控制项目团队行动的因素。项目的工期时长、预算和资源承诺可能会受到组织预先制定的条件的限定。例如，你的组织不会实施工期超过一年的项目。对于预算也可能有类似的限制（比如预算超过一定数额的项目不会得到批准），或者限制项目工作只能使用一定数量的内部资源。所以需要注意这些制约因素，如果处理不好，它们有可能把项目扼杀在摇篮之中。

还有一些可能的限制包括：不能和进行中的项目争抢优先级，相关的行动或产出不能违反法律、法规或者公司的政策，以及对创新产品的项目，缺乏所需的技术和技能。

提示　并不是要批准实施所有的项目。时间问题、制约因素、政治环境，以及各种其他原因都可能阻碍评审委员会做出决定。

其实缺少组织高层或项目发起人的支持也是一个巨大的危险信号，虽然这种情况可能不会导致提前终止项目，但是你必须从项目开始时就要特别关注这类问题。要知道缺少高层的支持或承诺预示着你在项目的后期可能遇到问题。如果在前期不能得到更多的支持，建议尽可能选择退出，放弃这个项目。我们会在下面讨论发起项目时需要考虑的事宜。

↘ 可行性研究

可行性研究包括项目的收益、产品的完整性、可行性、产品或服务的市场、替代解决方案和产生项目请求的业务需求等相关内容。

比如，有些项目的复杂程度超出了组织的承受能力，不过，这些项目具有的优势使得评审委员会又不想将它们抛出局外。换言之，表面上这些项目是不错的，但是在做出是否批准的决定之前需要有更多的考虑，也就是要做可行性研究。通常，针对评审委员会可能会提出的问题，可行性研究要在评审之前准备。之所以要进行可行性研究就是为了找到有关项目的更多详细信息，包括深入挖掘产生项目的业务需求，以及可能的替代解决方案。当一个项目看上去比较复杂且规模很大，并需要大笔的资金来实施时，或者该组织以前从未尝试过这种类型的项目，这时就需要做可行性研究。具体内容包括项目带来的产品的有效性，与项目或产品相关的技术问题，计划涉及的技术或产品的可靠性和可行性，等等。

可行性研究不应该由最终负责项目的同一批人进行，因为做可行性研究的团队可能已经有了一些固定的想法，或心里早认准了可行性研究该有怎样的结果，于是他们就会让研究的结果偏向既定的观点。你可以仔细观察可行性研究团队是不是有非常强的倾向性。如果你发现一些个人的观点开始影响可行性研究的结果，就要提出意见以保证项目会得到公平的对待，使得研究结果会被准确地汇报给评审委员会。

提示 可行性研究要选择没有从事该项目的人来进行，这样可以消除偏见。

某些组织聘请外部的顾问来进行可行性研究，这是一个非常好的方法，这样可以消除个人观点对研究结果的影响。但是记住，无论如何，如果你聘请了一位顾问来做可行性研究，你最好不要用这个顾问或他的公司来执行项目。因为如果他知道自己很可能要做这个项目，那他在进行可行性研究的过程中，一旦涉及最终的成果，脑子里自然而然地就会带入自己的产品或服务（这就是个人偏见的例子）。

可行性研究报告完成后，评审委员会将对其进行讨论，决定是否要实施这个项目。批准之后就要准备项目章程。在讨论这个话题之前，让我们先看看项目相关方的角色。

↘ 会见项目相关方

相关方是对项目有既得利益的个人或组织，项目经理也是相关方之一。本书用了很大的篇幅来描述项目经理在项目中的角色，简单来说，项目经理的责任就是在符合预算的条件下按时完成项目，让客户满意。在大多数项目中，还包括其他主要的相关方：项目发起人、职能经理、客户、项目团队和对完成项目至关重要的供应商或承包商。

相关方可以来自组织内的各个部门，也可以是组织外的人员。例如，如果你的项目涉及的产品和服务有潜在的危险性，或需要遵守所在行业特定的法规，你的相关方清单里就应包含相应的行业或政府代表。

↘ 与项目发起人一起工作

项目发起人通常是组织中的高管，他们可以批准项目，并且能够指定资源、分配预算。

上文说过，项目源于业务需求，之后有人提出立项，赢得管理层的赞同，说服他们支持项目，并分配时间和资源，这个提出立项的人就是项目发起人。

项目发起人应努力地争取那些有意参与项目并提供资源的人，以及能够理解这个项目重要性的人。这样，他就能得到支持并且获得项目的批准，然后就把后续的工作交给了你——项目经理。这时项目发起人并不会马上离开，而是会在整个项目过程中始终与你一起工作。在项目中如你有问题，就请项目发起人来做决定，因为他有权指定资源和分配预算，让相关方兑现对项目的承诺。

一般情况下，在项目的启动和规划过程，项目发起人会参与很多工作。比如介绍项目，发布项目章程，在整个项目执行的过程中担当项目经理的顾问。到了项目的执行、监控过程，除非有问题要解决，否则不需要项目发起人过多参与。如果所有的事情都有条不紊地进行，那你只需要经常向发起人更新项目状态，到项目结束时再邀请他参加庆功宴就好了。

项目发起人是你的贵人，好好对待他就是在帮你自己。在项目执行过程中，项目发起人会引导你克服重重困难，获得更多资源，对供应商施加压力，使之更多地支持你。

提示 在整个项目执行的过程中，项目发起人是你的合作伙伴，他为了获得项目的成功会与你风雨同舟、共担责任。

项目发起人会从总体上把控你准备的项目文档，也可能在某些方面帮助你拓展文档的内容。他有做出决定和解决争议的权力，如果你有事情解决不了，项目发起人就是那个最后把这件事“摆平”的人。

项目发起人会给你有力的支持，他会密切关注你，作为项目经理，你应该与发起人保持密切联系，千万不要等到问题不可收拾了才向他求救，而是应事先汇报项目可能遇到的麻烦或冲突，不能只让他听到二手信息。

如果你遇到麻烦，不必犹豫，直接找项目发起人，才能获得快速解决。事实上，项目发起人非常渴望项目成功，他不会嫌你多事，而是十分愿意帮你解决问题。

↘ 制定相关方的角色和职责

在项目中，你应该明确每个相关方的对应角色，这样当项目出了问题时，你就很清楚地知道谁该负责什么。

我在前面的章节讨论了项目发起人的角色，表 3.3 描述了你在项目中会遇到的关键相关方及其对应的职责。一定要记清楚他们的职责，这样在组织中，也有助于理解他们各自工作的优先级。

表 3.3 关键相关方的角色和职责

关键相关方	职 责
项目经理	管理项目，编写项目计划，编写各种与项目相关的管理文件，评估项目的绩效，采取正确的行动，控制项目的产出，管理项目团队，汇报项目的状态

续表

关键相关方	职　责
项目发起人	作为高层管理者发起并全局把控项目。充当项目经理的顾问，能够解决问题并做出决定。发布项目章程，成为项目的评审委员会成员。拥有分配资源和确定预算的权力
职能经理	负责完成项目活动和产出可交付成果，也可以作为项目的评审委员会成员来帮助全面管理项目
客户	提供项目需求，批准项目的可交付成果并确认是否满足要求。可能成为项目的评审委员会成员
项目团队	负责完成项目活动
供应商或卖家	提供货物或服务来帮助项目团队完成项目

作为项目评审委员会成员，有一些相关方会负责总体的项目管理。项目发起人通常是评审委员会的主席，他会决定谁可以参与到评审委员会中。评审委员会的作用就是解决项目经理权限之外的问题，以保证正确地使用组织的资源来满足项目所需。请记住，如果评审委员会成员之间发生了争论或冲突，项目发起人会最后拍板，而且在必要时可以一票否决评审委员会所做的决定。

现在你既然已经了解了相关方的角色，就要开始整理项目中的相关方信息了。你可以编制一个相关方登记册，并将其存储在项目文档库中。相关方登记册应包含有关相关方的信息，如他们的名字、角色、联系信息、对项目的期望、是属于组织内部的还是外部的、他们日常交流喜欢的联系方式（邮件、电话等），以及他们对于项目的权力及影响力。表 3.4 是一个相关方登记册的例子。

表 3.4　相关方登记册

姓名	角色	期望	内部/外部	联系信息	交流方式	权力/影响力

利用相关方登记册，你可以来制定如何让相关方参与项目的策略，并用它帮自己处理相关方的有关事项，了解他们各自的日程安排和期望。你还可以添加一列，来描述如何和各个相关方打交道。例如，我之前提到的项目发起人应该像你最好的朋友一样，不论消息是好是坏，他都应该是你第一个要联系的人。所以你可能需要在此注明，“要与项目发起人保持密切而友好的关系”。当然，在整个项目中要一直使用相关方登记册，随着项目的进展，项目相关方可能会改变，因此

你要定期更新，当有新的相关方加入时，就要及时添加相关信息。

↘ 相关方之间的竞争需求

同一组织的不同部门，常常有不同的需求和利益冲突。比如有一个相关方关注项目对其部门的影响，而另一个相关方的想法可能完全不同。所以作为项目经理，你必须学会平衡这些需求和顾虑，建议运用我在第 2 章“项目管理技能”中谈到的沟通技巧，让每个相关方都能了解所有情况，并协同工作。

提示

相关方不一定喜欢你的项目，所以你需要了解相关方，并尽早打通与他们的沟通渠道。相关方都是有影响力的人，你的项目想要成功，必须依赖他们（包括职能经理）的帮助。如果到处都是对项目的负面评论，那就可能失去与他们合作的机会，情况就会变得糟糕了。

除了参与你这个项目，相关方可能还有很多其他的工作会占用时间和精力。其实不是所有相关方都是你的项目支持者。比如，他们可能不同意这个项目，可能不喜欢项目发起人，可能认为自己的项目比这个项目更有价值，可能会抱怨项目对部门的影响，或者他们有更高优先级的项目，不想被这个项目困扰，等等。总之相关方不支持项目的原因有很多。

面对这种情况，你的职责就是尽快了解相关方，建立开放、信任的环境。如果你付出更多的努力去了解相关方的问题和担忧，以后他们也就不太可能为难你。如果他们觉得你真的在试图成为他们的“自己人”，尊重他们，为他们着想，解他们所难，那他们就可能回报你。所以你要了解相关方及其业务流程，这将有助于你在规划过程中做好有关活动安排和资源分配。

■ 编制项目章程

我在这一章已经介绍了很多内容。至此，你应该明白申请一个项目，需要有高层级的项目信息，并应该获得评审委员会最终的批准。也应该明白谁是项目发起人，谁是项目相关方，以及他们在项目中的角色。随着你不断深入规划过程，会有更多的相关方加入，你需要将他们添加到相关方登记册当中……现在基于这些信息，是时候来编制项目章程了。

项目章程是正式的书面陈述和确认项目的存在，它授权项目经理去实施项目，并指派项目所需的资源。它会把项目工作和组织的持续运营联系在一起。特别要强调的是，项目章程一般由组织中担任高层管理者的项目发起人发布，这样一方面能表明这个文件本身很重要，另一方面赋予你，作为项目经理一定的权力。当然它也体现高层管理者对这个项目的承诺和支持。

项目章程涵盖了项目启动时要解决的业务需求，包括对产品、服务和项目结果的描述。好的项目章程会解答相关方的一些疑虑。

项目章程所包含的相关信息，应该比项目概念文档要深入一些，但还没达到项目范围说明书那么详细。正如你在上文看到的那样，我是从最简略的项目概念文档介绍开始的，现在介绍的项目章程需要更加精细一些，而等到我介绍项目范围说明书时，你就会了解所有项目的详细需求，以及判断项目成功的标准。

在介绍项目章程的具体内容之前，让我们先看一下项目章程的目的。

↘ 项目章程的目的

确认项目将要启动

项目章程告知所有的相关方项目已经被批准，并得到了高级管理层的支持。同时正式通知相关职能部门，期望并需要得到他们的合作。

给项目承诺资源

项目章程承诺了组织分配给项目的资源，包括时间、材料、资金和人力资源。

确保所有人都有同样的信息

这一点似乎轻而易举，但是你可能会吃惊地发现，如果没有项目章程，相关方对项目需求通常会有不一样的理解。比如，也许一半的相关方认为项目的目的是升级网络，另一半的相关方则认为目的是将计算机房的服务器换一个新的地方。这么说可能有些夸大其词，不过你可以体会到其中的意味。所以只有当项目的目的、目标和总体情况被所有人认同，并形成正式文档发布，大家才会自始至终准确理解项目的目的，以避免产生混乱。

任命项目经理

很多情况下，在项目章程起草和发布之前，你作为项目经理就已经开始工作了。不过项目章程是项目发起人发布的一个正式的通知，它授予了你作为项目经理的职权和责任，同时通知相关方，你会要求他们提供资源，团队成员也知道你现在有了领导这个项目的权力。至此，你会觉得自己就真的是一个项目领导，所有人都会听你的？现实中可能不一定！你有了权力并不表示人们会尊重或服从你。不过无须担心，你将会在后面章节中学到如何克服这些困难。

项目及目标概述

项目章程是第一个文件来试图详细描述项目的目的、总体情况、目标和高层级的可交付成果。虽然项目概念文档中可能已经涉及了一部分相关内容，但项目章程会对它们有更详细的描述。

所以这里要强调的是沟通技能的重要性。一个编写得非常好的项目章程能保证团队和相关方按计划行事，同时能帮助团队一直聚焦于项目的目的，还可以有助于使规划过程中创建的需求和项目目标保持一致。

注意　作为项目经理，你可能要起草项目章程文档，但是最好用项目发起人或其他高层管理者的名义发布。

尽管项目章程是由项目发起人发布的，但当你被要求起草项目章程时，不必感到意外。在发布的时候，一定要写上项目发起人的名字。请记住，这个文档的作用是确认项目，指派资源并任命你为项目经理，所以必须由高层管理者发布，他们有权力去指使员工工作，而只有当项目发起人任命你时，你才有相应的权力。

这里要强调的是，编写项目章程，你需要确保自己具备一定的写作技能。项目章程模板如图 3.4 所示。你要确保每个部分清楚简洁，使得阅读的人能很容易理解。

↘ 项目章程中主要内容的介绍

项目章程会参考项目概念文档、商业论证中的一些内容，但是需要包括更详细的信息。这些项目文档都有“通用部分”的内容要求，如项目名称、项目编号、日期，也许还有文档更新日期、版本号、编写者。除此之外，项目章程还包括以下内容。

项目概述

项目概述部分包括项目的目的（项目概念文档也有同样的内容），项目实施的原因，还要描述产生项目的商业需求，并说明这个项目能够支持组织的哪些战略目标和使命、项目要带来的产品和服务，以及估计的高层级进度计划（这里要给相关方一个大致的项目周期时长，正式的项目进度计划会在后续规划过程组中完成）。

项目目标

项目目标包括确定评价项目是否成功的因素。例如，你负责公司里一个改善流程方面的新系统的安装项目，其目标是“安装一个能够兼容现有信息技术的新系统，而且不能干扰现有的操作流程”。所以项目的目标最好能被随时测量，这样可以在项目完工时，据此来确定最后的产品、服务是否合格。我会在介绍项目范围说明书时讨论具体内容。

项目章程

Ⅰ. 一般信息

项目名称：________　　项目编号：________

项目发起人姓名：________　　日期：________

Ⅱ. 项目概述（描述项目要带来的产品和服务、项目实施的原因、项目的目的等）

Ⅲ. 项目目标（描述项目总体目标，比如确定哪些因素决定项目的成功

Ⅳ. 高层级需求（描述客户、发起人和相关方的期望和需求等）

Ⅴ. 商务判断（说明为什么要做这个项目以及项目将要解决的问题和难题，描述如果不批准项目将会对组织产生的影响等）

Ⅵ. 资源和成本估算（如果知道就提供成本估算，包括已经花的费用，如可行性研究的成本和咨询的时间成本等）

Ⅶ. 角色和职责（列出所有相关方和他们的职责）

Ⅷ. 签字（包括给项目发起人、项目经理、关键相关方、客户及其他与项目有关的人的签字）

Ⅸ. 附件（列出项目章程的附件）

图 3.4　项目章程模板

高层级需求

这一阶段所涉及的项目的需求都是粗略的、高层级的。这里应该说明客户、项目发起人、相关方的需求和期望，以及如何满足他们的期望，我会在第 4 章介绍更多关于需求的内容。

商务判断

在项目章程中要重申有关商务方面的内容，比如很重要的一点就是财务成本收益的优势。注意，项目概念文档只是作为一个初步的参考，并没有得到关键的相关方签字，而项目章程必须要被正式批准才可以。同时请记住在这一部分描述为什么要做这个项目，项目要解决的问题和难题，以及实施项目会给组织带来的收益，反之会对组织造成的影响。

资源和成本估算

这时候你如果有了项目初步的成本估算，也已经做了可行性研究，包括可行性研究的花费，或者备选方案的成本，基于所了解的信息，你可以做一个汇总的估算，来列出对应主要的里程碑、阶段或可交付成果的成本。如果你没有足够详细的信息，也别太担心，因为在之后的规划过程中，你会做一个项目估算和资源管理计划，到时就会得到详细的成本和资源信息。

角色和职责

可以在表 3.3 对应的每个头衔下写上姓名、角色和职责。请记住，你的项目只能有一个项目经理和一个项目发起人，不过可能有多个职能经理、供应商和客户等。项目章程任命你为项目经理，正式授权你开始工作，并保证项目所需的资源。

签字

这一部分是非常重要的，要包括项目发起人、关键相关方、项目经理、客户及其他与项目有关的人签字的地方。

附件

可附上其他可参考的项目文档，比如可行性研究的结果，还有关于项目流程和模板的信息，同时要注明项目文档存储的地方。

如果你对里程碑、可交付成果有一些想法，可以增加相关的内容，别忘了还要附上一份初步的项目进度及截止日期的说明。根据我的经验，在目前这个阶段，项目进度一般不会是非常准确的，如果写得过于详细，反而适得其反，因为之后可能有的相关方会对你说：“项目章程已经写了具体的项目进度日期，我希望你能做到”。所以建议你可以列一下关键的里程碑，粗略估算一下完成日期，并对应做一些注释，如“暂定”“大致”，这样当你在规划过程要做变更时，那些相关方不至于感到吃惊。

注意　项目概念文档对项目的描述不一定是全面的。也许项目经理没有参加具体项目选择的过程，或者他们没编写过项目概念文档（这些文档可能是由其他经理或相关方完成的）。所以，项目经理现在应该做进一步的工作以保证项目章程有详细的信息来启动项目。如果不这样做，事后可能会有麻烦。

项目章程签署时的一些注意事项

项目章程只有获得最后的签字才算被批准。需要签字的人包括项目发起人、项目经理、关键相关方、高级经理和客户。当然，可能还有其他人，你如果不确定，可以向项目发起人咨询还需要谁签这个文件。

你要保证这份文件获得了上述所有人的签字，这样你能确认他们已经阅读了项目章程，理解了项目目的和目标。同时表明他们同意、认可这个项目，这就意味着你可以得到他们的支持。

这时最好是召集一个会议来确认相关方是否了解项目章程、明白他们签字的重要性。如果相关方有问题或对项目章程有误解，要完成"一圈"的签署可能会花费很多的时间。所以举行一次面对面会议可以给你和相关方互相提问的机会，也可以借机强调一些重要事项或是澄清任何误解。

提示　只有在发起人和关键相关方签字之后，项目章程才成为正式的文件，这样可以保证他们已经确认了这个项目，同时有助于确保他们对项目活动的支持。

一旦所有人签字，你就要给每个签字的人送去一份项目章程的复印件，或告知文件库的网上链接。另外我觉得还应该给其他没有参与签字的相关方一份复印件让他们阅读，之后就可以召开项目开工会议，以表示项目正式开始了！图 3.4 中的项目章程模板，供你参考，你可以根据组织的需要和个人的风格进行修改。比如在文档顶部加上公司的标志，用一些色彩或阴影做标识。其实这个模板只是一个基本的框架，它仅告诉你需要收集什么信息。你可以发挥你内在的创造力，优化模板进行使用。不要忘记把项目章程也存到项目文件库中。

注意　你可以从 www.wiley.com/go/projectmanagementjs4 下载项目章程的模板。

■ 召开项目开工会议

现在项目已经正式开始了，因为发布了项目章程，并任命了项目经理，这都为项目开工会议做好了准备。

在开工会议上要介绍项目的目的和目标，为项目争取支持和资源承诺，还要解释关键相关方的角色和职责——这些都是你已经准备好的项目文档内容，现在是进行面对面的沟通。

当你确定会议的时间和地点后，就用公告发布一个会议日程通知。这其实也为以后的会议做了一个样板。的确，发布会议日程非常管用，每个人都可以了解将要从会议上得到什么。如果你希望参会者事先准备什么信息，也可在日程上做注释。

注意 准备开会时，请确认每个参会者都有一份项目章程，这样大家就可以跟随你一起讨论项目章程的具体内容。

项目开工会议日程（示例），如图 3.5 所示。

项目开工会议日程

Ⅰ. 一般信息

项目名称：________ 项目编号：________

项目经理姓名：________ 日期：________

项目发起人姓名：________

Ⅱ. 日程

1. 介绍
2. 项目章程
3. 项目目的
4. 项目目标
5. 角色和职责
6. 问题

图 3.5 项目开工会议日程（示例）

注意　你可以从 www.wiley.com/go/projectmanagementjs4 下载项目开工会议日程的模板。

按照项目开工会议日程，首先要介绍项目团队成员。尽管有些人可能已经在一起工作了相当长的时间，还是应该让每个人花一两分钟来介绍自己以及在项目中的角色。

其次是项目总体介绍。用你自己的话来描述项目要做什么、项目的目的和目标，然后按照项目章程的内容一步一步进行介绍，同时征求团队的意见并了解他们是否有疑问和顾虑。

建议在介绍团队成员的角色和职责时要多花点时间，有问题就在会上面对面澄清，以保证每个人离开会议之后，对项目目标都有统一的理解，并明白项目对他们的要求。

最后就是答疑环节，要允许所有人都有机会提出他们的问题和疑惑。如果你无法回答他们提出的问题，就记录下来，尽快寻找答案。

在第一次会议上，你可能会碰到如下问题：

“我们真的能做这个项目吗？”

“我们能满足进度期限要求吗？”

“我们有资源做这个吗？”

“这到底是谁的主意？”（这是我喜欢的问题）

你要认真倾听这些问题，而且要依据项目章程来回答。

一份完善的项目章程是项目一个好的开端，同样会有效地帮助你准备项目范围说明书。

关键术语

现金流折现
可行性研究
启动过程
IRR
回收期
产品范围描述
项目章程
项目概念文档
项目发起人
战略规划

回顾与思考

1. 在项目的启动过程产生的初步项目文档是什么？
2. 列出至少三个产生项目的需求。

3. 编制项目概念文档的目的是什么？

4. 在项目选择过程中最常用的财务指标是什么？

5. 描述项目发起人的角色。

6. 什么文档描述了项目相关方的有关信息，如经验、权力和对项目的影响力，并保存在哪里？

7. 说明项目章程的目的。

8. 谁会发布项目章程？

9. 谁会签署项目章程，为什么？

10. 在项目的开工会议上，都会发生什么事？

第 4 章

定义项目目标

本章要点：

✓ 定义项目的目的和目标
✓ 对可交付成果达成一致意见
✓ 发现和收集需求
✓ 确定假设条件和制约因素
✓ 制定项目范围说明书
✓ 制订沟通计划

你正在你的项目管理道路上飞奔！到现在为止我们已经完成了启动过程组，接下来需要开展的是规划过程组里的各个过程。

规划过程组中包含的一些过程是项目中最重要的过程。很多项目经理都会认为，一个经过良好规划的项目计划，几乎可以独立地推动整个项目向前，并最终成功完成。实际情况也差不多。不要忘记，在项目团队成员的帮助下，你才是负责制订项目计划，然后指导和管理项目工作并监控项目是否在遵循项目计划的人。大多数重要的项目管理工作都是在规划过程组中进行的，所以我会在本书剩下的章节中，用几章来讨论如何做项目的规划工作。然而，也不要认为项目规划工作完成了，你项目中艰苦的工作就做完了。不是这样的，你艰苦的工作才刚刚开始。在这之后，你需要执行计划，并花大量的时间来跟踪项目的进展，从而让项目一直在正确的轨道上运行。说这些有些超前了，现在让我们先专注于项目的规划工作。

本章将从定义项目目标和项目的可交付成果开始。在这个基础上，再进一步将项目的目标和可交付成果分解为项目的需求，有了这些之后，我们就可以着手制定项目范围说明书。

■ 就可交付成果达成一致意见

定义范围是你在规划过程组中首先要做的事情之一。定义范围需要从项目的目的或目标出发，然后对其进行细化和分解为更小的组成部分，一直分解到可交付成果层级。可交付成果可以被精确地估算，也易于分配和被监控。项目范围经过层层分解，最终的定义会在项目范围说明书里描述。项目范围说明书会阐明项目的详细具体的范围定义，包括各个可交付成果的描述，以及在接下来的章节中我将介绍的一些其他内容。

项目的目的、目标、可交付成果及需求……它们有什么区别？这些术语有时可以互换使用，但还是会有一些区别。在接下来的几节中，我会对它们进行一一介绍，并阐述它们之间的区别。

↘ 目的和目标

项目目的和项目目标是紧密相关的，甚至可以互换使用也不会造成很大的问题。目的和目标定义了你要努力实现或创造的这个结果。这是我们需要做这个项目的原因。

我喜欢将目标定义得比目的更广泛。目的一般来说更加精确，可以用很具体的术语来描述。但是，我们也不用太纠结于目的和目标的区别，因为很多时候可以互换使用。

假设你已被任命为“公司搬家”项目的项目经理。你的公司已经购买了一栋新的办公楼，并进行了大规模的装修，现在你公司的员工在市内两个不同的地点办公，要做的是将所有这些员工搬到新的办公大楼办公，为此启动了该“公司搬家”项目。这个项目的目标可能是这样的：“在不中断对客户服务的情况下，将现有所有员工搬迁至新的办公大楼”。

虽然这是一个很好的关于目标的描述，但它还不能作为一个完整意义上的项目目标。项目目的描述了你想通过做项目来完成什么。当项目的目的达到了，项目也就做完了。项目的目的必须清楚地说明要完成这个项目需要做到什么，以及做到什么程度。这意味着其描述必须足够具体，从而可以作为判定项目是否成功的标准。

从现在开始，我将使用“目的”这个术语，但是只要遵循本节下面描述的关于目标的几大原则，你也可以使用“目标”这个术语，没有那么严格。

项目目标是项目的核心和灵魂。如果没有一个书面的、清晰的，以及大家都认可的项目目标，项目的各个相关方可能就会朝不同的方向进发。这样一来，你的项目就将面临灾难性的后果。你会发现你的项目团队成员和项目的相关方都会跟你说他们各自的项目目标，你不可能去支持这么多版本的项目目标，于是他们就会抱怨你不理解、不支持他们。我相信你不想让项目进入如此的境地。

注意　项目目标描述项目将要完成或产生的结果。

前面叙述的“公司搬家”项目其实还需要更进一步的定义和明确。假设我是这个项目的团队成员，我现在按照前面所提到的项目目标所描述的内容开始工作。我的理解是公司搬家项目需要花两个整天的时间，对此我已经对我自己需要承担的任务做好了计划和安排。但是你作为项目经理，知道该搬家项目其实是需要在一个整天内从两个不同的办公地点搬到同一栋办公大楼，而不是两天。所以现在的第一个问题就是项目团队成员和项目经理之间缺乏沟通。第二个问题是，该项目的项目目标描述不够明确和清晰，它可能没有被正式的书面文档化，也没有传达给参与该项目的每一个人。所以让我们来修正一下这个项目目标。请记住，项目目标应该被各方所认可。你需要获得关键的相关方对项目目标的共识。这样可以确保每个人都了解项目的最终结果应该是什么，并将为之努力。

聪明（SMART）的项目经理会把项目目标书面化，并将其传达给所有的项目团队成员和关键的相关方。项目目标的设立应该遵循 5 个方面的原则，这 5 大原则我们简称为 SMART 原则，分别是明确的（Specific）、可测量的（Measurable）、可实现的（Attainable）、现实的（Realistic）以及有时限性的（Time Bound）。下面我们将对这 5 大原则进行进一步的详细说明：

明确的（Specific）

项目目标应该是明确的，并且要被描述得简明扼要。这意味着，如果你在项目中途离开项目或公司（从职业发展来讲通常不建议这样做），接手的另一个项目经理将能够阅读并理解项目目标是什么，而不会感到困惑。

可测量的（Measurable）

目标应该是可测量的。项目目标的结果是可以通过某种方式进行验证和测量的。测量的方法可能是用复杂的公式，也可能只是简单的度量。测量的结果要么是目标已达成（Yes），要么是没有达成（No）。

可实现的（Attainable）

项目在基于团队的技术、能力、财务等各方面指标来考虑，目标应该是可以实现的。如果项目目标对于项目团队来说有点挑战性，这是合理的；但是如果项目目标超出了他们的能力范围，那么项目要想被成功完成达成目标风险就很大了。我们一般设立项目目标是要求 “踮脚可以达到”这样的一个位置，目标如果太容易被实现会让团队没有成就感，而如果怎么样也实现不了会让团队有挫败感和泄气感，影响团队士气。你应该非常了解你的团队成员具备了什么样的能力，以及什么时候需要寻求外部资源和外部专家的帮助来确保项目取得成功。

现实的（Realistic）

项目目标必须是现实的。如果两个现有的办公室的员工及设备等都需要在同一天搬到新的办公大楼，而现在只有一辆搬家的货车可用，那么这个项目目标就是不现实的。（你会在项目规划阶段发现这个问题，这个时候，你不得不回过头来修改你的项目目标，以及由项目目标所生成的项目范围说明书。）

有时限性的（Time Bound）

项目目标的达成必须要有一个截止日期或时间表，因为我们的项目具有临时性，需要在指定的时间内完成。

现在，让我们尝试用刚刚学到的项目目标的 5 大原则来为我们这个“公司搬家”项目设定一个好的项目目标：在不中断对客户的服务的前提下，在 3 月 4 日这一天内，将现有所有员工及设备等从第三街和华盛顿街的两个办公地点搬到新的位于洛根街的办公大楼。

这个项目目标的描述就满足了一个目标所需要具备的所有要求。它是明确的，因为它说明了何人在何时何地做什么事，它写得很简洁明了；它也是可测量的，因为要么会搬家，要么不会。目标中关于“不中断客户服务”的描述也是可测量的；它也是可实现的，并且可以让所有的关键相关方对其达成共识；该目标还是现实的以及有时限性的，注明了在 3 月 4 日这一天内必须完成。

我喜欢为项目制定一个总体目标，就像上面所描述的那样。只需要一句话，就可以准确地表达该项目的目的，以及我们希望实现的目标。这样的描述简洁明了。把这个项目目标用纸张打印出来，并悬挂在办公室的醒目位置，这样项目团队成员、相关方和其他管理人员都可以经常看到它，同时能很好地激励大家朝统一的项目目标前进。

> 注意　一个一致的项目目标会让团队专注于项目的最终结果。这也是为什么要把项目任务分配给他们的原因——所有的项目活动最终都是服务于项目目标的实现。

现在，每个人都清晰一致地了解了项目目标，接着就可以继续往下来确定项目的可交付成果了。

↘ 可交付成果

可交付成果包括完成项目所必需的特定产品、服务或成果。可交付成果，与项目目标一样，应该是明确的及可测量的。

你可以将项目目标的 SMART 原则同样应用于可交付成果。你对可交付成果描述和定义得越清晰、越具体，对项目活动的规划和估算，以及对任务的沟通和分配就会越容易。可交付成果就像项目的小目标一样，它描述了项目将产生或将要完成的结果。当所有的可交付成果都完成时，项目的目标也就完成了。

让我们回到“公司搬家”这个项目上。我们知道了该项目的目标是，在指定的一天内把公司的员工及设备等搬到新的办公大楼。知道了项目目标后，你就可以开始记录一些显而易见的可交付成果了，这些可交付成果可以驱动项目目标的实现。我们这儿列出来一些该项目的可交付成果：

- 在 1 月 15 日之前与当地搬家公司签订合同。
- 在 2 月 7 日之前向所有员工提供打包纸箱和标签。
- 从 2 月 1 日开始，每周举行一次“公司搬家”项目咨询会议，用来回答有关搬迁的问题。
- 在 1 月 7 日之前与管理团队会面，解释会如何确定员工的座位安排。
- 在 2 月 1 日之前从管理团队获取在新办公楼内的员工安置的楼层平面图。
- 在 1 月 15 日之前与 IT 人员拟定好协议，以协调和移动网络服务器、交换机、打印机和个人电脑等。
- 在 3 月 3 日下午 5:01 开始移动电信设备、网络服务器、交换机、打印机和个人电脑等。

- 在 3 月 4 日早上 6 点之前连接并测试好所有的电信和网络设备。

这些可交付成果中的每一个都需要采取行动才能完成，并且每个都有完成截止日期。它们是可测量、可验证的，并且具有明确的结果，其可以让你确定该可交付成果是否确实已经被完成。请注意，我并没有列出该项目所包含的所有可交付成果，只是列出了其中的几个，让你大概了解可交付成果是什么样子。像这样的项目的实际可交付成果的清单，会比上面列出的清单要长得多。

你可能会认为，类似这样的项目的可交付成果看起来很容易写出来，但是对于大型复杂的项目呢？它们是会集中在一起列出来还是会以某种方式进行分组分类呢？我很高兴你能问到这个问题。让我们进入下一个关于项目阶段的讨论——分阶段交付可交付成果。

假设公司的高级管理层认为，即将到来的“公司搬家”项目也是重组公司各部门和调整公司汇报结构的绝好机会——这是他们非常想做的项目活动之一（但不要告诉他们这是我说的）。他们坚信这项活动（重组公司各部门和调整公司汇报结构）是整个项目的一部分，但是你作为项目经理，你知道这其实是另外一个单独的项目。你应该怎么办呢？其实你是可以妥协的。

你可以考虑将该项目调整构建成一个具有两个阶段的项目。项目第 1 阶段（重组公司组织架构）完成后的可交付成果，成为项目第 2 阶段（公司搬家）的输入。因此，项目阶段 1 必须在阶段 2 开始之前完成。（我们这儿其实已经超前了，因为这些都是规划进度需要做的，我会在本书第 8 章“制订项目计划”中介绍这部分内容。）建议在这种情况下我们可以设立两个目标——为项目第 1 阶段设立一个目标，然后为第 2 阶段设立另外一个目标。可交付成果也应与适当的项目目标相关联。

许多大型、复杂的项目都是分阶段交付的。例如，分阶段的项目在信息技术领域非常普遍。新的业务流程和设备会产生新的数据，而用户可能会需要新的程序来捕获这些数据。但是，由于资源或预算限制，第 1 阶段只能完成最核心的编码部分。用户或相关方及项目经理将一起去核实每一个可交付成果，以确定哪些可交付成果对实现项目目标至关重要需要被优先完成，而哪些又可以推迟到第 2 阶段去完成。当然如果没有预算和资源的限制，则该项目是可以一次性全部完成的，但这种情况很少发生。

> **注意**　就算运用了高超的项目管理技术，但是如果项目目标或可交付成果定义错误或有问题，那么项目还是不会取得成功。

请记住，无论你在运用项目管理技术和管理团队方面有多出色，如果你朝着错误的项目目标或错误的可交付成果去努力，那么你的项目肯定不会成功。所以花时间来定义项目目标、可交付成果和项目需求，并取得相关方对它们的共识，这一点非常重要。如果员工在周一早上到达新办公室后，发现他们没有可使用的电脑或电话，那么我们“公司搬家”项目就是不成功的。这个项目不能被认为是成功的，因为缺少电脑和电话肯定会导致客户服务的中断。

发现和收集需求

需求：可交付成果的规格或特征必须满足项目的需要，项目的需要又可以被细分成项目的各种需求。

需求不同于目标和可交付成果。它们有助于你更好地了解项目目标是否已经被实现或可交付成果是否已经被完成。例如，如果你的项目涉及构建一个新的汽车模型，那么需求之一可能是对车身样式或油漆颜色的要求。

你可能已经猜到，需求其实是可交付成果的进一步细分。需求非常具体地描述了可交付成果的特征。例如，假设新的汽车模型项目的可交付成果之一是斗式座椅。那么其相应的需求就包括座椅上织物的类型、座椅所对应的车辆型号（这些斗式座椅是需要放置在轿车上还是轻便卡车上？）、织物的颜色、座椅是手动调节还是电动控制、头枕的类型，等等。某个可交付成果可能会有多个需求，而另外一个可交付成果也可能只有一个需求。通常，你应该为每个可交付成果定义需求。在深入了解如何收集需求之前，让我们来了解一下商业分析师的角色，以及他们会如何与项目经理合作。

↘ 商业分析师的角色

需求的收集（和需求文档的编制）是商业分析师的主要职责。收集需求的工作，在非常小的项目中可能会由项目经理来负责，但是当前项目管理业界的总体趋势还是由商业分析师来负责。

商业分析：运用知识、技能、工具和技术来确定商业需求；为这些需求推荐可行的解决方案；记录和管理相关方的需求；鼓励相关方提出需求；促进这些需求在项目的最终产品、服务或成果中落地。

商业分析师是运用知识和技能来获取和记录相关方需求的人员。

商业分析师通常是分配给项目的第一批人员，他们通常参与制定项目起始的概念性文档或商业论证。他们必须充分了解启动项目的商业需求，并且对项目将提供支持的职能领域有深入的理解。例如，如果我们的项目涉及开发一个新的员工招聘系统，而商业分析师在人力资源，尤其是招聘方面具有一定的背景和经验，这样的背景就会对他的工作非常有帮助。

> **注意**　如果将商业分析师分配给项目，则所有与收集、跟踪、记录、分析和控制需求相关的过程均由该角色负责。商业分析师会一直跟踪该项目，直至项目结束，甚至一直跟踪到项目结束后的项目成果的运营阶段。

当商业分析师在项目上工作时，他们会与项目经理紧密协作。在这种情况下，项目经理负责监督需求的收集和跟踪活动是否在项目进度计划和项目预算的框架下进行。他还要确保需求相关的过程和商业分析师会给我们的项目流程增值。重要的是，商业分析师和项目经理必须了解他们在项目中各自的角色，并且不要试图去做对方的工作。当他们都清楚商业分析师将管理需求相关的过程时，该项目很可能会进展得非常顺利。

定义可交付成果和需求不应该凭空去做，这也不是完全由商业分析师一个人来负责。事实上，需求的收集主要是由商业分析师来引导用户或相关方完成。与你的商业分析师成为朋友，因为他们将在整个项目中与你合作，不仅有助于你收集需求，还可以帮助你确保商业团队遵循项目范围；他们还可以促进测试、质量保证，协调项目团队和商业团队之间的问题，等等。

↘ 收集需求过程

收集需求的工作需要整个团队都参与，而不是一个人的事情。在项目开工会议后不久，商业分析师会召开一个会议或者一系列的会议，来确定和记录项目需求。作为项目经理，你应该与项目发起人和关键的相关方一起参加这次会议。预订一间带白板的会议室，并确保有足够的空间来开展收集需求的活动。

> **注意**　如果你的组织中没有商业分析师这个角色，而你作为项目经理，那么收集需求的工作就会由你来承担。

对于收集需求的会议，请记住让商业分析师为会议设定一个会议议程。我还建议在会议开始的前几天，将项目章程发送给将要参加会议的所有人。这将使他们有机会去审查项目章程中的项目目标并开始考虑项目的需求。此外，还需要确认是否有相关方没有被识别，从而也没有被包含在需求收集的活动中。收集需求的时候不要遗漏任何一个关键人物。比如说，现在项目已经完成了三分之一，突然发现你在一开始就遗漏了一个关键的相关方，由于该关键相关方的出现，现在的项目必须多出了一组新的可交付成果来满足该相关方的需求，而要产出这些新的可交付成果就需要增加一系列新的项目活动，如此一来你不得不调整项目进度计划以包含进这些新的项目活动。这种情况的发生会让你感到非常沮丧并极大地影响你的项目。

主持召开会议

会议开始后，对于项目经理而言，最好与参会的相关方一起先审查项目章程。在审查项目章程时让大家有问题就可以提问，并解答澄清所有提的问题。这样可以确保每个人对项目目标都有一致的理解。

接下来，商业分析师将开始主持会议，并开始检查可交付成果（如果在会议之前已定义）。他们应该向参会的每个人提供截至当前时间最新的整理过的可交付成果清单。如果在这次会议之前没有确定和定义可交付成果，那就从现在开始。商业分析师会要求参会者给项目的主要可交付成果来命名，或者从当前可交付成果清单中识别遗漏的可交付成果，并将其记录下来。这是一次简单的头脑风暴会议，每个人都被鼓励参与其中并发表任何想法。

- 除头脑风暴之外，商业分析师还可以使用一些其他的技术来收集项目需求（这些技术也适用于确定主要的可交付成果）。
- 在会议之前将调查问卷发送给主要相关方，要求他们填写他们的需求。
- 如果只涉及少数几个关键的相关方，就可以使用采访技术来采访这些关键相关方。
- 我最喜欢的技术之一是用便笺对需求进行整理（亲和图）。房间里的每个人都配有一个便笺和一个记号笔。参与者被要求在每个便笺上尽可能准确地写下一个且只能写一个需求（或可交付成果）。商业分析师将充当引导者的角色，收集便笺，并将它们放在白板上进行展示。然后会把相似的需求组合在一起，并移除掉重复的需求。告诉相关方不要隐瞒任何想法，想说就说。在这个阶段，他们应该列出有关此项目的所有他们想要或梦想的功能，以及自己的想法，等等。

我将在第 7 章“评估风险”中讨论更多的信息收集的相关技术。

> **注意** 需求是描述可交付成果的最小的商业单元，不能被进一步细分。

需求是描述可交付成果的最小的商业单元，无法被进一步细分。例如，回到我们的“公司搬家”项目中，对其中一个可交付成果的要求可能是这样的：“所有搬家用的纸箱都必须在顶部和侧面贴上标签。”

下面列出一些关于“公司搬家”项目其他的可交付成果的要求示例：

- 所有的标签上都必须写上物品所有者的姓名，以及其在新办公室的房间号。
- 所有的计算机设备必须由 IT 部门用专门的包装盒进行打包。

- 部门经理必须在指定表格上注明办公家具的摆放位置。
- 所有员工必须在 2 月 22 日之前更新他们的员工卡,这样才能有权限进入新的办公大楼。
- 每台计算机的相关线缆必须放在塑料袋中，并在塑料袋上标注好该计算机的识别号。

商业规则： 由公司政策或法律法规所规定的对于项目的约束。

当商业分析师定义需求时，一定要考虑环境因素，如组织文化、基础设施、商业规则和政策法规，等等。商业规则以特定的方式产生，可能是相关政策或监管手段所引发的呈现形式。例如，金融机构的商业规则可能会规定，所有超过特定金额的贷款请求都必须经过副总裁的批准。而对于我们前面讲述的“公司搬家”项目来说,其商业规则可能有一条是这样的:只有 IT 部门的人员才可以移动计算机。

把可交付成果和需求文档化可以帮助你更好地产出项目的最终产品、服务或成果，并最终让相关方满意。请记住，可交付成果是为了使项目成功所必须产出的特定产品或服务，而需求是可交付成果的特征或规格。只要你或商业分析师努力尝试挖掘所有可交付成果和需求，并记录下来，就可以很好地创建完善的项目计划文档。你可能不信，我看到过一些项目被启动后，只有口头需求没有任何文档，然后就开始去执行了。在此我就不展开告诉你有关这些项目和项目经理的所有细节了，你应该也能预料到这些项目最后会怎么样。即使项目只需要一两天的时间就可以完成，也要书面记录好可交付成果和需求。当相关方看到你记录的需求或可交付成果，然后回过头来告诉你“这不是我想要的”时，它可以消除需求上的误解，排除掉项目中途需求变更的重大隐患，让你的项目进展得更加顺利。我将在接下来的部分中进一步讨论这个问题。

为项目第二阶段保留好的需求

商业分析师（或者你，如果组织中没有商业分析师这个角色）可能会在需求收集阶段发现新的可交付成果，或者发现新的“最好有但不是必须有”的项目需求。一般来说，你的项目预算和资源是有限的，因此需求收集过程的下一步也是最后一步，就是确定哪些需求是满足项目目标所必需的。除此之外的其他需求则应该被排在更低的优先级。

但不要将这些更低优先级的需求“扔出窗外”。可以把这些需求放到项目的第二阶段，或者让相关方先把这些需求收回去，然后在当前项目完成后请求启动另一个新项目以包含实现他们的这些需求。你和商业分析师努力做了大量的工作，以满足项目需要，所以不要让这些努力白白浪费。注意在项目存储库中保留好这些项目第二阶段需求的副本，以备将来参考。确保将这些需求标记为阶段二，这样就不会在项目的当前阶段去尝试实现这些需求。

现在，让我们继续讨论更重要的问题。

↘ 关键成功因素

关键成功因素：为确保项目成功，必须完成且必须正确完成的项目可交付成果或需求。

关于项目的可交付成果和需求，你的商业分析师还有另外一件事需要做书面记录，这就是项目的关键成功因素。关键成功因素是为确保项目成功，必须完成的项目可交付成果或需求。并非所有的可交付成果都被视为关键成功因素。你的商业分析师应该在收集需求的时候与团队和相关方达成共识，确定哪些可交付成果或需求是关键成功因素，然后将它们分别记录下来。

对于所有项目来说，我认为与项目管理过程有关的关键成功因素包括如下：

- 关键相关方、项目团队、管理团队和项目经理对项目目标有清晰一致的理解。
- 制定一份清晰明确的项目范围说明书。
- 相关方在项目章程和项目范围说明书上签字，他们都会用心参与项目。
- 制订一份良好清晰的项目计划（包括你在项目中看到的所有文档，如项目进度计划、风险管理计划、项目预算、成本基准、沟通计划和变更控制程序等）。
- 运用科学的项目管理方法。

项目关键成功因素不容忽视。如果项目后期你的项目出现了某种程度的失控，从而导致项目进度、范围或预算的变更，那么对你来说重要的是要了解哪些可交付成果必须要完成，哪些可交付成果可以去掉不用再去完成，或根据需要将其移至项目的第二阶段。当你遇到这种情况时，请与关键的相关方和项目团队一起审查项目的关键成功因素，以确保它们对于项目的成功仍然至关重要，然后开始调整项目计划，并在必要时采取纠正措施。

“公司搬家”项目的关键成功因素可能包括以下列出的各项。请记住，这并不是一个完整的列表，只是一个示例，让你了解为什么选择这些因素作为项目的关键成功因素。

- 3 月 3 日晚上 5:01 开始，移动电信设备、网络服务器、交换机、打印机和台式机。这是一个关键成功因素，因为该项目的目标是在不影响服务客户的情况下对人员和设备进行迁移。正常工作时间为上午 8:00 到下午 5:00。

因此，从下午 5:01 开始搬家，可以避免对客户的服务受到影响。此外，该活动必须在下午 5:01 开始，否则团队将没有足够的时间来完成此可交付成果，并满足下一个可交付成果的完成标准。

- 在 3 月 4 日早上 6 点前连接并测试所有电信和网络设备。这也是一个关键成功因素，因为这关系到整个搬迁过程不中断对客户服务的项目目标的达成。在员工第二天早上上班之前，必须对所有设备进行测试，测试无误后再启动运行。因为所有公司数据、客户联系信息、客户文件等都存储在公司的服务器上，所以员工能通过计算机访问公司服务器这是至关重要的。同样重要的是安装并调试好电信设备。客户会打电话给公司，因此电信设备需要及时启动并正常运转，以便拨打和接听电话。
- 每台计算机的线缆必须放在塑料袋中，并在塑料袋上标有该计算机的识别号。这一关键成功因素将确保计算机能按时正常运行，以便员工工作使用，因为所有电缆和电线包装外面都贴有正确的标识，这样可以方便安装人员知道哪些电缆要与哪些计算机相连接。

以下可交付成果不是项目的关键成功因素：

- 在 2 月 1 日之前从管理团队处获取在新办公楼里员工座位安排的平面图。这并不是项目的关键成功因素，因为它不会妨碍搬家过程。办公家具和打包的箱子可能会被放错地方，但由于员工服务客户所需的一切都位于公司的服务器上，因此使用他们自己的账簿和物品对完成项目并不是至关重要。如果员工不能迅速找到他们自己的物品，有些人可能会很生气，但这对于给客户提供服务来说并不是很重要。

现在，假设负责打包和连接计算机的 IT 部门人员也需要使用此非关键可交付成果中提到的员工位置安排平面图。在这种情况下，该可交付成果就成了项目的关键成功因素，因为 IT 专员需要依靠平面图来确定每台计算机的部署位置。在此案例中，不要误以为 IT 专员的网络图上会有所有物品的位置标识（一般只会有 IT 设备的位置标识）。

这让我想到了另外一个在项目范围说明书中的内容：假设条件和制约因素。

■ 识别假设条件和制约因素

你知道什么是假设吗？不管怎样，在项目管理中，你需要做出假设，这是关键。你准备好了吗？你应该书面记录好项目的所有假设条件。你需要书面记录好假设条件，也就是假设某件事情会以某种特定形式发生，与之相关的人、资源、地点、事物、特定的时间等都需要完整地记录下来。这是在项目规划过程中经常被忽略的很关键的一个环节。其实这样做很不好，因为不去假设或错误的假设，可能会扼杀你的项目。

这是一个经常被遗漏的步骤，因为我们倾向于将事情的发生视为理所当然，因此通常会默认一切正常。当你晚上下班的时候(假设你开车回家),你走进车里，把钥匙插入点火装置上，并假设汽车即将启动。你不会太关注点火启动汽车这个事情，因为汽车每天都会正常启动——然而这次你把钥匙插进去，转动钥匙汽车却没有任何反应。然后你就开始诊断问题到底出在哪儿，电池、启动器、交流发电机……或是不是设置了危机模式。“我的小豌豆还在日托中心，我必须在 20 分钟内赶到那里!”

我们的项目假设跟上面的故事是一样的。我们已经习惯了以某种方式操作，比如说我们会默认 A 团队会放弃他们正在做的事情，并在我们需要的时候伸出援手。直到他们某次不可用不能帮助我们的时候，我们才会想起考虑这个默认要发生的事情。不要跳过这一步，一定要定义和记录好项目中的假设条件，并与项目团队和相关方去沟通这些项目的假设条件。

↘ 定义假设条件

假设条件：被认为是真实的事件或行为。我们需要书面记录好项目的假设条件。

假设条件是指假定你正在计划的某些事情是真实的、确定的。例如，你的项目可能需要来自技术部门具有特殊编程技能的人员。你的假设是，这个人在项目需要时就会有空，并且会很好地完成你所分配给他的项目任务。书面记录下这个项目假设条件：该人会在项目需要时可用。(当书面记录该假设条件的时候，你发现了情况，最好是事先与该人的职能经理联系一下，以确保在项目需要时该人可用。)

识别和记录假设条件的工作原理与收集需求过程相同。召开一个项目会议，或者利用其中一个会议中的一个环节，来讨论和记录项目的假设条件。在会议中可以使用头脑风暴法来获取尽可能多的创意(假设条件)。你还可以采访关键的相关方、项目发起人和关键团队成员，以识别和发现尽可能多的项目假设条件。假设条件随时可能出现，所以当发现它们时，就将其记录好并添加到专门的清单之中。

在本书第 7 章介绍规划风险过程时，我会再次回顾有关假设条件的内容。在很多情况下，风险与假设有关，因此，如果你在识别和定义假设条件这方面做得很好，那么你的识别风险过程就有了一个良好的开端。有时，请项目外部的人员帮助完成这一步(识别假设条件)会对你有所帮助，因为他们不像你那样专注于细节。他们可能会看到一些你看不到的东西。正所谓不识庐山真面目，只缘身在此山中。

一个项目的假设条件可能包括以下各项：

- 关键项目成员的可用性。
- 关键项目成员的绩效表现。
- 关键项目成员的能力。
- 供应商交付时间。
- 供应商绩效情况。
- 准确的项目进度时点。
- 客户参与项目的情况。
- 客户批准情况。

现在假设你已经记录好了项目的假设条件。下一步是要验证和核实它们。这意味着，如果你假设有一个关键资源可用于该项目，那么你必须与这个资源的职能经理进行确认，以确保该资源能在项目需要时可用。

如果在项目中你与供应商或卖方一起工作，请确保他们也记录并验证了他们的假设条件。如果供应商的交付是你的项目的关键成功因素之一，那么请确保他们记录好了有关交付的项目假设条件。在“公司搬家”项目中，我们使用了一个搬家公司提供的搬家服务，我们需要该搬家公司在准确的时间出现在正确的地点，每个地点都需要三辆货车，还需要足够的工人来装卸所有的设备及物品，并在一天内完成搬家任务。看到这些我们就可以考虑在合同中加入一个条款，该条款规定：如果因为任何原因，他们的卡车无法正常使用（比如说机械故障等），或他们的工人无法正常工作（比如说工人罢工、请病假等），那么该搬家公司需要支付雇用临时工人或临时租赁货车的费用。在讲述风险和风险应对计划时，我会讨论更多这方面的内容。

假设日志：记录假设条件和制约因素及其相关描述的文档。

假设条件可以记录在项目范围说明书里面作为其组成部分之一，也可以记录在单独的名为“假设日志”的文件里面。如果你发现项目中的假设条件很多，导致放置假设条件的清单很长，那么可以在假设日志中轻松地管理它们。项目范围说明书和其他项目文档，可以去引用保存在项目存储库中的单独的假设日志文件。你应该在整个项目规划过程中验证和核实项目中的假设条件，必要的时候还需要在项目执行和监控过程中去进一步地核实和验证。

↘ 定义制约因素

我在第 1 章“基本概念”中讨论了制约因素。请记住，制约因素是指限制或约束项目团队行动的任何事物。这可以覆盖很多领域。项目的三重制约——时间、范围和预算——是项目非常重要的几个维度，每个项目都有一个或两个作为项目的驱动因素，同时也是制约因素。例如，信息技术领域中的很多项目都是由时间来驱动的。而制药行业中的项目很多是由范围驱动的，但可能也有时间或预算作为次要的驱动因素（制约因素）。范围是一个你不应该忽视的制约因素，因为你是在项目目标和可交付成果的范围内工作。

前面描述的“公司搬家”项目主要受时间维度的制约。你必须在 3 月 4 日这一天内搬完家。该项目的第二个制约因素是预算——预算是有限的。你现在要做的是记录好项目的各种制约因素。你在收集需求和识别假设条件中用到的相关技术（如头脑风暴法、采访、调查问卷等），可以同样用来识别项目的制约因素。

除了三重制约，也不要忽略可能会导致项目出现问题的下列其他制约因素：

- 高级管理层或项目发起人缺乏承诺。我不会考虑去做有此限制因素的项目。你将很难从高层得到支持或问题的解决方案。请注意这个制约因素，因为它会在项目的后期给你造成很大的困扰。发起人可能会对项目失去兴趣，因为其他的事情干扰降低了该项目的优先级，使项目不再受到项目发起人和高层的重视。
- 当组织结构由于官僚主义而限制了项目经理采取行动的能力时，这可能会成为项目的制约因素。
- 相关方对项目进度的不切实际的期望。这可以通过项目中的良好沟通来克服。
- 缺乏好的资源。这个制约因素可能导致项目延期或可交付成果出现质量问题。
- 当劳资谈判协议限制某些项目中的行为、禁止某些项目活动，或者强制某些项目活动必须以某种特定的方式来开展时，它也是一个制约因素。
- 整体经济环境或商业环境不稳定。这个制约因素可能导致项目难以获得项目资金和资源，经济动荡可能还会对项目团队造成一定制约。
- 技术落后可能导致项目延期，原因是缺乏知识、缺乏培训、缺乏可用的具有新技术经验的资源，等等。

项目的制约因素和假设条件一样，会记录在项目范围说明书中作为其组成部分之一。还有一种情况，如果你的项目中创建了假设日志这个文件，那么制约因素和假设条件也可以被记录在假设日志中。在整个项目的生命周期中，应该对这些制约因素实时进行更新，添加项目过程中新出现的制约因素，或者删除掉那些不再是制约因素的条目。

创建项目范围说明书

项目范围说明书：记录项目目标和可交付成果，并作为将来项目决策的基准。

到目前为止，我在本章中谈到的许多概念——项目的目的和目标、可交付成果、制约因素和假设条件——这些都会包含在项目范围说明书中。项目范围说明书就是用来记录这些内容的，尤其是项目的目标和可交付成果，它们会作为项目的基准被使用在后面的项目活动中。随着项目的进行，你需要监控项目的各种决策和变更，以使其符合项目的初始范围。这样一来，项目范围说明书其实就是你的基准，你可以用它来决定项目的走势。如果在项目中相关方提出了问题或变更请求，则你首先需要查看项目范围说明书，以确保所请求的内容与基准保持一致。

创建项目范围说明书是你作为项目经理最重要的职责之一。准确地量化可交付成果，并详细说明项目的需求，然后在这些可交付成果上与关键的相关方达成一致并让他们签字认可，这样有助于确保项目取得成功。当你在创建项目进度计划的时候（我将在第 8 章“制订项目计划”中介绍该部分内容），你就会体会到项目范围说明书的重要性。

注意 创建项目范围说明书和项目进度计划是项目经理的两个最重要的职责。

项目范围说明书让你的项目团队成员和相关方对项目目标达成共识。它还包含了项目的成功标准，这样你和相关方在项目结束时，就可以用这个标准来衡量项目是否取得成功。项目范围说明书还将帮助你估算项目成本、估算资源、定义活动和制订项目进度计划，等等。

项目范围说明书的内容

你会用项目章程来帮助你编写项目范围说明书。有趣的是，虽然被叫作项目范围说明书，但是它其实包含了很多内容。这不是一个单一的说明，而是一个文档，里面包含了很多信息。如果你是按本章所讲的顺序在做项目管理，则项目范围说明书中的大部分工作你已经做完了。你了解了项目最终产出的产品，知道了项目目标和可交付成果，还记录了项目的假设条件和制约因素。现在，只需将所有这些内容放到一个文档中即可。

一份完整的项目范围说明书会包含以下内容：

- 项目概述，包括对项目产品的描述。
- 项目目标。

- 项目可交付成果清单。
- 项目范围的除外责任（这些被排除在外不做的可交付成果可能会出现在项目的第 2 阶段）。
- 高层级时间和成本估算。
- 项目验收标准。
- 假设条件和制约因素。

我会详细介绍该清单中的大部分内容。我将在第 5 章“分解项目活动”和第 8 章“制订项目计划”中讨论时间估算，在第 9 章“制定项目预算”中更详细地介绍成本估算。在这个时刻，如果你有关于时间和成本估算的高层级信息，请将其列在项目范围说明书中，并备注这些估算不是最终的。当你更清楚地定义了项目的工作，了解了更多项目细节时，这些估算会被进一步细化变得更准确。

你可能还记得，在本章的前面，我介绍了需求文件和假设日志。当你在管理一个小型项目时，可以将项目需求、假设条件和制约因素合并到项目范围说明书中。但是在大多数情况下，需求是冗长而详细的，应该在单独的需求有关的文档中进行管理（如需求文件）。假设条件和制约因素可以专门记录在假设日志中，也可以记录在项目范围说明书中作为其组成部分之一。

项目范围的除外责任和项目验收标准我们下面会做更详细的解释。

项目除外责任

项目的除外责任是团队认为对于完成项目或阶段不需要去做的可交付成果或需求。“公司搬家”项目的除外责任可能包括装修高级管理层的办公室，将 IT 部门重组为一个集中的服务单元，等等。请务必注意哪些需求和可交付成果是当前项目不需要做的，这样当这些可交付成果没有被规划和执行或无法完成时，就不会给我们造成误解。

项目验收标准

项目验收标准主要会被相关方用来判断项目的可交付成果和最终产品是否已经圆满完成。验收标准中还会说明相关方如何验收项目，验收过程通常是相关方通过签署文件或发送一封表明接受的电子邮件来完成。

项目范围说明书模板

图 4.1 是项目范围说明书的一个模板。你可以在为你将来的项目创建项目范围说明书时，使用或修改此模板。它包含了到目前为止我们针对项目范围说明书所讨论过的所有要素，并加上了一个签名区域。

项目范围说明书

1. 基本信息

项目名称：________________　项目编号：________________

项目经理姓名：________________　日期：________________

2. 项目概览（描述项目产出的产品或服务、项目启动的原因，以及项目的目的）

3. 项目目的和目标（用SMART原则来描述项目目标。在项目结束时，项目目标会被用来衡量和确定项目是否取得成功）

4. 项目可交付成果详细清单（为了实现项目目标，需要产出多个可交付成果。这些可交付成果必须是可测量、可验证的，还需要在这些可交付成果中识别出项目的关键成功因素）

5. 项目需求的详细清单（需求是对可交付成果的进一步说明和描述）

6. 项目的除外责任（列出本项目范围之外的可交付成果或需求）

7. 时间和成本估算（包括时间和资源的初始估算，请注意这只是初始粗略的估算，该初始估算会在后面的项目规划活动中进一步得到更新）

8. 角色与职责（包括一个描述角色—职责对应关系的图表，详细阐述项目中的各种角色及其职责）

9. 假设条件（列出项目的所有假设条件）

10. 项目验收标准（解释说明如何成功交付项目的可交付成果和最终产品，以及用来验收项目的验收标准）

11. 制约因素（列出项目的所有制约因素）

12. 签名（必须设置项目发起人、项目经理、关键项目相关方、客户和供应商签字的地方）

图 4.1　项目范围说明书模板

注意 你还可以从 www.wiley.com/go/projectmanagementjs4 下载项目范围说明书的模板。

当你的项目工作按合同完成时，项目范围说明书可以用作工作说明书（Statement of Work，SOW）。SOW 描述了项目需要做的工作和总体目标，并包括项目的商业需求。SOW 是合同的一部分，它包含与项目范围说明书类似的内容，以简洁明了的方式描述项目的工作。你将在这里说明项目将产出的最终产品、服务或成果（也就是项目目标）和项目可交付成果及需求。你还将在这里记录项目的工作以及所需的产品、服务或成果的简明规格。如果你想将这个模板当作 SOW 来使用，可以考虑在此模板中添加一些其他的内容，比如说关键相关方名单、组织结构图、项目时间表或截止日期，以及一个初始的项目进度计划，等等。

工作说明书（SOW）：描述项目的工作和总体目标，还包括项目的商业需求。

承包商将使用 SOW 来确定他们是否有能力提供项目的产品或服务，因此它应该尽可能地详细和清晰。买卖双方都可以准备 SOW，但双方都必须对其进行审批。

↘ 获得批准签字

到目前为止，你似乎可以看到在各种项目文档中都有一个反复出现的主题，它就是描述项目的性质、目标，以及你希望完成的结果，并获得批准签字。

像项目章程一样，项目范围说明书也需要被批准签字。这样可以确保相关方、关键管理团队成员和项目发起人对项目的可交付成果和需求达成共识。我目睹了许多项目（当然不都是我的项目），在这些项目中，项目经理所创建的项目范围说明书因为各种原因无法获得批准和签字。而且，你猜到了，随着项目的进行，记忆会慢慢变得模糊，某个相关方认为可交付成果 X 是最初计划的一部分，而项目经理则坚定地认为，它应该是项目第二阶段的一部分。如果你不能解决这个问题（无法说服该相关方），最终就不得不在该项目中包含这个新的可交付成果 X，这通常就意味着你的项目进度会延期、预算超支，或者两者兼而有之。不要让这种事发生在你身上。在项目范围说明书中书面记录好项目的可交付成果。当某个相关方来找你，并尝试了非常著名的“我认为已包括在项目内”的台词（他们中的大多数人都可以凭借他们此时的表演获得奥斯卡奖）时，你可以礼貌地将他们引导至经过批准的项目范围说明书，并提醒他们，事实上，他提的这个可交付成果并不是该项目的一部分。

你可能会听到的下一句是："好吧，但是可交付成果 X 必须包括在项目内，因为它对项目的成功至关重要。"之所以发生这种情况，可能有以下三个原因：第一，项目经理没有充分地了解和记录可交付成果，而相关方在审批和签署项目范围说明书时也未能指出所缺失的可交付成果；第二，相关方有可能在项目规划识别可交付成果的过程中故意隐瞒信息，给你制造麻烦；第三，相关方也有可能确实是直到现在才真正想起这个可交付成果 X。不管是哪种原因导致的问题，你现在可能需要做的是范围变更，让我们直接进入下一部分的学习——项目范围管理计划。

↘ 创建项目范围管理计划

项目范围管理计划：描述如何定义项目范围和 WBS，并描述和记录如何在整个项目过程中管理项目范围，包括如何管理对项目范围的变更。

项目范围管理计划描述了如何做好以下几个过程：如何定义项目范围；如何定义、维护和批准 WBS；如何验证和接受可交付成果；相关方如何通过提变更请求的方式来做项目的范围变更。项目范围管理计划还尝试确定范围变更的可能性、频率和对项目的影响。随着你在项目管理方面的经验不断增多，这个过程将变得越来越容易。你会知道接下来可能会发生什么样的项目变更，因为你已经积累了丰富的项目经验。

不要忘记将项目范围管理计划发布到你的项目存储库中。随着项目地进行，对项目假设条件、范围、进度等的变更，会让你有必要去重复一些项目过程，尤其是规划相关的过程。这并不是一件坏事，而是我们项目管理工作的一部分。

在本章中，我还会再介绍一个文档，那就是沟通计划。接下来让我们来了解一下有关沟通计划的内容。

■ 创建沟通计划

沟通计划：记录相关方在项目信息方面的需要，以及何时分发信息和如何传递信息。

我已经介绍了很多文档，是时候讨论沟通计划了。沟通计划描述了何人在何时需要得到什么信息。"何人"包括项目发起人、相关方、项目团队成员、客户、管理人员和其他可能对项目感兴趣或在项目中承担某种特殊角色的人。"什么信息"

包括项目文档、项目计划、项目状态报告、项目状态审查会议、项目范围说明书和范围说明书修订变更、绩效测量、验收标准、变更请求，等等。“何时”描述了沟通的频率、安排项目状态审查会议的时间，等等。

在规划过程的早期就会创建沟通计划。要尽可能早的在项目中找出需要获取项目信息的人。沟通计划还记录了如何收集、存储和归档项目沟通记录，以及如何传递项目信息。

你可以用一种简单的文档格式来创建沟通计划，其中列出了何人、何时、沟通什么信息，就像图 4.2 的模板示例一样。“沟通信息类别”应该列在第一列中，比如说可以是项目章程、项目状态报告、问题清单，等等。“方法”这一列应该描述如何进行沟通，比如说电子邮件、项目资源库的链接，等等。“时间要求”这一列是指沟通频率，比如说每两周一次、每月一次等。将沟通计划的副本分发给在该文档中列出的每个人。这个文档还会记录内部沟通站点的位置，以及人们可以访问信息类型的权限。

注意：你也可以从 www.wiley.com/go/projectmanagementjs4 下载项目沟通计划的模板。

列出该模板上的所有项目沟通信息类别，如状态报告、会议纪要、变更请求、项目计划文档，等等。确定哪些人需要收到这些信息，以及这些信息将如何传递发布。确定如何分发信息，比如有些信息可以通过电子邮件分发，还有些信息则可以发布到组织的内部站点中。还要注明信息分发的频率，以及谁负责分发信息。这样初始的项目沟通计划基本就做好了，将沟通计划发布到组织的内部站点，或者将其副本在项目资料库中进行归档。

现在你已经创建了项目范围说明书、项目范围管理计划和沟通计划，接下来你将进入下一站“规划”过程的学习。我将在第 5 章“分解项目活动”中介绍相关内容。

沟通计划

1. 基本信息

项目名称：______________________　项目编号：______________

项目经理姓名：__________________　日期：__________________

沟通信息类别	接收方	方法	时间要求	负责人

图 4.2　沟通计划模板

关键术语

假设日志　关键成功因素

假设条件　可交付成果

商业分析	项目范围管理计划
商业分析师	项目范围说明书
商业规则	需求
沟通计划	SOW

回顾与思考

1. 你应该使用什么标准来定义项目目标？
2. 请简要描述项目可交付成果。
3. 需求与可交付成果或目标有什么不同？
4. 什么是关键成功因素？
5. 为什么在项目规划过程中会经常忽略假设条件？
6. 列出除项目三重制约以外的其他三个潜在项目制约因素。
7. 请描述商业分析师这个角色。
8. 为什么要创建项目范围说明书？
9. 为什么要创建项目范围管理计划？
10. 为什么项目范围说明书获得关键相关方的批准和签字很重要？
11. 沟通计划记录了什么？

第 5 章

分解项目活动

本章要点：

✓ 创建 WBS
✓ 定义项目任务和活动
✓ 设置项目进度里程碑
✓ 创建责任分配矩阵
✓ 进行活动估算
✓ 绘制进度网络图

本章将继续我们的项目管理旅程，更深入地来了解项目管理的规划过程。在此过程中，我将定义项目任务和活动，创建 WBS，并讨论如何估算项目活动的持续时间。

创建整体的项目计划会涉及各个知识领域的规划和很多渐进的步骤。做好项目活动的分解，将会为你后期创建项目进度计划奠定坚实的基础，要知道项目进度计划是你将在项目规划过程所创建的最重要的文档之一。请密切关注本章的内容，比如说创建 WBS、定义里程碑和对活动进行排序等，这将使你在后面创建项目进度计划时更加轻松。

在本章的后面部分，你还将了解一些关于项目活动的图形技术。俗话说，一图胜千言，无图无真相，而进度网络图可以帮助相关方和项目团队高效可视化地了解项目的工作流程。

■ 创建 WBS

WBS：以可交付成果为导向的层次结构，定义了项目的所有工作。每个子层级的要素都会比其上层的父层级要更加详细。

WBS 是项目管理中很重要的一个工具，它用于以分层的方式图形化显示项目的可交付成果。它将完成项目所需要做的工作按逻辑进行分组，并以树状或大纲形式显示信息。

注意 WBS 仅仅包含项目需要做的工作。如果工作没有包含在 WBS 中，它就不是项目的一部分。WBS 最底层的所有工作应该逐层汇总上升到更高层次，汇总时子要素之和应该刚好等于父要素，这样就不会遗漏任何工作，也不会包含额外的其他工作。这就是 WBS 的 100% 原则。

范围蔓延：由于相关方没有对项目的初始范围达成一致，或不遵守初始的项目范围说明书，或没有项目范围说明书，而导致项目范围在项目过程中经常变化（往往是增加）的现象。

WBS 仅包含完成该项目需要做的工作。这似乎是显而易见的，但是如果有工作没有在 WBS 中显示，它就不在该项目的范围之内，应该明确标识。（在第 4 章“定义项目目标”中，我对“项目除外责任”进行了介绍，用来指出超出项目范围的可交付成果。）许多项目都受到范围蔓延的困扰，随着项目的深入，项目的范围似乎会越来越大。当你在执行项目工作时，会不停地“发现”各种新的可交付成果，你的可交付成果清单甚至越来越长。最重要的是，你先前定义的可交付成果已经被相关方所提出的要求不断修改。这时，项目的范围已经扩展到初始的项目估算不再有效的程度，因为相关方新的要求已经为项目增加了许多额外的任务。

如果你在编写项目范围说明书的时候做得很好，然后在 WBS 中又准确地描述了该工作，那么这将对你尽可能地避免范围蔓延提供很大的帮助。这也意味着你已经使项目团队和相关方始终专注于最初始的项目范围说明书，并且不允许对项目范围的变更。当然为了确保项目成功而必须进行的合法范围变更，这又是另外一回事了，关于这种变更我将在本书第 11 章“控制项目成果”中进一步阐述。

↘ 组织 WBS 的层级

WBS 类似于公司组织结构图或家谱图。它也可以以大纲形式显示，稍后我会介绍。它从项目的宏观层级出发，然后每个后续级别都越来越详细。和组织结构图一样，它是一个分层级的视图，显示了哪些项目任务会“汇报”给它们的父层级。WBS 中没有规定层级的深度，但是我建议深度不要超过 5 层或 6 层，因为层数太多 WBS 会分解过细，就会陷入太多的细节之中。如果你正在从事一个大型项目，那么将会有项目经理与你一起工作，他们将负责从项目级 WBS 中开发出自己的 WBS。

无论你选择的是树型还是大纲形式，WBS 的层级和结构都是一样的。WBS 的顶层，也就是第 1 级，是项目的名称。WBS 的下一个层级显示了该项目的可交付成果或主要里程碑。（我将在本章后面的“确定里程碑”小节中详细地介绍里程碑的相关内容。）第 2 级也可以是项目阶段、子项目、子组件或附属项目。后续级别是上级可交付成果的进一步细分，其中可能包括任务或任务组。所有的可交付成果并不一定需要相同级别的细分。重要的是，要让 WBS 被分解到这样一种程度：其最底层的任务可以被轻松地估算和分配。

> **注意** 在定义你的 WBS 层级时，请记住，可交付成果通常被描述为名词，如个人电脑、手册等，这就是 WBS 的分解“以可交付成果为导向”的原则。可交付成果可以进一步被分解成项目任务，而任务通常被描述为动词，比如说创建、制定、建立、设定等。

让我们来看一些例子。图 5.1 显示了我们的“年度会议项目”的第 1 层和第 2 层的详细信息。请记住，此图中的可交付成果只是一个示例。你的项目将会有比这更多的可交付成果。

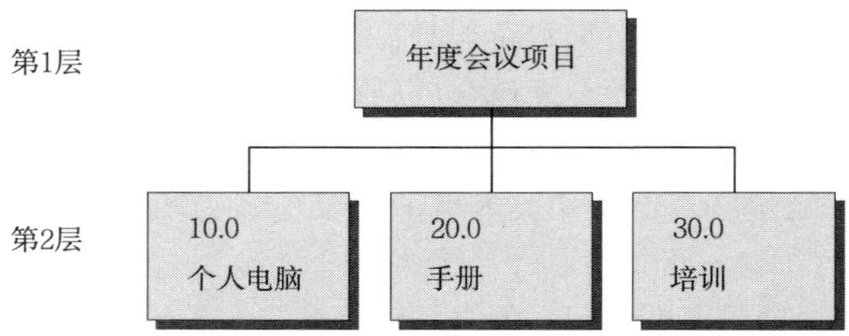

图 5.1 "年度会议项目"第 1 层和第 2 层的详细信息

第 1 层显示项目名称，任何 WBS 的第一层通常都是如此。这个 WBS 的第 2 层显示了该项目的一些可交付成果或里程碑。

现在，让我们来看一下下面几层，如图 5.2 所示。

在这个 WBS 中的第 3 层显示了一组任务，有时也称为概括性任务。例如，"获取个人电脑"是在第 2 层"个人电脑"可交付成果下的一个概括性任务。在第 3 层名为"获取个人电脑"的概括性任务，就会被进一步细分成一些具体的任务，只有完成了这些细分的具体任务，"获取个人电脑"这个概括性任务才算被完成。而只有完成了 WBS 上显示的第 3 层的两个概括性任务："获取个人电脑"和"设置个人电脑"，才算完成名为"个人电脑"的可交付成果。对于其他可交付成果也是如此。

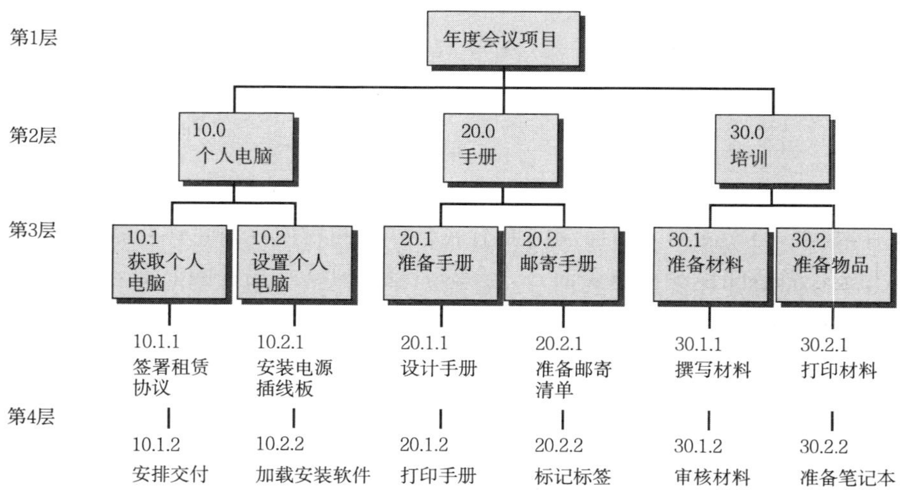

图 5.2 "年度会议项目"所有层级的详细信息

我们的想法是在项目中开始创建 WBS，然后将可交付成果一步一步地进行分解，分解成为更小的、更易于管理的单元。这些层级可以包括里程碑、任务组或单个任务。我们可以继续分解 WBS 中的可交付成果，这样层级会越来越多，直到把项目分解到这个程度：每一个最底层的工作单元的责任可以被分配给某个特定的人或者团队，这个时候我们就认为 WBS 已经被充分分解了。分解到这个层级，你可以轻松地对这些任务进行估算，也可以轻易地估计出完成这些任务所需要的技能。

↘ 工作包

工作包：WBS 的最低层级，我们在此层级分配资源，以及估算时间和成本。

工作包是 WBS 的最低层级。我们可以轻易地对工作包进行时间和成本的估算，以及资源的分配。不管 WBS 有 3 个层级还是 5 个层级，其最低层级都被认为是工作包层级。

在图 5.2 显示的 WBS 中，第 4 层是工作包层级。在该示例中，像 10.1.1“签署租赁协议”和 10.1.2“安排交付”之类的单个任务就是工作包，每一个工作包都可以被分配给某个个人或团队来完成。如果你的 WBS 就分解到第 3 层——换句话说，也就是你的 WBS 没有第 4 层的任务——那么第 3 层就是工作包层级。

注意 WBS 中的最低层级被称为工作包。工作包可以是项目阶段、子项目、子组件、附属项目、里程碑、可交付成果或任务，具体取决于 WBS 的结构。

工作包也可能包含项目中的单个任务、里程碑或附属项目。通常，它们是一个小的工作单元组，这个组由相似的工作单元构成，工作包可以很容易地分配给某个人或团队。如果你从事的是一个大型项目，则应将项目分解为子项目，而不是单个的可交付成果。这样的话，第 1 层仍然是单个项目，第 2 层是子项目，第 3 层也可能是子项目，或者从第 3 层开始被分解为可交付成果。在这种情况下，第 3 层是工作包级别。这里有一个关于项目和子项目的 WBS 示例，如图 5.3 所示。

在这样的结构中，可以将项目经理分配给第 2 层的子项目。在许多情况下，这些项目经理（根据他们的角色也可以称为助理项目经理）向一个负责整个项目的项目经理或项目集经理汇报。第 2 层子项目的项目经理将第 3 层子项目或可交付成果分配给单个项目助理或团队。此时，项目助理将为分配给他们的第 3 层的子项目创建自己的 WBS。

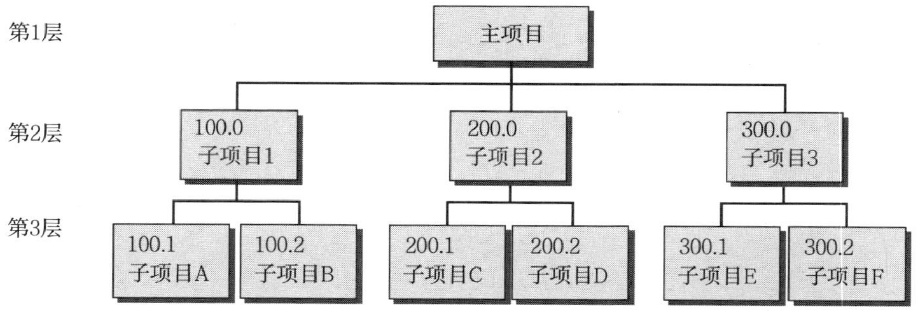

图 5.3 关于项目和子项目的 WBS 示例

对于大型项目，你会发现这可能变得相当复杂。但是，最后你会发现这些努力都是值得的，因为你只用了一个图，就对项目的分解结构进行了有逻辑的、图形化的描述。

> **注意** 项目集是由于项目之间相互关联，而被协调共同管理的一组项目的集合。该项目集合的经理通常被称为项目集经理。

在 WBS 被项目经理和项目发起人审核并批准后，最好将其副本挂在项目团队会议室中。请记住，还应该将 WBS 的副本归档在项目文档中，以备将来参考。

↘ 标识码

你可能已经注意到每个 WBS 元素旁边的数字标识。这些标识码或 WBS 编号让你可以唯一地标识 WBS 的每个元素。它们用于跟踪工作的成本或 WBS 中每个元素的成本。在其他规划过程中，它们也可以作为参考识别码帮助你更好地识别 WBS 中的每个元素。

WBS 词典：包含有关 WBS 上列出的活动或任务的相关信息的文档。它可能会包含诸如 WBS 编号、WBS 标识码、WBS 元素的相关描述和资源名称等内容。

在开始分配工作包、定义资源需求时，你应该记录其中的一些信息（记录的行为将随着时间的流逝而变得具有扩展延伸性，也就是需要记录的信息会越来越多，越来越丰富）。WBS 标识码为你提供了一种将这些信息与 WBS 联系起来的简便方法。比如说，WBS 元素 10.2 被分配给 IT 部门，你可能需要为此概括性任务分配一定的预算等。像类似这些信息就可以记录在 WBS 参考文档或 WBS 词典中。该词典可以是一个简单的 Word 文档或电子表格文档，该文档在左侧下方列出了每个 WBS 元素的标识码，并在右侧列出了有关该 WBS 元素的相关信息备注说明。该文档应该与 WBS 放在一起，存储在项目资料库中进行归档。

你的预算管理人员还将根据这些 WBS 标识码来跟踪项目的成本。根据你所创建的 WBS，第 2 层和第 1 层元素的成本预算，只是它们各自的子元素成本简单汇总之和。当你使用 WBS 的大纲视图时，这些标识码更会派上大用场。接下来，你还会经常看到它。

↘ 大纲视图

如果你不喜欢树状的 WBS 视图，你还可以使用另外一个版本的 WBS 视图，这就是 WBS 的大纲视图。大纲视图适用于小型项目，也适用于其 WBS 具有多个层级，以及许多任务的项目。

图 5.4 以大纲形式展示了你在图 5.3 中看到的同样信息。WBS 标识码在大纲形式中尤为重要，因为它们可以帮助你轻松确定哪个任务归属于哪个可交付成果，从而会与该可交付成果一并获得执行。

10.0 个人电脑

　　10.1 获取个人电脑

　　10.1.1 签署租赁协议

　　10.1.2 安排交付

10.2 设置个人电脑

　　10.2.1 安装电源插线板

　　10.2.2 加载安装软件

20.0 手册

20.1 准备手册

　　20.1.1 设计手册

　　20.1.2 打印手册

图 5.4　以大纲形式展示的 WBS 示例

我相信你都看到了，如果你要很好地记录在项目范围说明书中定义的可交付成果，并识别与之对应的任务，那么 WBS 不可或缺。如果项目范围说明书定义得不充分，或者可交付成果没有识别到位，那么根据它们创建出来的 WBS 也会有各种问题。这将让你最终以返工的形式付出惨重代价。返工意味着你必须返回并重做你已经完成了的事情或需要添加你错过了的任务。请记住，时间就是金钱，如果你涉及返工，或者你在被批准后的 WBS 中添加新的可交付成果，项目成本就会显著上升。所以花一些时间和精力来认真地创建项目的 WBS 很有必要。在创建 WBS 的过程中请与项目团队对其进行多次审查，尽可能地创建出一份良好可行的 WBS。

> **提示** 在你创建完 WBS 之后，如果你又发现了新的可交付成果，请不要惊慌。在整个规划过程中，对项目范围说明书的更新可能会发生两三次甚至更多。

当你创建 WBS 时，可能会导致对项目范围说明书的更改。这一点在项目上是可以预料到的，所以在完成 WBS 后，请回顾你的项目范围说明书，以确保 WBS 中的所有可交付成果都反映在其中了。如果没有，请遵循项目范围管理计划中概述的过程，并更新项目范围说明书以反映 WBS 中添加的内容。（别忘了遵循项目变更流程，变更需要获得相关方批准并签字。）

定义任务和活动

现在，你已经创建好了 WBS，并对工作包进行了描述（主要在 WBS 词典中），接下来的工作就是要确定完成这些工作包所需要开展的任务或活动。首先，你需要确定你是否喜欢用术语“任务”或“活动”来描述项目的工作。大多数项目经理可以互换使用这些术语。这不是你在项目管理圈中遇到的唯一争议，它只是较轻的争议之一。就本书而言，我通常会坚持使用“活动”一词，但是如果你在某些地方看到“任务”，你要知道我说的是同一件事。稍后我们将讨论活动的估算和网络图，它们都是在使用“活动”这个术语，但也请注意当我们讲述这部分内容时，“活动”和“任务”的意思是一样的。现在我们已经说清楚了这个问题，接着让我们来看看什么是活动，并探讨定义活动该怎么做，为什么要去定义活动，等等。

活动是一项单独的工作，或相关联的工作单元，必须完成这些工作才能满足项目可交付成果的需求。完成项目的所有活动后，该项目的产品或服务就完成了。所以你需要做的就是定义所有活动，完成活动，这样你的项目就完成了。当然，事情也不完全是这么简单，我们接下来会一一介绍关于活动的相关内容。

活动是对 WBS 的工作包再次进行分解得到的。你需要与执行活动的人员互动，以定义这些活动并估算其持续时间。WBS 的工作包是由可交付成果分解得到的，它们都会在 WBS 中展现。如果再往前一步，你会记得可交付成果最初是在项目范围说明书中定义的。随着我们项目规划工作的一步步展开，你会发现在规划过程中所做的每一件事都是建立在前面过程所做工作的基础上的，所以，你要认真对待每一个过程，并尽你所能，因为以后你将依赖这些信息。

> **注意**　当你在管理小型项目时，你可以将“定义活动”过程和“创建 WBS”过程这两个过程合并到一起同时进行。

↘ 管理项目活动

定义活动的目的是允许你将项目工作分解为更方便管理的组件，以便你可以更轻松地估算活动的时间、资源和成本。把工作分解为活动需要分解到这个程度：活动能被轻易地估算。将可交付成果分解为工作包，然后再将工作包进一步分解为活动，这样可以使项目经理的工作更加轻松，因为工作被细分成很多小单元，而这些工作小单元可以被很轻松地分配给一个人或一个团队。然后你可以与你的团队成员来沟通工作的详细信息，管理和跟踪项目进展，并可以将一些逻辑上相似的活动分给一个组来进行管理。

> **注意**　区分可交付成果和活动的一个简单方法，就是可交付成果一般用名词来描述（可以是人、地点或事物，比如说“个人电脑”“手册”），而活动或任务一般会用动宾结构来描述（比如说“定义文档”“准备文件”“设计文稿”“构建框架”“研究方案”等）。

让我们来看一个例子。假设现在你已经被任命为公司即将举行的年度会议项目的项目经理。来自世界各地的客户都会飞到你所在城市参加此次会议，以了解你们公司的产品，他们还会参加一些培训课程，并与供应商会面。该项目的可交付成果之一是连接和设置好的 200 台个人电脑，因为在会议期间和会议之后的培训研讨会上需要使用这些电脑。与该可交付成果相关的活动之一可能是在每台个人电脑上加载软件，而另一个活动则可能是在培训所在的酒店宴会厅的每张桌子上放置好两个通电的电源插线板。

此时，你还不需要担心两个活动出现的顺序，只需要为你的项目创建一份活动清单，并在每个活动标题之间留出空间，然后把定义好的活动添加到该清单中即可。当你开始分解任务和活动时，对于一些已经分解好的可交付成果，你可能还会从中发现新的活动。所以在你填写活动清单时，你需要留出一些空间给这些后来才发现的新活动。

我建议使用一种简单的格式，将可交付成果列为主要标题，并在可交付成果下列出分解出来的活动和注释。如果你的项目规模很大，则可以在单独的页面上列出每个可交付成果。一个小型项目可能只有几页的可交付成果及其活动。表 5.1 显示了“设置好的个人电脑”这个可交付成果所分解的一些活动的活动清单示例。如果你打算将其用作模板，那么就像制定项目章程和项目范围说明书一样，请在此表格的顶部添加一个“常规信息”的部分，以帮助识别该项目的基本信息（如项目名称、项目编号、日期，等等）。你还可以考虑新添加一列，内容为“项目需求”，然后根据需求来定义活动。我想尽量让表 5.1 保持简单，但是对于复杂的可交付成果来说，可能现在表格中所列的内容不够，还需要进一步地定义和明确，然后才能开始识别任务和活动过程。

表 5.1　活动清单

WBS #	工作包	活　动	建　议
10.0	会议开始前一天晚上在指定的宴会厅设置好 200 台用于培训讲座的个人电脑	签署个人电脑租赁协议	租赁协议内容
		安排个人电脑的交付	与采购部门协调
		架设电源延长线和插线板	与酒店工作人员协调
		加载软件	与 IT 部门协调

注意

一般来说，在 WBS 上同时列出活动是不提倡的。工作包层级应该是一些相关联的活动的集合（就是工作包），而活动本身会放在活动清单中去管理。而在我们的实际工作中，对于小型项目来说，在 WBS 上列出活动要比在活动清单中列出更有效。

↘ 排列活动顺序

在定义了活动之后，你接着要做的就是对它们按逻辑顺序进行排序。这会对你以后创建项目进度计划提供帮助。例如，你必须要先让电脑租赁公司将个人电脑交付给你们，然后还需要在会场架设好通电的电源插线板，这些都做好后才能在电脑上操作加载软件。所以在排列活动顺序时，需要将“加载软件”这个活动排到最后。当你管理的是一个小型项目时，你可以将“定义活动”和“排列活动顺序”放在一起来做。当你罗列任务时，请将它们同时按逻辑顺序分组。对于大一些的项目来说，一般就需要两步：首先定义活动，然后对其进行排序。

排列活动顺序会让你将类似的工作安排在一起去执行。在我们的示例项目中，IT 部门负责连接个人电脑和加载软件。他们还负责将演讲者使用的电脑连接到他们头顶的投影仪上。我们会把这些类似的活动合并放在一起，在活动清单中只占用一个逻辑位置。换句话说，我把类似的多个活动打包放在了一个位置。

定义活动和排列活动顺序，可以方便项目经理对活动进行时间和成本的估算，以及确定完成项目活动所需要的技能。例如，“加载软件”这个活动会告诉你完成它需要什么样的技能。显然，对于该活动，你需要这样一个人：他需要了解个人电脑的一些基础知识和工作原理，并在软件无法正确加载的情况下知道如何诊断和解决问题。这意味着你将不得不与 IT 部门的职能经理合作，为这些活动分配一些资源，或者寻求供应商的帮助，让他们来为你执行这些任务。

你的项目预算、项目进度安排，以及资源的分配主要是由“定义活动”和“排列活动顺序”这两个过程所决定的。如你所见，这些都是项目规划过程中非常重要的步骤，所以你需要花一些时间来把这些工作做好做扎实。但是也不要觉得你是一个人在战斗，召开一两次团队会议，在会上可以做头脑风暴进行集思广益，逐渐明确完成项目可交付成果所必需的所有活动。你先列出一个项目活动清单，接着你需要与团队一起来核实一下该清单，以确保你没有遗漏任何内容。核实完之后才能继续进行制定进度网络图和制订项目进度计划的工作。

确定里程碑

你们大多数人都经历过人生中的一些里程碑：达到法定驾驶年龄，然后从学校毕业，接着是你的第一份工作。项目中的里程碑也是类似。里程碑是一个标志性事件，它让你知道项目已经取得了一项重大成就。里程碑不是活动，但它可以包含一组活动。你不需要做什么事情来完成一个里程碑，换句话说，它不是项目工作。但是它意味着已经完成了一系列的项目活动，或已经取得一项重大成就。

里程碑可能会基于某个可交付成果或一组可交付成果，或者是一组项目活动。举例来说，前面我们提到的“年度会议项目”的一个里程碑可能就是“准备好会议室，以及设置好用于培训的电脑”。

一些项目经理喜欢使用里程碑图来作为报告项目进度的一种方式。里程碑图应该包括一个里程碑清单，还包括这些里程碑的期望的完成时间和实际完成时间。表 5.2 显示了“年度会议项目”里程碑示例。

表 5.2　项目里程碑

里程碑	期望的完成时间	实际完成时间
完成供应商注册	5 月 15 日	5 月 15 日
在网站上更新发布会议信息	7 月 1 日	7 月 1 日
给可能会来参会的人员邮寄手册资料	8 月 1 日	8 月 1 日
设计和审批培训课程	9 月 15 日	
准备好宴会厅，设置好培训用电脑	11 月 14 日	

里程碑是一种帮助监控项目进度的有效工具，尤其是你在向高级管理层汇报

的时候，因为它可以一目了然地显示项目当前所处的位置，以及项目尚需完成的工作。里程碑图对小型项目特别有效。

里程碑图的另外一种显示方式是用甘特图（我将在第 8 章“制订项目计划”中讨论甘特图）。可以在甘特图上显示里程碑的开始时间及其持续时间，里程碑应该按在项目中的完成顺序一一列出。

■ 创建责任分配矩阵

责任分配矩阵（Responsibility Assignment Matrix，RAM）：将角色和职责与 WBS 中的元素相关联的一种图表。

在创建了 WBS 之后，你需要确定完成项目所需的技能和资源类型。而 RAM 可以帮助你来做这件事情。

RAM 通常是一个表格，在该表格的首行（或首列）中列出所需的资源类型，然后在首列（或首行）中列出 WBS 的元素。行和列的交汇处，列出对应资源需要做的事情（也就是该资源需要承担的责任）。这个对应资源需要做的事情可以用一个简单的词（如“批准”或“评审”）来表示，或者也可以是一个代码，这个代码会在图例图注中加以详细解释，这样该代码就会比一个或两个词描述得更清楚、更具体。

表 5.3 是“设置个人电脑”这个概括性任务的 RAM 示例。

表 5.3 RAM 示例

资　源	租赁协议	安装电源插线板	设置电脑	加载培训用软件
采购部门	创建	通知	通知	通知
酒店设施管理人员	批准	安装	通知/审查	通知
IT 部门	审查	审查	安装	安装
酒店安保人员	审查	检查/批准	检查/审查	通知

在本示例中我们使用了这几个词来表示每种资源对任务的参与程度：创建、安装、通知、审查、检查和批准。其实你也可以使用另外一种名为 RACI 矩阵的工具。RACI 具体每个字母的意思如下所示：

R = Responsible，即执行，一般来说是负责具体执行工作的人。

A = Accountable，即担责，负责监督可交付成果或工作包的交付、批准或签署工作，并就工作做出决策的人，一般来说他是这个任务的所有权人（Owner）。

C = Consult，即咨询，对于完成该任务如有问题可以向这个人咨询，他是一个类似专家顾问的角色。

I = Inform，即通知，必须告知他该任务有关的决策或结果，他是该任务的知情者，需要了解该任务的各种信息。

如果把表 5.3 中 RAM 示例的内容做成 RACI 的格式，大概就会是如表 5.4 的样子。

表 5.4　RACI 矩阵示例

	采购部门	酒店设施管理人员	IT 部门	酒店安保人员
租赁协议	R	A	I	C
安装电源插线板	I	R/A	C	I
设置电脑	I	I	R/A	C/I
加载培训用软件	I	I	R/A	I

注意　RACI 矩阵中在资源的位置可能会是部门的名称，如表 5.4 所示，但最好还是具体到人，用某个人的名称。

如果你现在知道资源的具体名字，那你就把具体的资源名字放在 RAM 和 RACI 表格的资源列（行）中。在项目规划的早期阶段，如果你还不知道具体谁会负责这些活动，那么至少可以列出部门的名称（如表 5.3 和表 5.4 所示）。在项目规划的后期，你需要将具体的某个人的名字与每个活动都关联起来，这样的话就相当于每个活动的责任都具体分配到了人。我将在第 6 章“规划和获取资源”中讨论资源分配的相关内容。

如果你仔细看过上面两个表，你会发现有的角色会有多个职责。例如，酒店设施管理人员对“安装电源插线板”这个活动的责任是 R/A，也就是说既对该活动负终责，也负责该活动的具体执行工作。对于每个活动而言，执行、通知和咨询这三种责任每个责任都可以分配给多个资源，比如说“设置电脑”这个活动的通知责任就分配给了“采购部门”“酒店设施管理人员”“酒店安保人员”这三个资源。但是每个活动的终责，却只能指定分配给某一个人，因为一个活动负终责的，只能有一个人，不然就容易出现指令不统一问题，容易导致项目混乱。

创建一个 RAM 或 RACI 矩阵，可以在整个项目的层面去做，也可以在 WBS 中的某个层级的层面去做。如果你管理的是一个大型项目的子项目，你可以只是针对你负责的这个子项目来制定一个 RACI 矩阵。你负责的子项目下面可能还有更低一级的附属项目，则这些附属项目的项目经理就可以制定他们自己的 WBS 和 RACI 矩阵。

估算活动持续时间

在创建完 WBS 和 RAM 之后，你需要做的是估算每个活动的持续时间。首先，你创建了 WBS，这样你就知道有哪些活动需要去做估算；其次，你创建了 RAM，这样你又知道了每一个活动上分配了什么样的资源，这个信息可以帮助你更准确地估算这些活动的持续时间（工期）。

估算活动持续时间就是去估算完成 WBS 中的活动所需要的时间。时间单位可以是小时、天、周或月。一个活动的持续时间一般是几个小时或几天，但如果你的项目规模很大，或者你的项目工期很长，项目中的活动持续时间可能会是几周或几个月。

估算活动持续时间有几种常用的技术，其中有几种技术可以同样运用在成本估算中，我会在第 9 章“制定项目预算”中来介绍有关成本估算的内容。在这儿，我会介绍两种最常用的估算活动持续时间的技术，但是请注意，还有一些其他的估算技术会放到第 9 章中进行描述，你同样也可以用这些技术来估算活动的持续时间。

↘ 专家判断

专家判断：由专家来帮助评估项目信息并确定项目相关的估算。专家是指受过训练、拥有专业知识或技能的个人或团队。

专家判断顾名思义，就是咨询专家让其提供建议和输入来估算活动持续时间。当你确定了执行该活动所需的具体资源类型后，你就可以咨询在此类活动上有经验的相关人员（专家），让他们对这些活动进行估算。因为他们以前从事过类似的活动，具有丰富的与该活动相关的经验，所以他们会估算得相对准确。然而，这并不是一种科学的估算方法，估算的人不可避免地具有主观性，他们对事物的看法可能会存在一定的偏见，因此他们的估算可能会有偏差。为了尽可能地消除这些偏见引起的估算偏差，你可以多咨询几位专家，然后综合他们的估算结果，正所谓兼听则明。如果可能的话，还可以将专家判断的估算结果与过去类似项目的历史信息结合起来，综合得到和确定一个最终的估算值。（你是否还记得存储有丰富的项目信息的项目资料库？此时就可以派上用场了，你现在可以参考它来对当前活动进行估算。）

↘ 参数估算

参数估算是一种基于历史数据和项目参数，使用某种算法（公式）来计算成本或持续时间的估算技术。我们举个例子来说，假设现在你有 10 个项目团队成员，他们在项目上都需要使用新电脑。一般来说，IT 人员配置好一台新电脑（包括安装必要的软件和做好相关安全设置）需要 30 分钟。现在要配置好 10 台新电脑，则需要用 30 分钟乘以 10 台电脑，总共估计需要 300 分钟才能完成此活动，这就是用参数估算技术来估算活动持续时间。

现在这些活动持续时间的估算都只是初步估算，在后面你还会对其进行更新，尤其是在创建项目进度计划的时候，你会对该估算做进一步调整。因为到那时，你会获得更多的活动相关信息，而且你的团队成员也会一步步就位，因此你能做出更加准确的估算。

确定依赖关系

项目活动之间有依赖关系，指的是：如果前一个活动没有完成或开始，那么其后一个活动就无法开始或完成。为了确定活动之间的依赖关系，你必须先要按逻辑顺序来排列好这些活动。我在本章前面“排列活动顺序”这一节中介绍过这部分内容。现在，你需要来确定这些项目活动是独立的，还是有依赖关系的。

具有依赖关系的活动必须要按正确的顺序给它们排好序，否则会给你造成大量的返工，以及重复工作。例如，“加载软件”活动会依赖于“安装电源插线板”活动，因为如果没有安装好电源插线板，你就无法启动电脑，更谈不上加载软件。这就是一个因为工作本身的逻辑关系，而导致活动之间具有强制性依赖关系的例子。只有一个动作发生了，才能去执行另外一个动作，这就是活动之间的强制性依赖关系。

并非所有的活动都具有依赖关系，有些活动可能是独立的。“加载软件”和“安装电源插线板”的例子我们把它叫作“完成到开始”的依赖关系。也就是说，必须先完成“安装电源插线板”活动，然后才能开始“加载软件”活动。

活动之间的依赖关系一共有四种，让我们来快速浏览一下：

完成到开始（FS，Finish to Start）

必须要先完成前面的活动（比如说前面示例中“安装电源插线板”活动），然后才能开始后面的活动（如示例中“加载软件”活动）。这种依赖关系是最常用的依赖关系。在我们的“年度会议项目”中，大多数活动之间的依赖关系都是这种“完成到开始”的依赖关系。

完成到完成（FF，Finish to Finish）

必须要先完成前面的活动，然后才能去完成（结束）后面的活动。在我们“年度会议项目”中没有这种类型的依赖关系，我们这儿可以举另外一个例子。比如说电信运营商开发了一款软件，该软件可以让双方通电话，并同时具有计时计费功能。所以该软件运行时有两个主要的活动："通话"和"计时计费"。当"通话"活动在进行时，"计时计费"活动也会同时进行，而且只有当"通话"活动结束后，"计时计费"活动才能结束。这两个活动之间就是"完成到完成"的依赖关系。

开始到开始（SS，Start to Start）

必须先开始前面的活动，然后才能开始后面的活动。例如，在"年度会议项目"中，对于会议需要用到的培训材料，我们需要做两个活动：撰写材料和审核材料。你希望在准备一些材料之后就马上开始进行审核，而不是等所有材料都写好了，再去对其进行审核。所以你是等"撰写材料"活动一开始，就接着也开始同步进行"审核材料"活动，从这儿我们就能看出"撰写材料"活动和"审核材料"活动就是"开始到开始"的依赖关系。在"撰写材料"活动开始之前，你无法启动"审核材料"这个活动。

开始到完成（SF，Start to Finish）

必须先开始前面的活动，然后才能完成后面的活动。这种逻辑上的依赖关系与我们前面介绍的那三种依赖关系不同，且在我们实际的项目中很少使用。当后面的活动驱动前面的活动完成时，就会出现这种依赖关系。例如，某个项目需要安保公司的安保员 24 小时值班以保卫一处设施的安全，安保公司安排了三个安保小组进行轮换值班。为了确保任何时间都有安保人员在值守，安保公司规定只有等下一班的值班小组成员开始就位，上一班的值班人员才能够离开值班岗位结束该次值班。这个时候，就是必须先开始"下一班值班"活动，"上一班值班"活动才能结束，这两个活动之间就是"开始到完成"的依赖关系。

你需要先了解活动之间的依赖关系，然后才能将它们绘制成图形，我们接着来介绍这部分内容。

■ 绘制进度网络图

项目进度网络图可以让你按项目的执行顺序来显示项目活动。进度网络图是项目的一种图形化的视图，从"开始项目"（最左侧的元素）开始，然后是各个项目活动或可交付成果按顺序排开。有些活动之间具有依赖关系（我们前一节中介绍过），而有些活动是独立的。独立活动通常与其他独立活动同时工作，除非资源冲突，比如说，两个活动都需要用同一个资源。这样的话你就别无选择，只能按顺序依次进行这两个活动。但是，这只是特殊情况，很多时候这两个活动可以分别使用不同的资源，这样它们就可以同时进行。

进度网络图让你以直观和可视化的方式链接和显示各个项目活动，很多时候我们可以把它悬挂在项目团队的会议室里，这样大家对项目的进展情况会更清楚。

你可能会觉得 WBS 做的事情跟这差不多，其实不是。WBS 是层级结构，而进度网络图是按顺序排列。例如，如果在 WBS 中，“准备内容”和“准备媒体”是显示在 WBS 同一个层级的两个可交付成果。而如果两个活动之间有依赖关系，比如说必须完成“评审内容”活动之后才能开始“打印材料”活动，这样的依赖关系就没法在 WBS 中表现出来，而进度网络图就可以很好地解决这个问题。

注意 与进度网络图相比，WBS 在显示里程碑和可交付成果方面做得更好。进度网络图可以很好地显示活动的顺序，因此这两种工具在项目规划过程中均占有一席之地。

像 WBS 这样的层级结构显示的图形，可以包含子项目、可交付成果、里程碑或活动。如果你管理的是一个大型项目，那么你可以用进度网络图来显示所有子项目的开展顺序（而每个子项目的项目经理负责为他们自己的项目去开发进度网络图）。而对于小型项目来说，进度网络图会按顺序直接显示所有项目活动。可能你已经猜到了，绘制进度网络图的方法不止一种，我们接下来将一一介绍这些方法。

↘ 紧前关系绘图法

紧前关系绘图法（Precedence Diagramming Method，PDM）：一种根据项目活动之间的依赖关系链接项目活动的制图方法，它使用方框或节点来表示项目活动，并使用箭头来表示活动之间的依赖关系。

PDM 按正确的顺序排列项目活动，并考虑了它们之间的依赖关系。PDM 中，有依赖关系的前后两个活动，前面一个活动我们称为“紧前活动”，而后一个活动我们称为“紧后活动”。例如我前面提到的“加载软件”这个活动，必须要在“安装电源插线板”活动完成之后才能开展，那么“安装电源插线板”活动就是紧前活动，而“加载软件”活动就是紧后活动，它们之间是完成到开始的依赖关系。

PDM 可以显示出同时进行的活动，还可以显示出具有多个依赖关系的活动。大多数的项目管理软件都会使用 PDM 来绘制项目的进度网络图。图 5.5 是用 PDM 绘制的“年度会议项目”的进度网络图示例。

图中的数字是项目活动的编号，这些数字不是按顺序排列的，它们只是被用来标识和区分每个活动。比如说，活动 7 是“评审”，表示评审检查前面写的材料内容；活动 7 的紧后活动是活动 8“批准”，意思是如果评审完的内容没有问题，经过批准可以进入下一个环节。活动 8“批准”又是活动 9“打印材料”的紧前活动，意思是只有先批准，才能开始去打印材料。

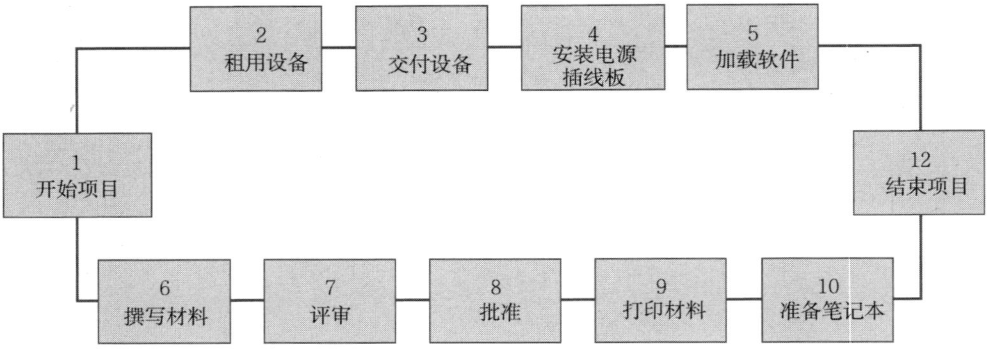

图 5.5　进度网络图示例

你可以看到进度网络图是一个可视化项目进度的绝佳工具。你可以在一个图中（如果项目很复杂，也有可能需要 2~3 个图或更多）查看项目的活动，了解项目工作如何开展，并明确活动之间的依赖关系。随着项目的进行，你还可以在进度网络图上给活动节点涂上颜色或类似的方式，来标识已经完成的活动，这样你的项目进展就会更加一目了然。

在第 8 章“制订项目计划”中，我还将讨论为每个活动确定其开始和结束日期。这些日期会被添加到每个活动节点框的顶部，从而让进度网络图上的项目信息更加丰富和完整。

↘ 节点法

节点法（Activity On Node，AON）是 PDM 的一种，该方法使用作为节点的圆圈来表示项目的活动，并使用箭头来表示活动之间的依赖关系。就像在上一节我们看到的，节点也可以用方框来表示。在图 5.6 中你可以看到，“年度会议项目”的各个活动用作为节点的圆圈来表示，而箭头则表示这些活动之间的依赖关系。

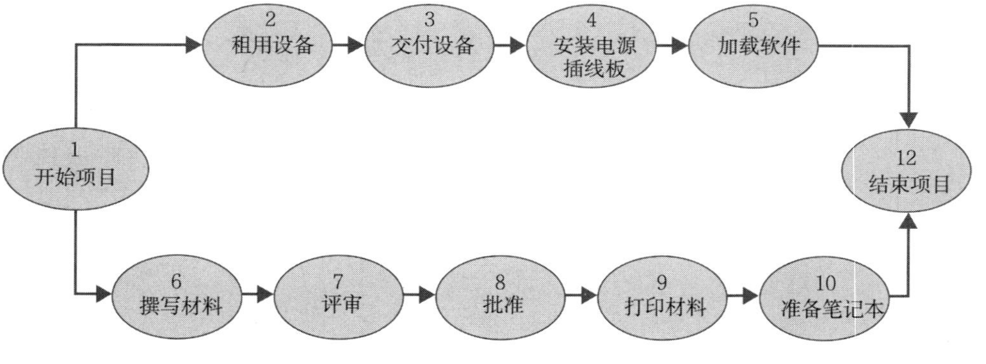

图 5.6　节点法示例

这个例子展示了活动 9“打印材料”的开始，取决于活动 8“批准”的完成。你还可以在每个活动节点上添加该活动的持续时间的数值，这样可以更清楚地展示每个活动需要花多长时间，可以让该图的内容更加翔实。

↘ 绘图工具的选择

PDM 是最常用也是最简单的一种绘制进度网络图的方法。只要你能绘制出简单的方框和直线，或者圆圈和直线，组合一下这些元素就能得到进度网络图。我鼓励你为你自己的项目绘制一个进度网络图，并将其与 WBS 一起悬挂在项目团队的会议室中。和其他项目文档一样，也请将此图的副本存储在项目资料库中。（虽然我前面讨论过用手工去绘制这些图，但是请记住，大多数项目经理都会使用像 Microsoft Project 之类的项目管理软件来完成此工作。）

■ 关键术语

专家判断	WBS 词典
PDM	WBS
RAM	工作包
范围蔓延	

■ 回顾与思考

1. 为什么要定义项目活动？
2. 为什么要排列项目活动顺序？
3. 什么是里程碑？它们对项目有什么意义？
4. 介绍一下 WBS。
5. 什么是工作包？
6. 为什么要用代码来标识 WBS 中的元素？
7. 解释一下什么是 RAM，并说明其用法。
8. 列出两种估算活动持续时间的方法。
9. 描述项目活动之间的四种依赖关系，并指出最常用的一种。
10. 最常用的绘制进度网络图的方法是什么？并简要描述该方法。

第 6 章

规划和获取资源

本章要点：

✓ 规划项目团队

✓ 获取实物资源

✓ 通过采购获得资源

到目前为止你做得都很好。现在，你了解了项目预期的产出结果，也了解了开展项目工作的逻辑顺序。你还确定了完成项目活动所需的资源类型，并且还估算了完成这些项目活动所需花费的时间。

所以，现在是时候确定并获取完成项目工作所需的资源了。这个过程包括确定人力资源（主要是指将执行项目任务以满足可交付成果需求的这些人），以及确定实物资源，包括设备和材料等。你可能已经任命了一些关键的项目团队成员，甚至他们之前都已经参与了制定项目范围说明书和定义活动等这些过程。但是在当时，在你不知道项目的具体活动是什么的情况下，你还很难确定所有的项目团队成员。同样，在你完全了解项目产出的产品或服务、完成项目所需的可交付成果、需求和活动之前，你肯定也不知道项目会需要什么样的资源。

本章会讨论如何确定和获取项目所需资源，包括人力资源、设备和材料，还会介绍为获取这些资源，我们应该如何进行谈判或外部采购。

■ 规划项目团队

作为项目经理，你最重要的工作之一就是组建项目团队。这可能是你在项目开展过程中最有趣的工作。但是你的职责并不仅仅是组建好一个团队，你还必须让团队成员能相互协作、高效工作，然后打造出一支富有战斗力的团队。有时你会很幸运地拥有一支出色的团队，他们从一开始就能很好地融合在一起，并且在整个项目中都能很好地协作。然而，在没有任何团队管理的情况下，这种情况还是非常少见的，所以这个时候不要掉以轻心。通常，优秀高效的团队都不是天然就存在的，而是经过管理者精心的计划和管理而产生的，比如说团队管理者会考虑每个团队成员的知识、技能、个性等的不同，而给予具有针对性的管理策略。本章会讨论如何发现团队成员的技能，并将团队成员与项目活动进行匹配，而在第 10 章“执行项目”中将会讨论如何建设团队和激励团队等问题。

在确定项目所需资源时，需要考虑几个问题。你要考虑组织的政策，尤其是对于职位描述和员工跨部门调动的有关政策。例如，我在一个政府机构工作，该机构有严格、正式的流程，规定如何跨部门调动员工。相关职位描述也是非常正式的，如果要对职位描述进行更改，需要花费数周的时间来走修订和审查流程。

当你的项目需要从组织外招聘一些或全部人员的时候，你需要特别留意与人员招聘相关的组织政策和规定。有些组织制定了一些与人员招聘相关的政策，你必须遵守，否则你就无法获得项目所需的外部资源。你所在的组织可能会使用一两个第三方招聘公司来为其提供招聘服务，你需要和他们打交道，并告诉这些招聘公司你对将要招聘的人员有什么技能和知识上的要求。比如有的公司禁止招聘在职员工的家庭成员，甚至是好朋友，而也有公司张开双臂欢迎员工的朋友和家人加入他们。所以你要注意你所在组织的招聘政策，并确保你遵循了这些政策和相关流程。想象一个场景：你新招聘的团队成员在周一早上来到办公室上班，却被人力资源部门的人拦住，告知该员工还需要等待你或你的经理在一些重要的文件上签字才能入职。之所以出现这样的问题，是因为你没有遵循相关的招聘流程。除了组织的招聘政策，你在规划项目团队时还应该考虑以下几点：

- 影响项目的组织内各个部门，以及这些部门之间的关系。
- 组织文化。
- 各任务所需的技能。
- 学习新事物的能力。
- 知识。
- 潜在团队成员的性格特征。
- 资源的可用性。
- 经验。
- 才干。
- 团队协作能力。
- 项目团队的位置。
- 物资材料和用品的位置。
- 远程工作或地理位置分散的项目团队成员加入项目的流程。

在接下来的几个小节中，我们会深入地探讨这些领域。在开始学习之前，让我们先来了解一下组织内部门的技能评估。

↘ 技能评估

技能评估：详细记录说明每个团队成员所具有的技能，以及他们在这些技能上的经验水平的项目文档。

对于规划团队资源，你最开始要做的事情之一就是对现有员工进行技能评估。如果你计划从自己的部门或公司的其他职能部门去招募项目团队成员，可以考虑使用表 6.1 中所示的技能清单去评估这些潜在项目团队成员的技能。

表 6.1 技能清单

员 工	工作岗位	技 能	从业年数	教育/培训
杰森	软件开发工程师	学历		计算机专业本科
		Java	3	Java 认证
		XML	2	

续表

员　工	工作岗位	技　能	从业年数	教育/培训
杰森	软件开发工程师	.NET	0	参加了培训课程
		支付系统	1	
		客户服务系统	2	
利亚	数据库管理员	学历		计算机专业本科
		Oracle 编程	5	Oracle 认证
		Oracle 管理员	3	
		支付系统	3	
		财务系统	3	
		Java	1	参加了培训课程
罗德	技术写作	学历	1	英语专业本科

你可以用这个表作为模板，开发出一个适合你的项目实际情况的技能清单。这个示例表格是我用来记录我的团队成员的技能和相关培训用的，是我在项目中实际在用的表格。正如你所看到的，该表列出了员工的姓名、工作岗位、技能、所获得的学位和相关证书，以及在这些技能上有多少年的从业经验。一旦你开始制作这个技能清单，我建议你每年更新一次。该技能清单的更新情况，还可作为团队成员年度绩效考核的一部分。可以定时要求团队成员提供他们相关技能的培训经历和项目经验，然后将其更新到该技能清单表格中。这样，你能实时了解每个团队成员分别拥有什么技能，从而使你为任务分配资源的时候更加容易。

接下来我们来具体谈谈：你具体需要哪些资源来做哪些任务？

↘ 决定需要哪些资源

想象一下，假设你在一家软件公司工作，该公司专门为保险行业开发软件和应用程序。你已被任命为公司一个新产品开发项目的项目经理。客户代表已经开始要求启动一个新的项目，该项目可以让他们在任何平台评估索赔、计算建设和维修费用、获取任务工单，并把相关的报价发送给客户和承包商。因为你已经制定了项目范围说明书和 WBS，并且还定义了活动，所以现在要做的就是为正确的任务找到正确的人——确定潜在的团队成员。

从表 6.1 的技能清单中，我们可以看到杰森具有编程技能，利亚可以帮助开发和管理数据库，而罗德可以撰写与项目相关的技术文章。所有其他潜在项目团队成员的相关信息也都会显示在该列表中。（表 6.1 技能清单里只是显示了一些当前可用成员的相关信息。）

现在，你可以使用在第 5 章“分解项目活动”中制定好的 RAM，以及表 6.1 中现有员工的技能清单，来创建一个类似表 6.2 的表格，将人员匹配给项目任务。该表格第一列显示任务或工作包的详细信息，第二、三列分别是完成该任务所需技能及其工作经验年限，最后一列是分配给该任务的潜在团队成员。

你可以根据需要直接使用或修改使用表 6.2。请记住，在所有这些模板的顶部添加一个“常规信息”的部分，以便在其中注明该表格所属的项目名称、表格创建日期等相关信息。

表 6.2　根据任务定义技能

任务或工作包	所需技能	工作经验年限	潜在团队成员
定义软件需求	网络编程	2 年	杰森
	数据库	2 年	
	良好的沟通技能	有相关定义软件需求的项目经验	
明确平台和语言	高级编程技能	5 年	保尔，罗斯
设计程序模块	高级编程技能	5 年	凯西，兰斯
编写每个平台的屏幕助手提示信息和软件帮助文档	技术写作技能	1 年	罗德

你可能有不止一个人可以匹配某项任务的技能要求。如果是这样，可以在“潜在团队成员”列中把他们的名字都列出来。在这个时点上，你可能还不太确定他们是否可用，比如说如果你要求保尔来执行“明确平台和语言”这个任务，结果发现保尔不可用，这个时候你还可以去找罗斯，因为他也是符合条件的潜在团队成员。由于你已经在这儿列出了所有潜在的候选人，所以一旦其中有人不可用，其他候选人就马上可供选择，而不必再去临时寻找资源。

不要忘记在“根据任务定义技能”（表 6.2）这个表格中列出该项目所需的所有资源。表 6.2 中的示例主要集中于软件技术类型的资源，但是你的项目可能还需要其他领域的资源，比如说财务、采购、培训、市场营销、人力资源、客户服务等。

注意　如果你现在管理的是一个大中型项目，则可以考虑在此表中再增加一列，用来表示每个任务所需的资源数量。这种规模的项目可能需要多位具有不同平台和语言下的不同经验水平的程序员。

你可能会发现，在你自己的部门中没有足够的资源来执行项目的所有任务，或者项目所需要的拥有特定技能的资源并不汇报给你或你的经理。这意味着如果你要招募这些资源进入你的项目团队，你必须和组织中拥有这些资源的职能经理进行谈判，讨论是否可以在你的项目中使用他们部门的这些特定资源。

与职能经理谈判讨论的内容还应该包括这些资源在特定时段的可用性。下面我们将开始介绍谈判相关的内容。

↘ 与职能经理谈判

除非你是在项目型组织结构的环境中工作，或者你能掌控公司的所有资源（但是一般来说我们都不具备这种条件），否则你将不得不与其他职能经理进行谈判协商以获取资源。这可能包括与财务部门的职能经理进行谈判，来获取相关财务人员作为项目团队成员，以帮助确定和管理程序员、客户服务人员等的预算和成本。你要与哪些部门的职能经理进行谈判，取决于你在上一节中所确定的项目需要的技能。确定了这些技能后，接着要做的就是去拜访职能经理。

在与职能经理会面之前，可以将项目章程的副本提前发送给他，这样他可以在会面之前就大概了解项目的基本情况。这样职能经理也会明白：项目的发起是由高级管理层授权的，他有义务配合提供资源；接着他就会开始评估部门中的哪些人是适合参与这个项目的。

根据你所在组织的文化，你可能需要与每个职能经理都分别进行一个面对面的谈判会议，或者也可以只是给每个职能经理发送一封电子邮件，邮件中详细说明你需要什么样的资源。我建议你最好还是去召开面对面的会议，这样你可以马上回答职能经理所提出的问题，并尽可能地解决他们的疑惑或顾虑。面对面的沟通也会更有效率，其可以让你能有机会观察对方的肢体语言和表情动作，从而可以尽可能地消除他们潜在的担忧——你要知道一些潜在的担忧，只有在面对面的沟通中，职能经理才可能比较方便地提出来，有时候甚至要被引导着才能提出来。无论哪种情况，你都需要先完成 WBS，并确定好哪些任务需要什么样的资源来完成。职能经理肯定也想知道他们的资源将会去做什么类型的工作，以及需要多长时间。这个时候，我们前面估算的活动持续时间就派上用场了。

提示　请准备好与职能经理的会议。他们想知道你需要什么类型的资源，什么时候需要，以及需要多长时间。

你要当心！职能经理可能会提供给你一些绩效不太好、他们本身也不想要的资源。当然，你肯定也不想承接这些有问题的资源，你想要的是那些有意愿并能胜任工作的资源。所以你需要向职能经理询问一些问题，这些问题与他们推荐给你的资源有关，比如说：

- 这个人具有该任务相关的经验吗？
- 他们的经验是否与该项目匹配？询问他们过去工作过的一些案例。

- 该员工参加过什么培训？获得过什么认证？
- 他们的职业目标和兴趣分别是什么？
- 他们的个人性格特征是什么？
- 这个人对这个项目感兴趣吗？
- 此人过去是否与其他团队成员合作过并且合作融洽？其他团队成员有没有对其进行抱怨或指责？
- 此人有没有什么出色的表现或成功的事迹？
- 此人有没有什么其他问题，而这些问题会导致其无法按进度计划进行工作或中途需要请假缺席一段时间？
- 如果项目团队位于不同的区域（不同城市或国家），那么该人在项目中可能需要在虚拟团队中工作，可能需要汇报给不同区域的上级，这有没有问题？

这些问题的答案会帮助你找到和确定最适合项目的人选。虽然你不一定能得到该部门所有最优秀的资源，但是你肯定也不想去承接那些连他们自己都不想要的人员。项目开始后，项目团队成员会被立刻分配到项目活动中。但是对于一些具有特定技能的资源，项目可能是间歇性地需要他们，也有可能是直到项目临近结束时才需要他们，这种资源我们要按需分配。比如在当前项目时点上，我们的项目进度可能还没有到需要该特定资源的时候。这个时候我们可以告诉职能经理这些项目信息：项目需要执行的任务、这些任务预计的持续时间、所需的资源类型，以及预计何时需要该特定资源。这样职能经理就知道了项目对这些特定资源的需求细节，他们就可以做出针对资源的进一步的具体安排。同时，职能经理也应该尽可能地让这些资源在项目需要时可用。

↘ 人员分配

现在，你可以为项目任务分配人员了。就像到目前为止我们所做的大多数事情一样，你需要记录这些人员分配的相关信息，有好几种方法可以记录这些信息。你可以只是简单地去更新表 6.2，新增加一列并在该列中填上实际分配的团队成员姓名；也可以去创建一个全新的表格，左边一列是项目任务名称，右边一列是分配给该任务的资源名称，如果是那些高度专业化的特定人员，他们的可用性可能还是未知待定状态，这个时候你可以暂时将他们经理的姓名填进去，直到后面落实了实际的资源，再把该实际资源的姓名填上去；也可以创建一个资源分解结构（Resource Breakdown Structure，RBS）的图表，根据所需的资源类型来分解项目的工作。这是一个类似于组织结构图的层次结构的图形，只是描述了执行工作的团队成员姓名。

我最喜欢的显示项目资源的方法是使用 RACI 矩阵，该矩阵我们在第 5 章中介绍过。我们可以在 RACI 矩阵中，填写团队成员的姓名。我们来回顾一下

RACI 矩阵中，这四个字母所代表的四种角色的含义：

R = Responsible，即执行，一般来说是负责具体执行工作的人。

A = Accountable，即担责，负责监督可交付成果或工作包的交付、批准或签署工作，并就工作做出决策的人，一般来说他是这个任务的所有权人（Owner）。

C = Consult，即咨询，对于完成该任务如有问题可以向这个人咨询，他是一个类似专家顾问的角色。

I = Inform，即通知，必须告知他该任务有关的决策或结果，他是该任务的知情者，需要了解该任务的各种信息。

我们在进行人员分配时，不仅要考虑人员的经验和能力水平，还要考虑其兴趣和性格特征。有些麻烦的是，某些员工对“他将与谁一起工作”很挑剔，如果他们必须要和那些他们不喜欢的人一起工作，他们就会很不高兴。而且，有的时候这个挑剔的人还是具备所需特定技能的唯一人选，你可能别无他选。如果是这种情况，请尝试管理好他们的时间和任务，最小化他们与其他团队成员的接触程度。

另一个需要注意的因素是那些不想参与项目的团队成员。他们可能对他们当前的工作很满意，对你的项目兴趣却不大，这样一来，他们在项目中的表现可能会大打折扣。作为项目经理，你有责任来激励他们，并让所有团队成员围绕项目的目标前进。我将在本书第 10 章中详细地讨论如何激励、奖励团队成员。

当你的资源无法达到项目所需的能力要求，而你又没有钱去雇用符合要求的资源，这个时候该怎么办呢？解决这个问题有几种办法。

（1）可以鼓励资深的项目团队成员担任这些初级成员的导师，对该初级成员进行指导，并允许初级成员学习、积累经验，并向资深团队成员提问。

注意　在估算项目活动持续时间时，别忘了要把资深团队成员指导和培训初级成员的这个额外的工作时间给考虑进去。

（2）可以考虑正式培训，这主要取决于团队成员需要掌握什么样的技能。对正式培训这个措施，你需要评估投入产出比是否合适。比如说，如果你正在管理的是一个短期的小型项目，那么比较好的处理措施可能是延长项目进度，让有经验的团队成员在他们可用时再来完成该任务，而不是去培训初级成员。而如果项目经常需要某个具有特定技能的资源参与，或者将来可能还需要该特定资源来对系统进行维护和升级，那么这种情况下最好是对员工做正式培训。

（3）完全放弃培训，去雇用更高级的顾问。当任务是唯一的，并且需要拥有特定技能的人一次性来完成该任务的时候，此办法可能是最佳选择。

项目相关方登记册：记录所有项目相关方的联系方式、角色和沟通需求的文档。

组建了项目团队，又把人员分配到了项目活动上，这个时候是创建项目相关方登记册的好时机。项目相关方登记册列出了所有与项目有关人员的姓名和联系方式，这些人包括相关方、项目发起人、所有项目团队成员，以及项目中的供应商等。项目相关方登记册还应该列出这些项目相关人员在项目中的角色，以及他们的沟通需求。我建议也将创建好的项目相关方登记册存储到项目资料库中。

如果项目中的大多数人都来自你自己的部门，那么你可以开始准备召开一个团队开工会议了。而如果项目团队成员也有一部分来自组织的其他部门，他们可能只有等到他们自己负责的项目活动开始之后才会进入项目工作，这个时候也可以邀请他们参加团队的开工会议，以便于让他们和所有团队成员一起来了解项目概况，包括项目目标、项目进度安排等。

获取实物资源（包括材料、用品和设备等）

现在你已经知道了完成项目可交付成果所需的任务，接着就可以填写你的物资需求清单了。正如我们前面所讨论的，如果不先把活动定义好，你就不会清楚项目的实物资源需求。比如说，你的任务之一是校准设备，如果你没有定义好这个任务，那么你怎么知道需要使用什么设备去执行该任务呢？

定义好这些实物资源（包括材料、用品和设备等），再加上我们前面定义过的人力资源，这样有助于你去估算项目的成本并最终确定项目的预算。在填写好物资需求清单后，你还要明确这些实物资源的来源——你是准备购买还是租用？需不需要签订合同？在做这些决定之前，你可能需要问一些问题来了解具体情况。

↘ 要问的问题

找出你之前创建好的 WBS，这是你开始编制实物资源清单的起点。在 WBS 中的工作包，以及 WBS 词典中规定说明了项目所需的材料、用品和设备等实物资源。让我们回到本章前面叙述过的那个示例项目，你正在为一家保险公司开发和实施一个新的软件程序，该项目的一些 WBS 任务包括“定义软件需求”“明确平台和语言”“设计程序模块”等。

根据 WBS 中的这些任务，以及 WBS 词典中的要求和说明，你可能会提出类似下面的一些问题：

你需要什么样的硬件和软件来编写程序代码？

你需要什么样的硬件和软件来测试软件程序？

客户代表是使用新的平板电脑设备还是使用其现有设备？

如果他们使用的是现有设备，他们会不会在新项目实施之前对这些现有设备进行升级？

还需要哪些其他的软件来协助我们进行设计、编码和测试工作？

别忘了问一些有关项目需要的设施、新技术和服务的问题。因为我们这个项目会涉及无线通信，所以你还可以提出这些问题：

有没有驻场员工需要在没有无线网络的偏远地区工作？

如果有，有没有其他解决方案可以解决当地没有无线网络的问题，比如说使用卫星通信网络？

对于项目需要的相关设备设施，你还可以提出下面的问题：

项目团队是否在同一地点工作？如果不是，你是否需要一个统一的会议场所来启动这个项目并定期召开项目会议？

团队是否有必要在同一个地点工作？

如果是，需要什么资源可以实现？

花些时间与你的团队及一些关键的相关方进行头脑风暴，以明确项目的资源需求。你可能已经猜到了，我们还需要用专门的文档来记录这些需求。你可以创建一个简单的文档，如图 6.1 所示，在文档中注明项目需要的资源及其数量、资源是已经获得还是需要去外部采购等。

注意

你也可以从 www.wiley.com/go/projectmanagementjs4 下载资源需求文件的模板。

你还可以考虑在该模板中新增加两列内容，一列是潜在的供应商，另外一列是对应资源的价格（单价或总价）。在本例中，所有列出的资源都需要从供应商那里采购，因此在该表中列出潜在的供应商很有必要。你可以根据自己项目的实际情况来修改这个模板，最后请将该文档放入项目资料库中进行存档。

材料、用品和设备清单

1. 基本信息

项目名称：______________　项目编号：__________

项目经理姓名：______________　日期：__________

项目发起人姓名：______________

2. 需要的材料、用品和设备

任务	需要的材料、用品和设备	数量	已有/采购	估计总花费（美元）
设计程序模块	新个人电脑	4	采购	8 400
	软件许可	6	采购	42 000
编写程序	编程软件	6	采购	62 000
	测试装置	8	采购	8 000
	培训	10	采购	25 000

图 6.1　材料、用品和设备清单

↘ 自制或外购

并不是所有项目都会有这个问题，但是至少会在项目的某些方面存在。这个问题就是，对于项目所需的产品或服务，你应该自制还是外购？

决定是自制还是外购一般取决于各自的成本。做这个决定可以在单个资源级别上，也可以在整个可交付成果，甚至项目本身级别上。对于组织而言，某些项目内部开展成本太高，因此将项目外包是最经济的选择。关于整个项目是内部开展还是整体外包的决策，通常会在项目的启动阶段做出。

关于自制或外购的决策，通常需要考虑几件事情。比较显而易见的是，首先需要考虑的最大的因素就是成本。如果是自制，你应该考虑项目开展过程中产出这些产品或服务的成本，这些成本包括购买相关材料、设备、设施的费用，员工工资支出，以及项目的间接成本等。间接成本包括培训成本、管理成本及持续维护等费用。将这些所有成本汇总起来，并与外包或外购的成本进行比较。持续的维护成本和变更成本经常容易被忽略，因此请确保在你的分析中包括这些成本。

提示

在做自制或外购决策时，成本并不是唯一需要考虑的因素。除成本之外，可能还需要考虑人员的技能水平、组织的能力、相关培训以及资源可用性等这些因素。

这些因素并不一定是由成本驱动的，比如组织的产能——组织能否在规定的时间内开展如此大规模的项目？那些可分配到项目上工作的人员技能水平如何？他们是否需要大量的培训？或者是否可以在没有太多提前准备的情况下马上开始项目？还要考虑组织的流程管控能力，以及将项目外包是否会产生商业机密泄露的风险。如果产品的配方需要高度保密，你就不能将该产品的生产外包给供应商。另外，还需要考虑员工的可用性和现有的工作量。如果你的员工现在正忙于处理各种优先级很高的项目，那么他们现在不太可能抽身出来承担我们即将启动的新项目，这个时候外购所需的产品或服务可能是最佳的解决方案。

自制或外购决定的做出，最终看的是哪个选项对组织有更高的成本效益和效率。请注意，这个决定可能只是涉及单个产品或可交付成果，也可能会涉及整个项目。当需要采购产品和服务时，你需要准备一份采购计划。

↘ 采购计划

一些组织会设有专门负责采购的部门，并制定了详细的关于如何采购商品或服务的规定。他们可能会提供给你一个经过批准的供应商名单，供你在采购产品或服务时选择，或者是需要一个广泛的招投标过程（取决于你要购买的产品或服务）。而且，根据你的采购金额，采购过程还可能需要经过多次批准和审查。也有一些组织其采购政策只是一些简单的指导方针，这些指导方针包括批准采购的签字权限，项目具体的采购权限取决于你在组织中的职务。

作为项目经理，重要的是要了解组织的采购流程。如果组织存在大量的采购条款和规定，而你在采购时由于不太熟悉这些采购流程，而导致采购延期，那么这种延期可能会影响你的项目进度和成本。

采购计划：描述如何从外部供应商处购买产品或服务的文档。

无论组织的采购政策是什么，只要项目涉及外购，你都应该为项目的采购创建一份采购计划。采购计划可以很简单，跟前面的那些表格类似，只列出需要采购产品或服务的名称、数量、价格，以及将提供服务的供应商。采购计划也可以非常详细，除前面描述的内容之外，还可以包括可交付成果、需求、相关日期等。

如果你要从单独的一个供应商那里采购所有的产品和服务，你还可以准备一份采购工作说明书。根据项目实际情况，可以分别制定采购工作说明书，制订采购计划，也可以只制定采购工作说明书，用其代替采购计划。请记住，我在第 4 章中提到的项目范围说明书可以用作采购工作说明书，或者将其作为制定采购工作说明书的输入。当你将整个项目外包时，项目范围说明书通常就会被用来当作采购工作说明书。但是你要知道，项目范围说明书通常由项目团队成员编写，而采购工作说明书应该由客户来编写。制定采购工作说明书的过程，请确保有一定数量的相关方参与其中。

↘ 资源计划

资源包括人员、设备、物资和软件——完成项目工作所需的一切。现在，我们已经定义好了项目的所有资源，包括技能的评估、各个任务所需的技能、人员的分配和项目所需的实物资源。

资源计划：描述项目所需的所有资源，包括人力资源和实物资源。

所有这些和项目资源有关的信息统称为资源计划，资源计划涵盖了项目所需的所有资源。我建议将采购计划作为资源计划的一部分。在这儿你可能已经开始看到项目资料库现在及未来给你提供的帮助。当你管理的新项目与已经完成的历史项目类似时，你就可以使用历史项目的某些信息作为新项目的参考。为什么要去重新发明轮子呢？你完全可以用历史项目中的资源计划作为参考，来帮助你制订新项目的资源计划。或者你至少可以回顾一下这些历史文档，这会给你如何制订新项目计划带来一些有价值的想法。

资源计划中包括如何从外部采购部分或全部产品或服务，在这些采购过程中很有可能需要签订合同。下面我们来介绍有关合同的内容。

通过采购获得资源

项目经理经常需要通过签订合同来采购商品或服务。许多组织都设立有专门负责合同谈判和合同履行的部门，但这并不意味着你就可以什么都不用做。作为项目经理，你应该对整个合同签订过程有一定的了解。合同签订之后，在项目上你需要与供应商进行沟通，也需要向采购部门或合同经理报告供应商履约的情况，以便他们向供应商付款。很多时候，采购部门是根据合同中列出的里程碑或可交付成果来分批给供应商结款支付的。当项目达成某个里程碑时，该阶段向供应商的付款就会被批准。项目经理会在里程碑达成时去通知采购部门，以便启动接下来的付款流程。

合同经理不是项目经理，所以他们会来跟你确认供应商在项目中是否很好地履行了合同中列出的各个条款。这意味着你需要去监督供应商的工作绩效，以确保他们的工作能满足合同的条款要求。如果不满足，你就必须和采购部门一起，记录问题并通知供应商，然后采取纠正措施甚至终止合同。如果合同完全由你来管理，所有这些就都是你的责任。

注意　合同是一种确保交易双方经过讨价还价并最终达成交易共识的交易方式，交易双方一方提供商品或服务，一方提供相应的报酬（通常是金钱）。合同具有法律效力，可以确保乙方交付产品或服务给甲方，以及甲方向乙方付款。

作为商品或服务的采购方，你需要制定一份采购工作说明书，以确保准确地定义需求，并且没有遗漏任何重要的可交付成果。卖方或供应商将使用采购工作说明书来确定他们是否能够履行合同条款（我稍后会介绍这部分内容）。WBS 也会在这个时候被创建出来，接着估算成本，然后进行自制或外购分析。

合同生命周期：合同生命周期与项目生命周期类似，是指合同也会经历几个特定的阶段。合同生命周期的各个阶段包括需求、请求、招投标、授予和结束。

跟项目一样，合同也有自己的生命周期。合同生命周期的五个阶段分别是需求、请求、招投标、授予和结束。我前面已经介绍了在“需求”阶段要做的事情，在这个阶段要创建采购工作说明书，并且双方就项目的需求和可交付成果达成共识。如果你遵循了编写项目范围说明书的方法，你就可以编制出一份简洁明了的采购工作说明书，它可以准确地描述项目工作。接下来我将介绍“请求”过程。

建议邀请书和更多

“请求”是合同生命周期的第二个阶段。在此阶段中，你将再次确认项目目标，如有必要可以进一步对其进行修正。这个过程的主要工作是为那些可能会来投标的潜在供应商准备建议邀请书（Requests For Proposals，RFP），在RFP中会介绍你的项目目标和可交付成果。在下一个阶段“招投标”中，你会把制定好的RFP分发给潜在的供应商。

RFP：在采购商品或服务时，用来征求供应商意见的采购文件。

你可以使用项目目标和采购工作说明书来帮你准备用来征求供应商意见的文件，这些文件的形式可以是信息请求、报价或建议，它们分别被称为信息邀请书（Requests For Information，RFI）、报价邀请书（Requests For Quotations，RFQ）和RFP。

RFI通常用于收集市场上可用商品或服务的信息，以满足你的项目需求。可以在项目启动或规划阶段发布RFI，以了解供应商的能力。供应商对RFI的响应还可以帮助你确定采购流程的下一步动作，因为据此你可以更清晰明确地描述即将采购的项目所需的产品或服务。

RFQ通常用于在市场上很容易获得的商品或服务。例如，你需要临时人员将纸质文档扫描到新电子记录系统中，你还需要租用六台扫描仪供这些临时人员使用。供应商对RFQ的响应，会详细提供临时扫描人员的小时工资，以及每月租用设备的费用。

RFP会概述项目目标，这样可以让供应商确定他们是否有能力来提供相应的产品或服务。查看你的组织关于RFP的政策和规定，看看是否需要使用预先设计的表格，并遵循特定的步骤来完成和发布RFP。当你准备为项目采购商品或服务时，最常使用的就是RFP。它应该足够详细，以便使供应商能清楚地了解项目工作，这样他们就可以做出公平合理的报价和建议。有关RFP的过程通常是结构化的，会在规定的时间点设置提问和澄清环节，它会让供应商知道，你正在寻找对商品或服务的竞争性报价。

在制定RFP的过程中，你可能会发现一些争论。一些项目经理认为，RFP应该详细描述项目的每个细节。例如，如果你正在为一个新软件程序的开发工作寻找服务供应商，RFP需要详细规定具体的工作流程，包括如何用公式进行计算、用什么样式的表、用什么颜色等；还有一些项目经理则会认为，这些细节可以让供应商自己去决定，这样他们才能提供更加具有创造性的解决方案，而不用我们去限制他们太多。此外，如果项目的细节早就被规定好了，组织也就没有机会从其他新的角度去研究项目。

还有其他项目经理会根据项目实际情况不同而选用这两种方法中的一种，我认为这是最好的做法。如果你对项目的实施方式有明确的想法，并且对操作系统或其他细节有特定的要求，那么可以把这些都放入 RFP 中；而如果你不确定项目应该具体如何执行，并希望供应商能提供建议或输入，这个时候就需要重点描述清楚项目的需求和目标，并让供应商在其对 RFP 的响应中详细说明其解决方案。

提示 如果你的项目要求你在 RFP 中详细说明具体的要求或规格，请确保将这些内容包含在最终的合同中。

关于 RFP，尤其是对于技术类项目，还需要注意的一点就是：由于技术的发展和迭代特别快，以至于你需要的 RFP 中的某些设备或软件，当供应商完成工作进行交付时，其中的某些设备或软件实际上已经过时了。这个时候，对于一些必须要满足特定规范的需求，可以给供应商一点空间来提出一些可行的替代解决方案。

↘ 招投标

“招投标”是合同生命周期中的第三个阶段，在这个阶段，供应商会响应客户发出的 RFP、RFI 等采购招标文件。从本质上讲，这是供应商在为获得这个订单而互相竞争，尽各自最大的努力来满足你在 RFP 中所列出的所有要求。这个过程中的大部分工作都会由供应商来承担。

一些组织会要求潜在的供应商在他们参与 RFP 过程之前必须先注册，这样才会出现在投标人名单上获得投标资格。投标人或供应商必须提供他们的相关经验资质、公司能够提供的服务或产品、标准产品的报价、公司的管理层名单等信息。然后采购部门会审查供应商提供的这些信息，并确定是否将供应商放入组织的合格投标人名单中。合格投标人名单通常每年更新一次，一般只有合格投标人名单上的供应商才被允许参与投标过程。

在分发 RFP 给潜在的供应商时，会同时公布供应商需要响应招标文件的截止时间。供应商在获得 RFP 的副本之后，会阅读其中的要求，并着手编制响应文件。然而，在他们提交响应文件之前，他们可能会对 RFP 中的内容提出一些问题。

在发布了 RFP 之后的某个时间，你应该举行一个投标人会议，允许潜在的供应商在一个开放的论坛上提出有关 RFP 的问题。根据你的组织政策，在 RFP 流程结束之前，你和你的团队成员不能与潜在的投标人交流。唯一的例外就是投标人会议，所有的参会者都有机会提问并同时听到你对问题的澄清和解答，整个过程公开透明，不会偏袒任何一方。

警告 在制定 RFP 的流程中，如何与供应商联系，需要查阅组织在采购方面的政策。如果违反了政策，你可能会危及供应商的利益，甚至导致供应商资格的取消。

必要的时候可以发布广告，让每个潜在的投标人尽可能地提前了解该投标人会议的情况。根据组织的采购政策，举办投标人会议的公告可以发布在你公司的网站、专业期刊、报纸或社交媒体上。另一种选择是你可以在发布 RFP 的同时，发布举办投标人会议的公告。如果你在这个时候还没确定好何时举行投标人会议，则可以告诉潜在的投标人你将何时发布该会议公告。

↘ 选择供应商

合同生命周期的第四个阶段是“授予”。在该阶段中，你需要检查供应商提交的响应 RFP 的投标文件，然后选择供应商并授予合同。

有几种方法可以帮助你在多个响应 RFP 的投标文件中进行选择，并最终确定中标的投标人。通常，为此会成立一个评标委员会，该委员会会使用以下方法之一对投标人的响应文件进行审查和排名。

加权评分模型

加权评分模型：可以在采购过程和选择项目过程中使用，用各种评分标准进行加权打分和排名，并做出最终选择。

加权评分模型是一个很好的工具，可以用于对 RFP 的响应文件进行评分。这是一种相对客观的工具，确保所有的评标委员会的成员都使用相同的标准去评估投标书。

通常情况下，评标委员会在收到 RFP 的响应文件之前，就会确定好加权评分模型中的评分标准。这个评分标准很多时候也会放入 RFP 文件里，这样供应商就能了解他们的响应文件将被如何评判。假设我们要把前面提到的示例项目（保险行业软件开发项目）外包出去，在 RFP 中，你指定了供应商必须使用的开发环境，这是因为软件在不同的环境中使用，可能会存在兼容性问题。由于项目将交付的新程序与现有系统和程序之间的兼容性非常重要，因此评标委员会将新软件与现有环境之间的兼容性作为评分指标之一。其他评分指标的确定，主要考虑其对项目和评标委员会的重要性。

根据这些评分指标对评标委员会的重要性，为每个评分指标分配一个权重——其重要性越高，权重就越大。然后，根据该评分标准和评价模型，对供应商的响应文件进行评判打分。这时，评标委员会的每个成员会根据他们自己的看法，在各个评分指标上对供应商的响应文件进行打分，这样这些个人评分就会发挥作用。

表 6.3 是一个加权评分模型的示例，在该模型中，左列列出了评分指标，接着下一列列出了每个指标的权重，然后是在对应的评分指标上对每个供应商响应

文件的评分。

表 6.3　加权评分模型

评分指标	权重	供应商 A 得分（分）	供应商 A 加权得分（分）	供应商 B 得分（分）	供应商 B 加权得分（分）
软件的开发环境	5	4	20	4	20
团队成员的技术能力	3	5	15	3	9
易于使用和维护	2	4	8	5	10
总加权分数			**43**		**39**

每个评分指标的得分再乘以其权重值得到这个指标的加权得分。供应商的所有加权得分加在一起，就得到一个总加权分数。总加权分数最高的供应商，就是中标方。在表 6.3 的示例中，供应商 A 是此项目的中标者。

筛选系统

筛选系统：在采购过程中通过前置一些必须满足的指标，来筛选出合格的供应商进入下一轮投标过程。

筛选系统被用来筛选出符合预定条件的供应商。例如，我们的保险行业软件项目要求其开发出来的软件可以在多个平台上运行。这个要求就可以作为筛选标准。如果供应商 A 提交的提案，只列出了在 RFP 中指定的五个平台中的两个，那么就可以将它淘汰，不再让其进入下一轮投标。

同样地，评标委员会也需要在收到供应商的提案之前就确定好筛选标准。筛选系统通常与加权评分模型结合使用，以确定最终的中标方。比如说，在供应商的提案进入加权评分模型之前，必须先满足筛选标准。

↘ 授予合同

在选出了中标的供应商之后，接着要做的就是授予合同。你的采购部门可能会起草合同，但你应该参与到这个过程中来，这样可以确保 RFP 中列出的要求都会被纳入合同中。编制完合同后，请仔细检查合同中的交付时间节点、可交付成果、相关要求和需求等信息，并在合同被批准后，索取一个副本作为项目记录。

你将使用合同和采购工作说明书来监控供应商的绩效，并确保其交付约定的可交付成果。如果没有，你就必须记录其违规行为，并协助采购部门执行合同条款，或者在供应商拒绝纠正错误时终止合同。

↘ 结束合同

这是合同生命周期的最后一个阶段。你需要根据合同条款来核实供应商的工作是否令人满意，然后再将合同关闭。查阅合同和采购工作说明书，并将其与供应商的项目结果进行比较，以确保所有的要求均已得到满足。然后你以书面形式正式通知供应商：该合同已完成，产品或服务令人满意且已被接受。

■ 关键术语

合同生命周期
采购计划
项目相关方登记册
RFP
资源计划
筛选系统
技能评估
加权评分模型

■ 回顾与思考

1. 在组建项目团队之前应了解哪些政策?
2. 在选择项目团队成员时，请至少列出应该考虑的四个要素。
3. 你可以使用哪些工具来帮助确定项目的人力资源需求?
4. 首先应该查看什么文件，来帮助你确定项目工作所需的实物资源（用品、材料和设备等）?
5. 项目相关方登记册有何作用?
6. 自制或外购决定的做出，最终看什么?
7. 资源计划是什么?
8. 为什么项目经理了解合同很重要?
9. 在合同生命周期中的“请求”阶段，主要需要做什么?
10. 在合同生命周期中的哪个阶段用什么工具去选择供应商和授予合同?

第 7 章

评估风险

本章要点：

✓ 识别风险
✓ 规划风险
✓ 使用风险分析技术
✓ 应对风险
✓ 应急计划
✓ 创建风险管理计划

我们每个人每天都要冒风险，对于我们大多数人来说，合理的风险并不会妨碍我们去做一些日常的工作。我们的项目也是如此。但是，你必须识别风险，并分析其潜在影响，以及在项目过程中风险发生的可能性，以便知道在风险发生时如何处理。

本章将主要介绍如何创建风险管理计划和风险应对计划。风险管理计划主要描述如何在整个项目中实施和监控风险管理。风险应对计划指对你已识别的可能影响项目的风险进行分析，以及规划风险应对措施。

有一件事是十分确定的，那就是项目中肯定存在风险，它会对项目构成潜在的威胁，或者潜在的机会。你的工作是识别和记录风险，并确定哪些风险需要我们去制订应对计划。

识别风险

风险：对项目构成潜在威胁或潜在机会的事件。

风险是指可能在项目期间以某种方式影响项目结果的事件。然而，并非所有的风险都是有害的，也不是所有风险都对项目构成负面影响，有些风险其实是机会。例如，同意承担并完成一个新项目是一种风险。由于项目的定义之一就是创造独特的产品、服务或成果而进行的临时性工作，因此对于项目本身来说其实是风险中蕴藏机会。

如果你不去花时间识别风险，你就不会知道它的存在，这样一来风险到底是威胁还是机会对你来说就关系不大了。如果不去记录风险，不去为那些很有可能对项目产生重大影响的风险制订应对计划，则很有可能会最终导致项目失败。

为什么要识别风险呢？如果你不为重要的风险制订应对计划，它们可能会导致项目失败。风险还可能导致返工，这意味着你必须回过头去，并重新开展一些已经完成的活动。返工基本上就会意味着进度延迟或产生额外的成本，甚至两者兼而有之。如果你完成了项目的一个交付成果，但是发生了一个重大风险并严重影响了项目，那么你将不得不执行一些额外的工作来纠正此风险发生对项目所造成的影响，或者你甚至需要将已经完成的工作作废，然后重新开始该工作。所有的这些都是要付出代价的。你需要的时间可能比计划的时间要长，也有可能要花费更多的预算，甚至还可能会危及其他项目。如果项目中的所有资源都是来自组织内部，那么同样也会付出代价，因为这些资源在你的项目上花费了额外的时间，这样一来就会影响他们在其他项目上的工作。返工所造成的其他代价可能还包括需要更多的额外的物资和材料，以及延长你在项目中使用的设备的租赁时间，等等。

> **注意**　风险管理是一个多步骤的过程。首先，你要识别风险；其次，需要分析风险并确定风险一旦发生会对项目造成怎样的影响；再次，确定风险发生的可能性，也就是概率；最后，将影响分析与概率分析结合起来，以确定需要对哪些风险制订风险应对计划。

请记住，作为项目经理，你的目标之一就是完成项目，让相关方满意。要做到这一点，你就需要知道在项目过程中会遇到什么障碍，这些障碍可能会阻挠你按时按预算地完成项目。当然我们不可能提前知道所有风险，但是你识别和规划的风险越多，它们对项目结果的影响就越小。做风险规划，可以降低风险发生的影响和概率，对于某些风险甚至可以完全规避。在规划阶段要花一些时间来识别风险，并针对那些无法完全规避的风险制订应对计划。如果你事先就规划好了，那么一旦风险真的发生，你就可以知道如何应对，而不会手忙脚乱。

风险管理需要贯穿整个项目生命周期。它从规划过程开始，一直要持续到收尾过程完成。良好的风险管理可以帮助你成功交付项目，因为你在潜在的威胁发生之前就制订了风险规划，并且你还可能会发现潜在的机会。这些机会可能会给你的组织带来更多的业务、会提高工作效率，以及给项目工作带来新方法和新思路。实行良好的风险管理会给项目带来如下益处：

- 它让你在项目早期就识别到潜在的重大项目风险，这样你就可以提前制订应对计划，以降低或完全规避其一旦发生对项目所造成的影响。
- 它可以帮助你发现潜在的项目机会并加以利用，甚至可以利用风险管理过程中发现的机会来创造出全新的项目。
- 它可以让你尽量避免返工，从而使项目按预算完工。
- 它让你积极主动地管理项目风险，而不是被动应对，这可以提升你在相关方心目中的形象和声誉。
- 它增加了项目成功的可能性。

接着让我们来看看所有项目所共有的一些风险。

↘ 项目风险类型

所有项目都会有风险，无论项目是简单的还是复杂的，它们都有一些共同的风险。

大多数风险可以分为三类：具有可预测结果的已知风险（我们一般称为已知—已知风险）、具有不确定结果的已知风险（已知—未知风险），以及未知风险（未知—未知风险）。显然，对于未知风险其实没有太多可说的。因为它们是未知的，你无法预先识别它们，当然就更加无法去制订相应的应对计划。但是，也不是什么都做不了，你还是可以为它们做一些通用的非特定的规划。我将在本章后面的内容中详细地去讨论这些规划。

已知—已知风险是你（或项目团队）知道可能发生的事件是什么，并且它们具有可预测的结果。举个例子，假设你被要求去操办一个公司的年会。你的公司有 500 名员工，每个员工可以带一个家属或朋友来参加公司的年会，所有的这些员工和他们所带的亲属都被邀请参加此次年会。公司的老板是一个慷慨的人，她信奉要与员工共享公司发展的成果，因为正是员工的辛勤工作才让公司发展到了今天的水平。该年会将在你所在城市市郊的一个著名度假村举行，公司鼓励每个员工和他们的客人在这个度假村住宿一个晚上（由公司承担相应费用）。该年会将包括一个正式的晚宴和一个颁奖典礼。公司里的每位员工都会得到一些礼物或奖品。你需要对这些奖项保密，并且你必须亲自来安排这些事情，没有项目团队来给你提供支持和帮助。

在这个项目中，具有可预测结果的已知风险（已知—已知风险）很容易被识别。该项目的一个已知—已知风险的例子就是天气——年会将在 11 月举行，这意味着可能会出现暴风雪，对人们前往度假村会造成一定的影响。

而具有不确定结果的已知风险（已知—未知风险）的一个例子就是参与者的数量。即使你限制了一个员工最多只能带一个客人，但是到了年会现场，可能就会出现这两种情况：有些员工带来一位以上的客人；有些员工说他们会带一个客人来参加年会，但是因为各种原因没有过来。好，我们了解到这些情况之后，就来看看如何去识别具体的项目风险。

↘ 常见项目风险：它们隐藏在哪儿

风险可能来自内部，也可能来自外部。内部风险的产生是由于项目本身的特性、组织层面的问题、员工或资源问题，等等。而外部风险的来源则包括政治问题、法律问题、环境问题和社会问题，等等。

识别风险的起点就是项目自身，先着眼于内部已知的风险。你已经完成的一些规划过程可以帮助你完成此任务。项目假设条件和制约因素、WBS、任务清单和项目的关键成功因素等都可以帮助你发现项目本身的风险。

商业风险是识别风险时需要考虑的另外一个领域。商业风险的来源包括市场关注度、产品发布时间和公众认知度等。

本节会讨论你在项目中可能会遇到的一些常见风险。在本节的最后，我会提供一个核对单，你可以用它作为一个模板，来识别项目中存在的风险。

项目制约因素相关的风险

项目制约因素以某种方式限制了项目团队，你在项目开始时就需要了解它们，而风险在项目开始时通常是未知的。但是，仔细查看这些项目制约因素有助于你识别项目风险。请记住，进度、范围和成本的三重制约通常是项目中的主要风险的来源。资源和质量的制约因素也是风险领域的关注点。无论项目有哪些主要制约因素，可以确定的是这些主要的制约因素中通常都蕴藏着风险。

如果进度是项目的主要制约因素，那么与该制约因素相关的风险可能包括关键人员的流失、在关键项目活动上培训不足、供应商延误、设备故障、天气或其他自然因素等。这些潜在的风险都可能对项目进度造成影响。项目进度方面的风险也有可能影响项目预算。举例来说，如果发生供应商延误或设备故障，则可能需要额外的预算才能聘请另一家供应商或购买新设备并加快发货速度。这些风险也可能影响项目范围。比如说，如果你需要的设备是高度专业化的，购买了新设备之后仍然出现了问题，这个时候你可能需要修改项目范围，以适应该新设备的型号。因此，项目进度的制约因素不仅仅是对项目的一个约束，它还是风险识别过程中要关注的一个重点。同样的情况也适用于项目资源和质量的制约因素。

提示

在项目的制约因素（范围、进度、成本、质量）中，如果一个风险涉及其中的一个制约因素，那么该风险很有可能还会涉及除此之外的其他一个或多个制约因素。举例来说，在项目中关键员工的流失不仅仅是项目进度方面的风险，也是潜在的成本风险。如果员工离职而你还没有制订关于此风险的应对计划，则项目进度就会受到影响，为了解决这个问题，你可能需要花费大量的金钱才能聘请到满足项目要求的供应商，让他们来完成剩下的离职员工没有完成的项目工作，这样就会同时影响项目的预算。

对于识别风险来说，哪个制约因素是项目的主要制约因素并不重要，因为每个制约因素都有与之相关的风险。一般来说，对于进度、范围和成本这几个制约因素，在项目中几乎总是会存在与之相关的风险。仔细研究每一个制约因素，是启动识别风险过程的好方法。

用 WBS 和活动清单帮助识别风险

你还可以用一些其他的工具如 WBS 和活动清单来帮助你识别项目的风险。你可以看到项目的规划工具是如何把项目计划做好的，把所有的项目计划记录好和存档也非常重要。你不仅可以将这些信息当作未来项目的参考，还可以在风险识别过程中使用它，来帮助你识别潜在的威胁和机会（提示：你将在项目的执行和监控过程中再次使用到这些文档）。

用 WBS 可以帮助识别可交付成果和工作包相关的风险。举个例子，我们前面描述过的“员工年会项目”的可交付成果之一就是：用笔记本电脑、投影仪和麦克风去布置好会议室的演讲区域。那么就可以识别出与该可交付成果相关的一些风险就是：设备故障、电力不足和设备延迟交付等。

以同样的方式去使用活动清单来帮助你识别项目风险。仔细检查每个项目活动看看是否可能出现问题。这些可能出现的问题，很有可能就是项目的风险。将这些识别好的风险添加到你的风险清单中，我稍后会详细介绍该风险清单。

关键成功因素

我在第 4 章“定义项目目标”中提到了项目的关键成功因素。它们通常是可交付成果或里程碑，必须被完成且被正确完成，才能使项目取得成功。同样，仔细检查这些关键成功因素，很有可能能识别到与它们有关的项目风险。

在第 4 章，我列出了一些我认为对所有项目都至关重要的关键成功因素。为了识别与它们相关的项目风险，让我们再来看看其中的一些关键成功因素：

（1）关键相关方、项目团队、管理团队和项目经理对项目目标达成共识。

可能存在的风险：如果大家对项目目标没有达成共识，项目的结果就不会让相关方满意，项目就不会取得成功。这可能会导致公司业务的损失，甚至出现需要法律干预的合同问题。你自己的工作或个人声誉也可能因此而受到损害。

（2）明确定义的项目范围说明书。

可能存在的风险：范围定义不当会误导项目团队，导致错过最后的截止日期、范围不断变化、返工、结果不符合要求和增加项目成本等。

（3）清晰可行的项目计划。

可能存在的风险：此处的风险与项目范围说明书中存在的风险类似，包括返工、项目结果不符合要求、质量有问题、成本增加和错过最后的截止日期等。

（4）应用良好的项目管理实践。

可能存在的风险：不去应用标准的项目管理流程可能会导致在开展项目活动时缺乏有效沟通和协调，最终导致项目失败。

对于项目的这些关键成功因素来说，通过分析它们来识别项目风险的原理是一样的——如果你不去花时间充分规划项目活动，并与项目团队和相关方进行良好的沟通，整个项目就会处于危险之中。在任何成熟的项目管理流程中，规划都是非常重要的一个环节。我再次强调规划的重要性，不要忽略项目的规划。

商业风险

根据你所参与项目的类型，相比我们前面描述的那些分析项目文件所识别出来的风险，商业风险发生的可能性较低。但是你也应该意识到商业风险的存在并识别它们，因为它们可能会给项目带来很大的冲击。如果商业风险没有被识别到，一旦发生，而你又没有制订针对它们的应对计划，就可能会给项目带来灾难性的后果。让我们来看一些最常见的商业风险：

（1）适销性。

如果你的项目是开发一款新产品，开发完之后需要将其投入市场，那么该产品的适销性（在市场上是否受欢迎）就是一种商业风险。关于适销性的一个关注点就是，客户是否真的愿意为此产品买单？这个项目会产出一种产品或服务，就算公司上下每个人都认为它将是最畅销的产品，但是如果客户不是这么想，他们就不会购买该产品。

（2）项目的时间安排。

项目相关的时间安排是一种商业风险。比如说，你的项目涉及为家庭厨师开发一款圣诞假日期间使用的烤盘，但由于项目的延误，该产品直到第二年 1 月份才上市。注意项目时间安排相关的问题，因为它们可能会让原本成功的项目陷入僵局。

（3）管理方面的问题。

管理方面的问题所导致的风险也是商业风险的一种。可能给你的项目带来风险的管理问题包括公司战略方向的改变、业务部门的重组、裁员、公司合并、收购，以及预算限制（在你的项目预算已经被批准之后）等。如果你能意识到这些潜在的问题，请把它们考虑进去，并评估它们可能对项目造成的影响。

注意　管理方面的风险很多来自项目外部，有时不太容易考虑到，但是它们一旦发生就会对项目造成巨大的冲击，所以请不要忽视它们。

（4）供应商延误和合同问题。

供应商延误和合同问题是一种商业风险。如果你在项目的某个特定时间依赖某个供应商提供关键组件或设备，那么你应该注意到“供应商可能会延迟交付”这个风险。合同问题也可能会影响项目的进度或预算。如果供应商不遵守合同条款，那么你需要采取行动迫使他们遵守或寻找其他供应商。无论采取哪种方式，都可能导致项目进度延误或影响项目预算。

外部项目风险

外部项目风险主要是指项目团队和项目所在组织都无法掌控的风险，比如说政治问题、法律问题、环境问题和社会问题等。不要忽视那些显而易见的外部项目风险，如恶劣天气、地震、火灾等。

技术问题也可能是外部项目风险。如果你正参与的项目非常依赖某种新技术，但是该新技术的发布被推迟了，那么你的项目也会被推迟，除非你有替代方案来处理此风险。也有可能会发生与这种情况刚好相反的风险。比如说如果你的项目非常依赖某种技术，那么很可能就会存在技术方面的风险，比如说当你准备好启动项目时，该技术却过时了，这样就会给项目造成极大的影响，比如会缩短你产品的销售期，或者更有可能项目在完成之前被取消。

其他风险

在识别项目风险时，还需要考虑其他几个问题。

首先，项目本身的复杂性就是一个风险。询问项目团队或项目发起人：团队是否曾经做过如此大规模的项目？如果答案是否定的，则应该将其记录为风险，并意识到项目团队可能需要额外的培训，还需要咨询顾问来帮助项目团队等。

其次，检查一下你自己是否具备项目经理岗位所需的技能。你准备好管理这么大的一个项目了吗？你是否有丰富的其他类似项目的经验，来领导这个项目取得成功？

最后，也要检查项目团队成员的技能。如果项目需要团队成员使用一种不熟悉的语言编写新的软件程序，请将其记录为一个风险。请记住，与经验较少的初级团队成员相比，资深或经验丰富的团队成员可以更轻易地识别和规避风险。

↘ 识别技术

识别风险过程，应该由项目经理与项目团队、相关方、项目发起人，以及你认为对该过程有帮助的其他人员一起来开展。在本节中，我将介绍一些识别风险相关的技术，你可以使用这些技术来激发团队的创造性思维，以尽可能多地识别项目中存在的风险。

风险登记册：记录有关风险的各种信息，包括风险标识号、风险名称、风险评分、风险责任人和风险应对计划等。

最开始识别项目风险，可以由关键项目团队成员和关键相关方组成的小团队来开展。经过简短地商量和探讨，在电子表格软件（如 Excel）或文档编辑软件（如 Word）中记录好团队在初次会议中讨论识别到的项目风险。列出各个风险，并为每个风险都分配一个编号（这样更方便管理），然后需要添加风险的相关描述，比如说其对项目的潜在影响、其他的备注信息等。你正在创建的这个文档就叫风险登记册。风险登记册中的内容包含有关风险的各种各样的信息，我将在本章的剩余篇幅中讨论这些信息。在下一节中，你会看到一个风险登记册的示例。

编制了一个初始的风险清单之后，可以再召开一次会议（或一组会议，具体取决于项目的规模），扩大参与者的数量，以包括更多的项目团队成员和相关方。然后，在这次会议中使用本节后面将介绍的一些技术来识别更多的项目风险，并将新识别到的这些风险添加到风险登记册中。

项目经理应该经常参与风险识别会议，除此之外，你还应该考虑如下的其他参与者：

- 项目团队成员。
- 项目发起人。
- 相关方。
- 技术专家。
- 有类似项目经验的人员。
- 客户或最终用户。
- 供应商。

历史信息

识别风险过程做的第一件事情应该是去查阅以前做过的历史项目信息。我们一直在对各种项目信息进行记录并整理归档，过去记录好的这些历史项目信息就派上了用武之地。如果当前项目的性质、范围和复杂性与过去项目类似，就可以查看以前项目的文档，作为识别当前项目风险的起点。

头脑风暴

头脑风暴：与一群了解和熟悉项目的人员，一起去识别和发现项目的风险、备选方案、需求或其他项目信息的方法。此过程旨在短时间内产生大量不拘形式的创意，参与者不会受到任何限制。

你可能对这个技术已经很熟悉了。头脑风暴是一个集思广益的过程，在此过程中，项目团队成员、主题专家、相关方和任何了解及熟悉项目的人聚集在一起开会，并说出他们每个人所识别到的项目风险。

会议主持人将大家识别到的项目风险一一记录在一个清单或白板上，而会议参与者则不断地说出他们所识别到的风险。这样积极的互动非常有趣，俗话说，三个臭皮匠顶个诸葛亮，这就是头脑风暴。每个参与者在会上都可以积极自由发言，这样就可以识别出影响他们各自所在领域的潜在项目风险。当你把所有这些人都聚集在一起时，某一组相关方或其职能经理将会听到其他各组所识别出来的新风险，而这些新风险可能是他们自己内部讨论所想不到的。

头脑风暴的规则很简单。在会议上不应轻视任何人的想法，换句话说，任何人都不能评判他人。列出所有已识别的风险，并尽可能只使用少数几个字来描述它们。要管理好会议现场，一次只允许一个人讲话，但是我要给你一个预警，一旦他们开始提出自己的想法，他们之间就很有可能会相互交流，而且这种情况很难阻止。保持这种热情，但同时也要努力维持会议秩序。不要想当然地认为别人提出的风险就一定与前面所识别到的风险是一样的。

德尔菲技术

德尔菲技术：一种通过使用问卷的形式去识别发现项目的风险、备选方案、需求或其他项目信息的方法。在该过程中，会有一名引导者来征求参与者的意见，参与者通常是项目某个领域的专家。

德尔菲技术使用的调查问卷通常设有强制选择项，需要专家在各种选项之间进行选择。德尔菲技术通常被用来选择项目，但我也用该技术来帮助识别潜在的项目风险。调查问卷会询问参与者与项目、业务流程和项目产品相关的风险，并要求参与者根据风险的潜在影响对他们自己所做的回答进行排序。如果你是主持人，你可以通过电子邮件、公司内部网站来召集参与者，也可以使用一个在线工具，让参与者自己来登录回答问题。可以要求公司内部和外部的专家，使用由主持人事先创建好的调查问卷，来识别项目的潜在风险。参与者完成调查问卷并将其发给你这个主持人。然后，你收集好所有的回答，并以某种逻辑方式（比如按风险内容或按类别）将它们整理好。整理好答案之后，再将其发回给每个参与者，并要求他们提供进一步输入、补充。参会者将他们的意见和补充再次反馈给你，然后你就据此编制出一个最终的风险清单。正如你所看到的，这是一个耗时费力的过程。如果参与者人数很少，则过程还是相对可控的；但是如果参与者人数众多，则可能要考虑使用在线调查问卷工具或相关的软件来汇总和整理参与者的回答。德尔菲技术要求所有的参与者都是“匿名背靠背”，也就是互相之间不做任何沟通和交流，甚至不在同一个地理位置，这样可以尽可能地消除会议过程中所产生的偏差，因为参与者之间“匿名背靠背”，从而不会受到其他人的不当影响，这样每个成员都可以自由地陈述他们自己的实际想法。

名义小组技术

名义小组技术：一种用来识别和发现项目的风险、备选方案、需求或其他项目信息的方法。在该过程中，主持人会书面征求参与者的想法和意见。

名义小组技术与头脑风暴类似，区别就是它更像用无记名投票的方式来进行头脑风暴。

名义小组技术的使用方法之一就是要求所有参与者都在同一个房间里，并把记号笔和便笺分发给每个人。你作为主持人，要求每个人在便笺上写下一个风险，而且只写一个风险。你可以告诉参与者，我们第一轮每个人写的这个风险，要去考虑项目最重要的风险或对项目产生影响最大的风险，考虑好后将其写在便笺上。

然后，你开始收集这些写好的便笺，并将它们贴在白板上或活动挂图上，然后让参与者继续考虑除这些之外的、对项目产生最大影响的风险，并再将其写下来，然后同样收集好这些便笺并再一次展示出来。继续要求他们以这种方式写下项目的风险，直到他们再也想不出任何风险为止。

在所有识别出来的风险被展示在白板上之后，请每个参与者对这些风险进行排序以确定其优先级。他们应该以书面形式进行第一轮的排序，并把排序结果提交给主持人。然后主持人综合大家的排名结果，对风险进行进一步整理归类和优先级排序。此时，你还可以要求参与者提出补充意见和说明。这些都完成后，就得到了一个按风险重要性或影响力排序的完整的风险清单。

名义小组技术的规则很简单，每张便笺上只能写一个风险。当这些写上了风险的便笺被粘贴后，所有参与者都能看到它们，以后再写风险的时候就不能重复写这些公布出来的风险。参与者不应对他人提交的风险做任何评判。在使用该技术时，请将参与者人数保持在一个相对可控的范围内，否则你可能会面临会议失控的局面。

提示

名义小组技术也可用在收集项目需求过程中。

访谈

访谈是与关键相关方、团队成员、职能经理、主题专家，以及其他对项目感兴趣或有类似项目经验的人进行的访问谈话。这些人可以根据他们在类似项目中的经验，来告诉你当前项目中可能存在的风险。

在访谈中，可以询问关键相关方等人在以前的类似项目中所经历过的风险，或者他们认为在当前这个项目中可能会发生什么样的风险。还可以询问他们与当前项目相关的行业专业知识，并向他们展示项目的 WBS、活动清单及假设条件和制约因素，以帮助他们更好地考虑在当前这个项目中可能会发生的风险。

常见项目风险核对单

正如你先前所见，最常见的项目风险是与三重制约相关的那些风险：进度、范围和预算。如果你关注这些领域，以及其他常见的项目制约因素，如质量和资源等，则会发现很多可能影响你项目的风险。在下一节中，我将讨论如何分析和确定这些风险的影响。

表 7.1 是一个项目风险核对单，你可以用它来帮助你识别项目风险。我在该表第一列中列出了我前面提到的各种风险，并添加了一些新的风险。同样你也可以修改这个表格，比如根据项目的实际情况，在该表第一列中添加更多的新风险。

该表的下一列是风险对项目的影响或风险特征的简要描述。最后一列是一个检查区域，该列显示了你是否已经检查了此类风险，并记录好了与之相关的项目风险。

表 7.1　常见项目风险核对单

项目名称：________________　　项目编号：________________

项目经理姓名：________________　　项目发起人姓名：________________

风险类别	风险对项目的影响/风险特征	是否已检查，并记录好了与之相关的项目风险
项目进度	延长项目工期	❑
预算/资金	增加成本	❑
人员问题	关键团队成员流失，没有足够的项目团队成员	❑
质量	没有达到验收标准	❑
关键相关方的一致性	引起冲突和项目延误	❑
范围变更	延长项目工期，增加项目成本	❑
项目计划	延长项目工期，增加项目成本，影响项目质量，还会导致项目团队和相关方迷失方向，沟通混乱	❑
项目管理方法	延长项目工期，增加项目成本	❑
商业风险	公众形象不佳	❑
管理风险	部门或业务重组会导致团队成员的流失	❑
供应商问题	延迟交付	❑
合同问题	项目延误，增加项目成本	❑
法律问题	增加项目成本，公众形象不佳	❑
政策问题	公众形象不佳	❑
环境风险	增加成本，延误进度，公众形象不佳	❑
天气或自然灾害	延误进度或项目交付，增加成本	❑
技术风险	需要时不可用	❑
项目复杂性	项目团队缺乏经验	❑
项目经理的技能水平	项目经理缺乏经验	❑
团队的技能水平	项目团队缺乏经验，缺乏相关培训	❑

此核对单主要用于指导你考虑项目的风险及其影响。你为自己实际项目所列出的项目风险核对单，应该比表 7.1 所示的示例核对单更加具体和详细。在识别

项目风险时，务必要明确清晰。举例来说，如果仅仅在表格中列出“天气”，这样可能就不够具体。在我们前面的“员工年会项目”中，下雪所造成的影响要比下雨更大，这样它们就分别需要不同的应对方案。所以在识别项目风险时请记住这一点。

注意　你也可以从 www.wiley.com/go/projectmanagementjs4 下载“常见项目风险核对单”这个表格模板。

你可以根据历史项目信息或项目团队成员以前的经验，来制定出表 7.1 所示的常见项目风险核对单。如果你一直以来所参与或管理的这些项目都很类似，那么你可以制定出一个类似表 7.1 的项目风险核对单，以帮助你识别未来项目的风险。但是，也不要在所有项目中都去使用这个核对单，因为每个项目都不相同，如果这样做你可能会漏掉一些重要的风险。将该核对单与前面介绍的其他一些技术结合起来使用，以尽可能地识别出项目中存在的所有风险。

优秀的项目经理会提前规划风险，并在整个项目开展过程中对风险进行有效监控。所有的项目风险都应该被识别到和记录好。此核对单是一种让你的思维变得更加结构化的工具，可以让你一步一步地按流程来识别项目中的风险。你还可以咨询你所在的组织或行业协会，询问他们是否可以提供类似的项目风险核对单。很多行业都有非常具体的项目风险核对单，其可以帮助你弥补风险识别过程中的不足，也可以确保你识别出复杂项目中的所有风险。

与其他项目文档一样，你需要将制定好的项目风险核对单存储和归档到项目资料库中，你肯定不希望因为没有存档而以后忘记了它们。随着项目的进行，你需要经常重新评估风险登记册，并根据当时的最新信息对其进行必要的调整和更新。因此，请妥善保管好你的风险登记册，并提醒自己对其进行定期检查。

一旦识别并记录了风险及其潜在影响，下一步要做的就是风险分析，以对识别出来的这些风险进行优先级排序。你需要知道哪些风险给项目带来的威胁最大，这样你就可以为这些风险制订相应的应对计划。接着，让我们来看一些风险分析相关的技术。

风险分析技术

如果潜在的风险非常严重，你可能需要采取各种措施——你可以想办法完全规避掉风险，可以采取措施来减轻风险，还可以针对风险制订相应的风险应对计划。在项目开展过程中，风险发生的可能性取决于风险本身的特征。举个例子，如果你所在项目中的某项工作是在北卡罗来纳州修建一座高速公路立交桥，而该地发生地震的可能性非常低，那么你甚至都不用费心为了这个风险去制订一个风险应对计划。然而，该地发生飓风的可能性却很高，所以你需要将飓风视为一个项目风险。

风险分析需要考虑风险发生的可能性及其影响。此过程的最终产出结果是一个按优先级排序的风险清单，你可以用它来确定哪些风险需要制订对应的风险应对计划。

对风险进行排序的最简单的方法之一，就是使用我在上一节中介绍过的名义小组技术。识别了风险之后，让会议参与者按重要性顺序对风险进行排序。该技术适用于非常小的项目，除这些很小的项目之外的其他所有项目，我建议对它们做更进一步的分析，包括分析风险发生的概率和可能对项目造成的影响。

↘ 风险概率和影响

风险概率

风险概率是风险事件发生的可能性，可以简单地用高、中、低来衡量概率的大小。例如，我们前面提到的“员工年会项目”计划在 11 月进行，但 11 月下雪的可能性很大，这可能会影响员工准时到达年会现场，因此，你对该风险事件给出的概率是“高”。

检查风险登记册上的其余风险，并根据自己和团队的判断为每个风险给出一个概率。表 7.2 显示了风险概率示例。第一列“风险编号”用于跟踪管理整个项目中的风险，同时也会在稍后的过程中关联风险应对计划。

表 7.2　风险概率示例

风险编号	风险事件	概　　率
1	活动当晚下雪	高
2	并非所有员工都会来参加年会	中
3	员工在晚餐时食物中毒	低
4	宴会厅布置不合理导致无法颁奖	中

从表 7.2 可以看出，风险 1 具有很高的概率等级，这意味着应该针对该风险制订一个风险应对计划，以规避该风险或减轻该风险的影响。风险 2 和风险 4 可能也需要对其制订风险应对计划。你可能需要将概率得分与影响得分结合起来分析，以帮助你进一步确定这两个风险中到底哪个或哪几个需要制订风险应对计划。风险 3 无须进一步关注，但还是应该保留在风险登记册中，暂时对其进行观察即可。

概率也可以用一个数值来表示。最经典的例子就是抛硬币。抛硬币落地后，硬币有 50% 的概率是正面，还有 50% 的概率是反面。某个事件发生的概率加上其不会发生的概率应该等于 100%。例如，如果晚上下雪的概率是 60%，那么不会下雪的概率就是 40%，这两个概率之和应该等于 100%。事件发生的概率越接近 100%，则风险发生的可能性就越大。

确定风险的影响

就像给风险的概率赋值一样，也可以给风险的影响确定一个影响值。你同样也可以使用高、中、低这三个等级，来表示风险事件一旦发生将对项目造成的影响。例如在“员工年会项目”中，下雪这个风险发生的概率很高，而且一旦发生，其影响也会很大，那么就可以认为该风险的影响等级为“高”。任何具有高概率和高影响的风险事件都应该为其制订一个风险应对计划。

你还可以制定一个用来衡量风险影响值的量表，这样可以对风险的影响大小去更加具体地赋值。你可以简单地使用高、中、低三个等级来评估风险的影响，如果要更具体一点，还可以根据风险影响的大小，对其从 0.05 到 0.8 赋具体数值。表 7.3 列出了风险等级与具体数值之间的对应关系。

表 7.3　风险影响的等级与具体数值之间的对应关系

影响等级	影响数值
很低	0.05
低	0.20
中	0.40
高	0.60
很高	0.80

在“员工年会项目”中，下雪这个风险被确定为“高”等级，根据表 7.3，其对应的影响数值就是 0.60。你需要为风险事件的概率和影响都分别赋值，综合这两者就可以确定总体风险得分。我紧接着就会介绍如何计算总体风险得分，该得分将决定应该为这个风险制定哪种类型的风险应对措施。

概率和影响矩阵

现在你可以将这些风险的概率和影响数值都放在一个概率和影响矩阵中。我们需要做的就是将概率数值乘以影响数值，从而得到一个总体风险分数。总体风险分数越高，则该风险就越大。表 7.4 是一个概率和影响矩阵的示例。

表 7.4　概率和影响矩阵示例

风险编号	风险事件	概率数值	影响数值	风险值
1	活动当晚下雪	0.80	0.60	0.48
2	并非所有员工都会来参加年会	0.40	0.40	0.16

续表

风险编号	风险事件	概率数值	影响数值	风险值
3	晚餐为员工和来宾准备的食物不足	0.05	0.20	0.01
4	宴会厅布置不合理导致无法颁奖	0.40	0.80	0.32

你所在组织的风险管理策略（也可能是你自己创建的），可能会规定总体风险得分大于或等于 0.30 的风险都需要为其制订风险应对计划。这意味着，在表 7.4 的“员工年会项目”中，对“活动当晚下雪”和“宴会厅布置不合理导致无法颁奖”这两个风险事件都需要制订风险应对计划。风险应对计划需要被纳入风险管理计划中，我将在本章稍后讨论。

如何评分

对风险的概率和影响进行评分，可以使用一些前面在识别风险过程中用过的技术。你可以咨询主题专家，可以使用访谈技术，可以使用德尔菲技术，还可以使用名义小组技术来确定风险的概率数值和影响数值。一旦你确定了这两个数值，就可以像上一节中所做的那样去计算总体风险值。然后，该分值会告诉你应该如何应对这个风险。

你的组织可能已经制定了风险管理的相关政策，这些策略会包括如何对风险进行排序，以及根据风险评分需要采取何种措施来应对风险等。一些组织甚至设有专门的团队来负责风险分析和风险管理。但是，如果你的组织没有类似的风险管理政策，那么你应该花一些时间来制定这些政策，可以与一些关键团队成员、主题专家和相关方一起合作，制定出你们自己的风险管理政策，该政策会规定如何根据风险的评分分值来确定风险的应对措施。

↘ 风险承受力

风险承受力：个人或组织为了获得参与活动的感知或实际收益，所能承受的最高风险程度。

风险承受力是你面对特定风险事件时的舒适程度。例如，每天早上开车去上班，在这个过程中就会存在各种各样的风险。比如说你的汽车可能无法正常启动，你还可能在拐角的红绿灯处与别人的车发生剐蹭事故，或者道路工作人员还可能在你的上班路线上设置路障，从而会大大增加了你的通勤时间。然而，这些风险都不能阻止你去上班，这是因为上班所获得的收益，包括从出色的工作中获得成就感、为自己赚得的薪水等，超过了开车上班所承担的风险，所以你愿意冒一定的风险去开车上班。

和个人一样，组织也有风险承受力。有些组织非常厌恶风险（也就是说，他们甚至会不惜一切代价去规避风险）。相关方也有风险承受力，你在规划项目风险的时候应该考虑到这一点。有的组织可能会认为，去开展一个很有可能失败的项目是可以接受的，甚至是正常的，因为他们认为就算该项目失败，团队也会在项目开展的过程中积累丰富的项目经验，这样有助于他们未来项目的成功；而有的组织可能都不会允许这样的项目进入项目立项阶段。

风险态度是指人对风险所采取的态度（认为自己应该冒多大的风险）。风险态度包括两个要素：风险偏好和风险临界值。

风险偏好

风险偏好是相关方为了获得风险的潜在积极收益，而愿意接受不确定性的程度。

让我们来看一个风险偏好的例子。假设你所在的组织是一家跨国制造公司，公司正在开展一个新库存系统的研发和实施项目。现在终端用户在抱怨，并表达了他们对新系统的担忧。旧系统可以完成他们想要做的所有事情，所以他们对这个新系统不感兴趣。员工代表有可能对这一新系统提出抗议，这样的话可能就会对项目造成影响。你的相关方不知道项目是否会因此而真的受到影响，也不知道会受到多大程度的影响，但是他们还是愿意承担这个风险，因为实施新系统所带来的收益会远远超过员工抗议所造成的潜在未知影响。

风险临界值

风险临界值是在不需要采取应对措施的情况下，个人或组织能够承受的风险程度。

风险临界值用来度量组织愿意承担的不确定性或影响的程度。例如，货币相关风险的临界值可以这样来表示：如果该风险发生所造成的损失超过总项目预算的 5%，就不应接受该风险；如果低于 5%，则可以接受。

风险临界值是相关方愿意承担风险的平衡点，在该平衡点上，由于已知的收益大于可能的损失，所以相关方愿意承担风险，或者刚好相反，当耗费的成本或损失远大于所获得的收益时，他们就不会去选择冒险。这是一个描述风险临界值的例子：假设你是一个体重约 125 公斤的壮汉，而且还随时带有 3 名同等身材的保镖贴身护卫，这样当你半夜行走在一条黑暗的小巷子里时，你不会感到担心和害怕，这表示你从事此活动的风险临界值很高；然而，如果你身材娇小，体重不足 41 公斤，又没有任何保镖，也不会格斗技巧，那么做同样的事情可能就会让你感到担忧，这说明你从事该活动的风险临界值很低，意味着你不太可能去进行此活动。你的风险临界值越高，你就越愿意去承担风险及其后果。

当你负责制订风险管理计划时，一定要了解组织和关键相关方的风险承受能力。

风险规划

对于所有项目，你都应该做项目风险规划。风险规划做得越好，你就越能从容地应对各种风险事件。在第 2 章“项目管理技能”中，我介绍了如何处理“救火区”中的事情。对于“救火区”中的事情，我们的目标是迅速灭火。这通常意味着你要以最快、最简单的方式来灭火，也就是迅速完成这些事情。但是从长远来看，总是在救火并不能从根本上解决问题。可以通过识别风险，分析风险的影响，并在适当的时候准备风险应对计划，这样就会有助于你规避或减轻风险，将风险的影响降至最低，从而才能使你从根本上脱离救火模式。

提示 项目风险在项目初期最高，并随着项目的进行而逐渐降低。

在项目的早期阶段，出现各种各样的项目风险的可能性更大，比如说项目范围不清晰、项目要求不明确等。在项目早期，由于了解的项目信息有限，很多项目工作尚未完成，因此发生风险的概率较大。随着项目的进行，我们知道了更多的项目信息，这样就降低了风险发生的可能性。然而，在整个项目生命周期中，风险越晚发生，对项目所造成的影响就越大。这就是在项目的整个生命周期中识别、规划、监控、跟踪和重新评估风险的重要原因之一。

由于缺乏风险管理意识和对风险管理过程的了解，风险经常被忽视，而风险识别和分析过程也经常被跳过。风险不可怕，可怕的是对风险存侥幸心理。我们应该对风险进行识别和记录，分析它们的影响和概率等，并根据风险分析的结果来制订相应的风险应对计划。有时，风险识别过程本身就可以降低风险的影响，并允许你制订计划共同来规避风险。

风险应对计划的主要内容是组织将应对风险的具体措施，包括对风险事件的描述、项目中风险事件可能发生的位置或时间，还应该包括风险发生的原因，以及风险如何影响项目目标或可交付成果的相关描述。

在示例项目“员工年会项目”中，我识别到了“年会当天晚上可能会下雪”这个风险，该风险经过分析需要制订风险应对计划。该计划的内容如上一段所述，除此之外还应包括处理此风险事件的备选方案。比如说你可以通过在镇上的酒店里举办活动来完全规避此风险，而不是去山区的度假村；也可以让公司租用几台四轮驱动车辆来接送人们参加活动等。在编写风险应对计划时，你应该考虑一些具体的风险应对措施，我将在下一节中介绍这些应对措施。

风险应对措施

你需要花多大精力来制订风险应对计划取决于风险本身的特点。有些风险需要制订详尽的计划，有些风险需要在总体风险计划中加以注释和说明，还有一些风险则只需要在风险登记册中列出即可。

风险应对计划是提前规划好当风险事件发生时（或将要发生时）应该采取什么样的措施，它还包括分配个人或部门在风险事件发生时执行风险应对计划的责任。请务必在计划文档注明负责制订风险应对计划的个人或部门。

正如我在前几节中所讨论的，组织的风险管理政策会告诉你应该遵循什么样的原则，来确定哪些风险需要制订应对计划。一般来说，那些发生概率很高同时一旦发生又会对项目造成较大影响的风险，应该为其制订对应的应对计划。

你可以使用这几种公认的风险应对策略来管理或控制项目中的威胁（消极风险）：上报、接受、规避、转移和减轻。为每种风险使用正确的策略非常重要，这样才能充分有效地处理好这些风险。对于项目中特别重大的风险，除应对计划外，还可以给它制定一个备选应对方案。接下来让我们更深入地研究这些风险应对策略。

↘ 上报

如果风险不在项目范围之内，或者风险应对计划的实施超出了项目经理的权限，对于这种风险需要采取上报的策略。但是，项目经理有责任通知相关人员或业务部门，去处理该威胁或机会。

风险责任人：负责监控和管理风险，以及实施风险应对计划的人员。

风险如果被上报，那就不会在项目层级上进行管理了，它们通常在项目集或项目组合层级进行管理。当风险被上报时，会告知该风险的责任人，并把该风险相关的管理事务也移交给他。然后由风险责任人来负责对该风险事件进行监控，如果风险发生，就向团队发出警报，并执行风险应对计划。一旦风险被上报，该风险就不再由项目经理或项目团队来负责，应该由该风险的责任人来负责监控和管理。

注意　就算风险被上报了，也将该风险的管理事务移交给了风险的责任人，但作为项目经理，你还是需要注意和观察该风险。要保持对该风险事件的警觉，两双眼睛肯定要比一双眼睛好。另外，请记住，项目经理是最终对项目结果负责的人，所以请确保随时了解项目各种情况。

↘ 接受

接受风险这个应对策略很简单。接受风险意味着你愿意承担风险一旦发生所带来的后果。接受策略有两种选择：第一种是顺其自然，什么都不用做，看看会发生什么。如果风险确实发生了，则可以实施计划外的应对措施（称为权变措施）来处理该风险。第二种是制订一个应急计划，我将在下一节中讨论这个问题。

例如在“员工年会项目”中，如果你对“年会当天晚上可能会下雪”这个风险使用了接受策略，那么将一切按原计划，保留所有的现有安排，你也不会去寻找可以举办年会的其他替代场所。如果当天晚上确实下雪，你要么就不会采取任何措施，要么就会去实施一个权变措施来处理该风险。

↘ 规避

风险规避是指采取措施来避免风险事件的影响或完全消除风险发生的原因。这与接受策略不同，因为制定该策略是在风险发生之前，目的是避免风险的影响，而接受策略要么等待风险发生，然后在风险发生后实施权变措施；要么实施应急计划。

回到我们“年会当天晚上可能会下雪”这个风险的例子。针对这个风险事件的规避策略是：将举办员工年会的场所从度假村换到市中心的一个酒店里，以便消除恶劣天气的影响。因为在十一月份该市不会下雪，这样就彻底消除了“下雪”带来的影响，可以确保所有员工不会因为天气的原因而不来参加会议。

↘ 转移

风险转移并不能消除风险或其影响，而是将风险事件的管理责任转移给第三方。风险转移的典型例子是保险。你自己的汽车保险就是一个很好的例子。保险公司会承担车辆出事故的风险：如果发生事故，赔偿事故造成的损失。当然作为交换，你需要向保险公司缴纳保费。请记住这一点，因为风险转移几乎总是涉及金钱与风险的交换，你需要在项目估算和项目预算中考虑风险转移的成本。

承包或外包是另一种形式的风险转移。供应商承担合同中规定的工作职责，并承担失败的责任。他们会向你收取其开展项目工作的费用，还会为他们认为自己所承担的风险收取对应的费用。显然，这会影响项目预算，因此你在确定项目预算时需要考虑合同相关的成本。

警告

当使用承包或外包作为一种风险应对策略时要当心，因为有时你只是将一种风险转换为另一种风险。

请记住，将承包或外包作为一种风险应对策略，并不意味着你就不会再受到风险的任何影响。对于“年会当天晚上可能会下雪”这个风险来说，转移此风险的一个办法就是与包车服务商签订合同，以在下雪时将员工从办公室运送到会议地点。但是，如果活动当天所有驾驶员罢工，则四轮驱动的车辆就不会在指定的时间出现，这样就无法将所有人运送到年会举办地点。你只是把一个风险换成了另外一个风险。在这种情况下，请仔细权衡你的选择，以确定你的组织更可能接受哪种风险。此外，你把风险转移给了供应商，要确保其有能力来承担这个风险。

↘ 减轻

最后一个威胁（消极风险）的应对策略是风险减轻。风险减轻是要降低风险发生的概率或将风险事件的影响降低到可接受的水平。还是以“年会当天晚上可能会下雪”这个风险为例，如果在度假村举办员工年会特别重要，不能更改地点，那么你可以考虑将会议推迟到另一个不下雪的日期，以减轻此风险的影响。你还可以要求所有员工在会议开始前两个小时到达会议地点，通过这种措施来减轻此风险的影响，使得每个人都有足够的时间来应对恶劣的天气情况，从而能按时参加会议。

对于可能出现在项目上的机会（积极风险），你可以用这五种策略来应对：上报、接受、开拓、分享和提高。我已经介绍了上报和接受这两种应对策略，所以接下来我将讨论其余的三种策略。

↘ 开拓

风险开拓是指你寻找机会来确保产生积极的影响。开拓是这样一种机会应对策略：它确保识别到的积极风险会在项目中发生。风险开拓的例子包括通过提供更多合格的资源，或提供比原计划更高质量的资源来减少完成项目所花的时间。

↘ 分享

分享策略和转移类似，因为你会将机会（积极风险）共享给第三方，而这个第三方有能力和你一起更好地把握住该机会。例如，也许你的组织最擅长的是投资，但它在市场营销上并不擅长。这样可以与一家营销公司组建合资企业，就能发挥各自的优势，以便更好地抓住市场机会。

↘ 提高

提高策略是指积极工作以提高积极风险事件发生的概率，从而帮助组织从该机会中受益。这需要关注并强调风险的触发因素，同时确定风险的根本原因。

应急计划

应急计划：对已知风险进行规划的过程，有助于风险事件发生时确保项目取得成功。

你是否曾经参与过这样的项目：在该项目中的某个项目团队成员对项目至关重要，以至于如果他离开公司，项目就会失败。你或你的经理可能已经针对这种情况，采取了相应的一些措施。例如，你可能会要求该员工经常总结和记录他的相关知识经验，并培训一到两个其他员工，以便这几个被培训的员工也能知道和理解该关键员工所承担的工作内容。这就是应急计划的一个例子。

应急计划与风险规避和减轻类似。应急计划可以为单个风险来制订，也可以为一组风险来制订。在“员工年会项目”中，我定义了一些具有中等概率和低影响的风险。这些风险可能不需要为它们制订详细的应对计划，但可以将它们纳入应急计划中，该计划会简要描述这些风险，以及相应的应对策略。

在识别了风险并进行了风险分析确定其影响程度之后，应该做的就是制订应急计划。这些计划应该在项目资料库中进行存档，这样一旦风险事件在未来发生，我们就可以用作参考。

注意　应急储备是一种备用资金用来应对风险，帮助减轻风险对项目范围、进度、成本和质量所造成的影响。

大多数项目经理还负责项目预算中的应急资金的管理。应急资金会被纳入项目预算，用于应对相关项目风险。这些资金通常用于中低影响和概率的风险事件，或者用于我之前谈到的策略未能解决的风险。针对单个风险制订的风险计划和策略所花费的费用，也应该在项目预算中得以体现。

应急计划中还应该考虑到项目上可能发生的其他两种风险：残余风险和次生风险。

残余风险是在主风险事件发生并实施了应对策略之后，仍然残留的风险。如果你在制订风险应对计划时使用了减轻的风险策略，风险事件的影响就会降低，但仍可能会存在一些轻微的剩余影响。应急储备就是为这种情况准备的。

次生风险是由于实施了风险应对计划而产生的新风险。以我们前面提到的“员工年会项目”为例，为了应对下雪，租用四轮驱动汽车将员工运送到会议地点，但驾驶员在当天宣布罢工，这就是一个次生风险的例子。

风险管理计划

风险管理过程主要做的工作包括识别风险、分析并记录它们的影响、制订应对计划降低负面影响等。这些工作的开展执行过程可以被记录在风险管理计划中。

风险管理计划涵盖了我在本章中介绍过的风险识别、分析和应对计划的制订等所有这些过程。你可以将其作为一个检查核对单，来提醒你在开展下一个项目的风险管理过程时需要注意的步骤和事项：

（1）识别风险。

（2）分析风险以确定风险事件发生的概率。

（3）分析风险以确定风险事件发生时对项目所造成的影响。

（4）计算总体风险得分，并确定哪些风险事件需要制订详细的应对计划。

（5）制订详细的应对计划，并在风险发生时分配资源来执行该计划。

（6）制订应急计划。

（7）将所有内容记录在风险登记册中，并将其保存在项目资料库中。

你可能想用电子表格或其他文档来创建风险登记册，如表 7.5 所示。在该风险登记册中，按风险编号和风险名称列出识别出来的项目风险，每个风险都注明是否需要为其制订应对计划，如果风险有应对计划，则需说明何处可以找到该计划（引用项目资料库的链接），并注明谁负责执行该计划。你可以使用表 7.5 作为风险登记册的模板，该文件是风险管理中非常重要的核心文档。

表 7.5　风险登记册

风险编号	风险名称	是否需要制订应对计划	应对计划所在位置	风险负责人
1	活动当晚下雪	是	风险管理计划第 12~14 页	诺艾尔
2	并非所有员工都会来参加年会	否	请参见应急计划	
3	员工在晚餐时食物中毒	否		
4	宴会厅布置不合理导致无法颁奖	是	风险管理计划第 15 页	凯特

作为项目经理，你有责任在项目的整个生命周期中确保风险事件都得到监控，并在必要的时候执行风险应对计划，要一直留意和观察项目中随时都可能发生的风险事件。

风险触发因素：表示风险来临前将发生的事件。

监控风险的一种方法是关注风险触发因素。风险触发因素会警告你，风险事件即将发生。在“员工年会项目”中，如果在举办会议当天的早晨，深灰色的积雪云开始在天空聚集，则很有可能会下暴风雪。这个风险触发信号告诉你风险事件即将发生。你可以将这些内容添加到风险登记册和风险应对计划中，提醒你要注意的风险触发因素。

所有项目都存在风险，不要跳过风险管理过程，因为不花时间去识别和记录项目风险，最终可能会导致项目失败，当然也会有损你作为项目经理的声誉。

关键术语

头脑风暴
应急计划
德尔菲技术
提高
开拓
名义小组技术
风险发生概率
风险
风险偏好
风险态度
风险负责人
风险登记册
风险临界值
风险承受力
风险触发因素
分享

回顾与思考

1. 什么是风险？
2. 列出一些可以用来识别风险的规划文档或技术。
3. 列出三种最常见的项目风险。
4. 列出参与风险识别过程的五种相关人员。
5. 所有参与者与主持人位于同一个房间，每个参与者将识别到的风险记录在便笺上（每轮写一次），然后将便笺张贴到白板上。这是在描述哪种风险识别技术？
6. 除名义小组技术外，请列出另外三种可以用来识别风险的技术。
7. 简要描述概率和影响矩阵及其作用。
8. 什么是风险态度？它包括哪两个要素？
9. 列出威胁（消极风险）和机会（积极风险）的风险应对策略。
10. 应急储备有何用途？

第 8 章

制订项目计划

本章要点：

- ✓ 创建项目进度计划
- ✓ 使用计划评审技术
- ✓ 采用关键路径法
- ✓ 展示和报告项目进度
- ✓ 资源平衡
- ✓ 制订质量管理计划

本章的重点是项目进度计划的制订，这是你在整个项目规划阶段中创建的倒数第二个文档。制定预算是你在规划过程中要做的最后一项任务，我将在第 9 章“制定项目预算”中介绍这部分内容。

在本章中，你将了解估算项目工期和进度的一些方法，并了解什么是项目的关键路径。然后，你会看到一些项目进度计划的示例，以及平衡项目活动所需的资源。除了讨论项目进度计划，我还将介绍项目的质量管理计划。

■ 创建项目进度计划

到目前为止，你前面所做的许多项目规划活动，都是在为创建项目进度计划做准备。我介绍过很多内容，包括项目范围说明书、WBS、活动清单、活动估算、进度网络图（图中显示了活动之间的依赖关系）和资源需求等，它们要么与项目进度计划相关联，要么是在为制订项目进度计划做准备。

注意 项目进度计划不是项目计划——它只是项目计划的一部分。项目计划包括但不限于项目范围说明书、沟通计划、项目预算、风险管理计划、资源需求计划和项目进度计划，等等。

到目前为止，你在前面所有章节中所做的一切，再加上质量管理计划（本章后面会介绍）和项目预算（将在下一章介绍），都属于项目计划的内容。项目进度计划也是项目计划的一部分，项目进度计划不能完全替代项目计划。项目进度计划是项目计划的重要组成部分，但它没有列出项目风险、质量要求或关键成功因素，也没有告诉你如何，以及何时与相关方进行沟通。如果只是将项目进度计划作为项目的总计划可能会导致项目失败，因为你只注意到了项目全貌中的一部分。

大多数项目经理喜欢在制订完项目进度计划后再去制定项目预算。因为如果你不知道最终的进度安排，就很难做出项目的预算，尤其是对于那些依赖于特定时间、资源或紧前活动的元素。假设你需要一些外包资源来完成某个特定的活动。在完成项目进度计划之前，你不知道什么时候需要这些资源，也不知道该活动是否依赖于其他活动，更不知道需要这些资源在项目上工作多长时间。

↘ 协助管理项目进度

项目经理负责监督项目计划的各个方面，包括项目进度计划。当你在大型项目或多阶段项目上工作时，有时无法自己一个人做好所有的项目管理活动。这时候有两个角色可以协助你管理项目，他们是项目协调员和项目进度管理专员。他们可以协助你做一些项目管理工作，比如说项目进度计划的创建、项目进度的监控，等等。

项目协调员

项目协调员可以在项目的各个方面协助项目经理。例如，他们可以协调跨部门的团队成员和资源、召开会议、帮助项目经理进行资源调度、监控项目进度，以及检查产品和项目流程的质量等。对于那些想要从事项目管理职业的人来说，项目协调员的职位通常是第一步。这是深入了解项目管理工作的好方法。

项目进度管理专员

项目进度管理专员负责制订和维护项目进度计划、沟通项目时间安排和交付截止日期、报告进度绩效，以及与相关方和项目团队成员沟通项目上的进度变更事项等。在项目执行过程中，项目进度管理专员会根据项目团队成员的具体工作情况来更新项目进度状态，以便他们可以保持项目进度计划的实时更新。

通常在大型组织或大型项目中需要设置项目进度管理专员的岗位，他们也可以作为共享资源在项目管理办公室（PMO）与项目经理一起工作。

无论由谁来创建项目进度计划，项目经理对于进度管理工作都要负最终责任。在大多数情况下，你作为项目经理还是需要负责创建项目进度计划的。接下来，让我们深入地研究项目进度计划的具体内容。

↘ 项目进度计划组件

项目进度计划从项目开始到项目结束，详细地描述了项目的活动和工作。项目进度计划通常以图形的形式来呈现。在本章后面的“项目进度计划呈现方式”这部分内容中，我将介绍呈现项目进度计划的几种不同方式。

项目进度计划主要是基于 WBS 工作包层级构建的。通过 WBS 工作包，你创建了项目活动清单、活动持续时间估算、资源需求及进度网络图。根据进度网络图中显示的活动之间的依赖关系，将每个活动都插入项目进度计划中，然后确定好每个活动的开始日期和结束日期，并且注明分配到活动上的资源，具体如何备注这些信息取决于你所用的项目进度计划的格式。

在第 5 章“分解项目活动”中，我介绍了估算活动持续时间的相关内容，提到要估算完成每个项目活动所需的工作时间。我们可以通过询问团队成员、主题专家等来确定这些活动工期的初步估算值。你还可以使用另外两种估算技术来估算活动的持续时间，它们就是计划评审技术（Program Evaluation and Review Technique，PERT）和三点估算技术。我将在下一节中讨论它们。

通常，我们会在项目进度计划中绘制出所有项目活动，在这个基础上再去计算这些活动的持续时间。大多数项目进度计划软件都会根据第一个活动的开始日期和最后一个活动的结束日期之间的差值来自动计算整个项目的持续时间。但是，不要这样去计算项目总工期：简单地浏览项目活动清单，并把每个活动的工期相加。只有当你是项目的唯一资源时，该方法才会适用，即使这样，它仍然可能不准确。

某些活动可以同时完成，这意味着整个项目的工期不是简单地等于所有活动工期之和。举例来说，如果活动 A 工期为 5 天，活动 B 工期为 3 天，而它们可以同时进行，那么总持续时间就为 5 天，因为可以在完成活动 A 的同时也完成活动 B。但是如果活动 B 的开始依赖于活动 A 的完成，那么项目工期就将是 8 天。让我们来看看具体的估算活动和项目工期的方法。

↘ PERT

PERT：通过三个估算值（最可能工期、最悲观工期和最乐观工期）计算出关键路径上任务工期的期望值或加权平均值，然后把关键路径上的这些任务的工期的期望值或加权平均值简单相加就可以得到整个项目的工期。

PERT 最早是由美国海军开发使用的，用于帮助确定一个名为“北极星导弹计划”的复杂工程项目的工期估算。当时项目团队需要一种高度可靠地估算和预测项目工期的方法，因此，PERT 得以开发出来，如今已被广泛使用。

你在这里看到的是 PERT 最简单的形式。请记住，PERT 通常用于高度复杂的项目，但这里描述的 PERT 的简单形式可以用于任何规模的项目。这是一种可靠且准确的估算方法，你还可以使用 PERT 来计算项目的总工期。

三种估算值

期望值：PERT 中三种估算值（最可能估算、最悲观估算和最乐观估算）的加权平均值。

PERT 的计算是基于活动持续时间的三个估算，而不是一个。然后再计算这三个估算的加权平均值，得到最终的活动持续时间，PERT 将这个加权平均值称为期望值。

用来计算 PERT 的三个估算分别是最乐观估算、最悲观估算及最可能估算。以下是对于这三种估算的解释：

（1）最乐观估算。

最乐观估算是基于理想状态。它假定一切都按计划进行，没有任何风险干扰该活动，并且与该活动相关的所有事情都无比顺利地按时就位。

（2）最悲观估算.

最悲观估算与最乐观估算正好相反。它假设几乎所有可能出错的东西都会出错，各种问题都会出现，资源也无法合作，等等。最悲观估算定义了如果项目出现问题，完成该活动需要的时间估算。

（3）最可能估算。

该估算介于最乐观估算和最悲观估算之间，是最可能的活动持续时间。

PERT 计算公式

既然已经有了这三个估算值，那么应该如何去处理它们呢？你猜对了，需要将它们代入公式。如前所述，期望值是三个估算的加权平均值。计算期望值的公式如下：

期望值 =[最乐观估算 +（4× 最可能估算）+ 最悲观估算] / 6

提示　请注意，最好是去问那些具体执行项目活动的人，请他们来提供该活动的这三种估算值。

让我们来看一个例子。假设你正在管理一个项目，为公司开发一个名为“员工请假管理系统”的软件。有了这个系统之后，员工可以使用公司内网在该系统的表格中填写他们的请假申请，管理层可以在该系统上查阅员工的休假申请和休假剩余天数。于是你采访了工程部门的首席技术专家，询问了编程活动的三个工期估算值，然后用这三个估算值来计算编程活动持续时间的期望值。

首席技术专家给出了这三个估算值：最乐观工期是 45 天，最可能工期是 60 天，而最悲观工期是 120 天。让我们把它们代入公式：

$$[45+(4\times 60)+120]/6=67.5$$

编程活动的期望工期是 67.5 天。对项目上的其余活动重复此过程，以确定每个活动的期望工期。

注意　可以考虑将这种估算方法用于风险最大的那些活动，而对那些非关键性的活动使用其他的估算方法，如专家判断或三点估算（会在后面“三点估算”这一节中介绍）。

要计算项目的总工期，需要将关键路径上具有“完成到开始”依赖关系的所有活动的期望工期相加。请记住，没有依赖关系的活动不会影响项目进度，因此相加的时候不要将它们包含在其中。

使用 PERT 计算出来的工期期望值，表示你有 50% 的可能性按该工期完成项目。大约一半的活动将比期望工期提前完工，还有大约一半的活动与期望工期相比将会延期完工。如果你对这个完工概率不太满意，请继续阅读下面的内容。

你对你的估算有多大信心

置信度：你对计算出来的估算值的信任程度。

置信度是你对自己得出的估算值的信任程度。你对此非常有信心：花 67.5 天就可以完成项目的编程活动。因为你知道是首席技术专家提供了这三个估算值，而你已经和她一起工作了好多年。你觉得她很可靠，而且她过去提供的估算值都比较准确。因此，你觉得该估算有 95% 的置信度，表示你（或提供估算的人）非常有信心此活动将在该时间内完成。在这种情况下，置信度取决于给出估算的首席技术专家的经验水平。在这个例子中，首席技术专家在过去曾多次给出估算值，并对这个活动给出的估算值充满信心。

你可能会有些疑虑，比如说你不喜欢这种依赖个人经验（或者说凭感觉行事）的估算方式，可以理解，没关系，这儿还有一种客观的数学方法也可以用来计算置信度。这种方法提供了更多的估算细节。它有点复杂，对于小型项目你没有必要去使用，但是你也可以来了解一下这个方法。如果你能在你的下一个项目会议上，展示出计算得到的关键项目活动的置信度，这也会给你的老板留下深刻印象。

PERT 计算遵循正态分布曲线（钟形曲线）。这意味着在大多数情况下，工作将在 PERT 计算的正负三个标准差范围内完成。在不去深入地研究数学和概率分析的情况下，请牢记以下几点：

- 有 99.73%的概率将在正负三个标准差之内完成工作。
- 有 95.44%的概率将在正负两个标准差之内完成工作。
- 有 68.26%的概率将在正负一个标准差之内完成工作。

为什么要去计算标准差？我很高兴你这样问。我们需要计算“编程活动”工期的标准差，然后与上一节所讲的置信度结合在一起来使用。这样一来，每个置信度，都会对应一个工期的范围区间。记住，在这个例子中，我们用天数来计算工期。如果我们用小时、分钟、月等单位进行估算，也可以得到相同的计算结果。标准差的计算公式如下：

$$\text{标准差} = (\text{最悲观估算} - \text{最乐观估算}) / 6$$

将我们的估算值代入公式中：

$$(120 - 45) / 6 = 12.5$$

现在，我们来计算这个“编程活动”置信度为 95.44%的日期估算区间。我们可以这样来确定该置信区间的两个端点：左端点是工期期望值减去两倍标准差

（12.5×2=25），右端点是工期期望值加上两倍标准差。我前面已经计算过该活动的工期期望值为 67.5 天，则该活动的置信度为 95.44%的置信区间端点计算公式如下：

$$67.5+(2\times 12.5)=92.5$$

$$67.5-(2\times 12.5)=42.5$$

现在，我们可以说编程活动在 42.5 天到 92.5 天之间完工的概率是 95.44%。

其余的置信度对应的置信区间可以用同样的方法来计算。使用其他置信度所对应的标准差个数，然后从该活动工期的期望值中减去和加上这几个标准差，就可以确定该置信度所对应的置信区间。

请注意，活动标准差越大，风险就越高。而置信度是计算在最乐观工期到最悲观工期之间这个区间完工的概率，这个区间越大，置信度就越高。当然，反过来也成立，标准差越小，风险就越低。

三点估算

三点估算：一种使用三种估算（最悲观估算、最乐观估算和最可能估算）的平均值作为其估算值的估算技术。

三点估算是 PERT 的简化版本。你只需简单地计算三种估算（最悲观估算、最乐观估算和最可能估算）的平均值。它的公式如下所示：

期望值 =（最乐观估算 + 最可能估算 + 最悲观估算）/3

PERT 对三个估算值中的“最可能估算”赋予了更大的权重值（乘以 4），而三点估算对所有估算值都赋予了同样的权重值。请记住，PERT 通常用于高度复杂、工期长或多阶段的项目；而三点估算则适用于中小型项目，以及规模和范围与团队执行的其他项目类似的大型项目。这两种估算技术都可以使用，具体使用哪一种，以及如何分配几种估算值的权重，主要取决于你对那些给你提供估算值的人的信任程度。

得出估算结果

你需要寻求他人的帮助来获得最终的估算值。在项目中你必须要与各种各样的人进行沟通，这是一定要做的事情。如果没有团队的帮助和协作，本书所描述的大部分工作都无法完成。掌握良好的沟通技巧，并了解团队成员和相关方。他们的意见很有价值，只有经常让他们参与重要的项目活动及相关决策，才有可能在项目的整个生命周期中获得他们的支持。

注意

PERT 和三点估算都是很好的估算技术，但是你仍然要依靠他人的判断，来得出使用这些公式所需的初始估算值。可以考虑与主题专家、供应商、经验丰富的团队成员、经验丰富的经理等进行访谈，以获得项目或活动的初始估算值。另外，不要忘记去查看历史项目信息，尤其是那些以前做过的类似项目。

不幸的是，没有确定估算值的万能公式。许多行业确实有用来帮助确定估算值的工具，但这些工具通常基于预定的标准。如果项目符合这些标准，则这样估算是可行的。总体而言，对于项目或活动的估算，不管你是使用已有的工具还是基于他们自己的经验，都可以依靠你的主题专家来确定最适合的估算方式。

↘ 计算关键路径

关键路径：贯穿项目的最长路径，关键路径上所有活动的浮动时间为零，这些活动都被称为关键路径活动。

关键路径是项目进度网络图中最长的那条路径。这意味着，从项目的开始到结束，将一条路径中的所有任务或活动（它们之间具有依赖关系共同构成了一条路径）的持续时间相加，得到的持续时间最长的路径就是关键路径。关键路径上的所有任务都被称为关键路径任务。

图 8.1 是某软件项目的关键路径进度网络图示例。

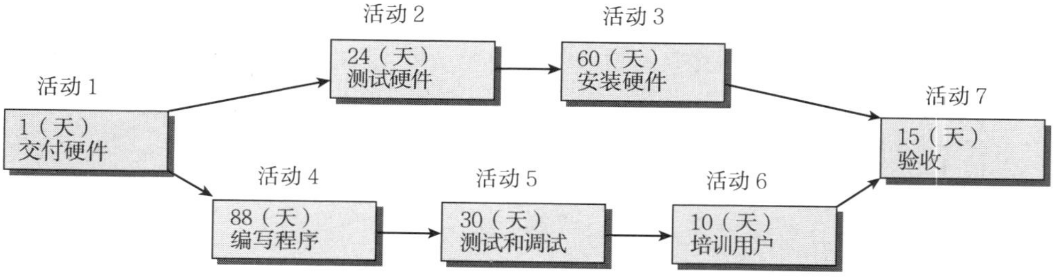

图 8.1 某软件项目的关键路径进度网络图示例

该图中每个活动所在方框的左上角的数字是该活动的持续时间（工期）。图中一共就有两条路径，分别是活动编号为 1-2-3-7 和 1-4-5-6-7 的路径。对于路径 1-2-3-7，也就是最上面那条路径的总持续时间为 1+24+60+15=100（天），而路径 1-4-5-6-7 的总持续时间为 1+88+30+10+15=144（天）。从这儿可以看出，路径 1-4-5-6-7 是项目中最长的完整路径，所以它就是项目的关键路径。

警告 当关键路径任务的持续时间变动时，项目的工期就会受到影响。而非关键路径任务的工期变动通常不会改变项目的工期，因为它们与关键路径上的任务是并行开展的。

浮动时间

浮动时间： 总浮动时间和自由浮动时间。总浮动时间是在不影响整个项目完工时间的前提下，该任务可以延迟开始的时间；而自由浮动时间是在不影响紧后任务的开始时间的前提下，该任务可以延迟开始的时间。

你可能想知道如何确定关键路径上的任务。总浮动时间数值为 0 的所有任务都被视为关键路径任务。但是请记住，有浮动时间的任务也需要被完成，只有完成了项目中所有的任务，整个项目才算完工。如果你只是完成了所有关键路径任务，而其他有浮动时间的非关键路径任务并没有被完成，那么这个项目就不会被视为完成。具有浮动时间的任务是很灵活的，只要它们在浮动时间容许的范围内被完成，就不会影响其他项目任务。尽管它们是非关键路径任务，但也可能会存在一些依赖关系，这些依赖关系会影响它们的进度安排。你需要监控这些任务，不要忘记它们，这样才能尽可能地按时完成项目。

现在，让我们看看如何计算项目任务的浮动时间。

关键路径法

关键路径法（Critical Path Method，CPM）： 为项目中的每个活动都确定一个最早开始时间和一个最晚开始时间，以及一个最早结束时间和一个最晚结束时间。

CPM 最初由美国杜邦公司在 20 世纪 50 年代开发使用，用于计算项目的工期。它为项目的每个任务计算和确定好如下几个日期：

- 最早开始日期。
- 最早结束日期。
- 最晚开始日期。
- 最晚结束日期。

一旦确定了每个任务的这些日期，就可以通过最晚开始日期减去最早开始日期来计算该任务的浮动时间。如果浮动时间数值等于零，则该任务为关键路径任务。

以下这些步骤描述了表 8.1 所示项目的 CPM 的计算过程。请注意，这些计算不考虑周末或假期。假设本例中给出的所有日期均为工作日。

（1）列出所有任务，注明任务编号，可以参考 WBS 中的编号和相关任务描述。

（2）确定并标出所有任务之间的依赖关系。

（3）写上每个任务的持续时间。

（4）计算每个任务的最早开始日期和最早结束日期，这也被称为“正推法”。

（5）计算每个任务的最晚开始日期和最晚结束日期，这也被称为“逆推法”。请记住，关键路径任务的浮动时间数值为零。因此，你可以假定最后一个任务的最早结束日期和最晚结束日期相同，因为该任务没有浮动时间。

表 8.1　计算关键路径

任务编号	活动描述	依赖关系	工期（天）	最早开始日期	最早结束日期	最晚开始日期	最晚结束日期	浮动时间（天）
1	交付硬件	N/A	1	3 月 1 日	3 月 1 日	3 月 1 日	3 月 1 日	0
2	测试硬件	1	24	3 月 2 日	3 月 25 日	4 月 15 日	5 月 8 日	44
3	安装硬件	2	60	3 月 26 日	5 月 24 日	5 月 9 日	7 月 7 日	44
4	编写程序	1	88	3 月 2 日	5 月 28 日	3 月 2 日	5 月 28 日	0
5	测试和调试	4	30	5 月 29 日	6 月 27 日	5 月 29 日	6 月 27 日	0
6	培训用户	5	10	6 月 28 日	7 月 7 日	6 月 28 日	7 月 7 日	0
7	验收	6、3	15	7 月 8 日	7 月 22 日	7 月 8 日	7 月 22 日	0

（6）为每个任务计算浮动时间，方法是最晚开始日期减去最早开始日期。如果浮动时间数值等于零，则该活动就处于关键路径上。

（7）串联浮动时间数值为零的任务就得到项目的关键路径，将关键路径活动的工期相加就得到关键路径的工期，这也是项目的工期。不要将带有浮动时间的活动加进去，因为它们不是关键路径活动。

从表 8.1 中，我们可以看到：该项目计划于 3 月 1 日开始。“交付硬件”任务是该项目的第一个任务，它前面没有任何任务，也就是没有紧前任务，所以这个任务的最早开始日期就是第一天。在本例中，项目的第一天也就是 3 月 1 日。

接着我们计算该任务的最早结束日期，方法就是将该任务的最早开始日期加上该任务的工期并减去 1。我们这几个日期（最早开始日期和最早结束日期）的当天是计算在该任务工期内的，也就是说工期的计算是包头包尾的，所以最早结束日期减去最早开始日期，还要加上 1 才得到该任务的工期，所以我们在计算任务的最早结束日期的时候，要用最早开始日期加上工期并减去 1。最早结束日期的计算公式如下所示：

最早结束日期 = 最早开始日期 + 任务持续时间 –1（天）

如果我们计算“交付硬件”任务的最早结束日期，代入公式就是：3 月 1 日（最早开始日期）+1（天）（任务持续时间）–1（天）= 3 月 1 日（最早结束日期）。

因为任务 2“测试硬件”依赖于任务 1“交付硬件”，所以任务 2 的最早开始日期是任务 1 结束后的第二天，也就是 3 月 2 日。当该任务有紧前任务时，最早开始日期的计算公式如下：

最早开始日期=紧前任务的最早结束日期 +1（天）

任务 1“交付硬件”的最早结束日期是 3 月 1 日，因此，任务 2“测试硬件”的最早开始日期就是 3 月 1 日+ 1（天），也就是 3 月 2 日。接着我们再来计算任务 2“测试硬件”的最早结束日期，任务 2 的工期是 24 天，所以其最早结束日期应该是 3 月 2 日之后的第 24 天。我们同样用前面的公式来计算任务 2“测试硬件”的最早结束日期：3 月 2 日（最早开始日期）+ 24（天）（任务持续时间）–1（天）= 3 月 25 日（最早结束日期）。

然后继续按照这个方法，去计算每个任务的最早开始日期和最早结束日期。需要注意任务 4“编写程序”，因为它依赖于任务 1，而不是任务 3。这意味着“编写程序”（任务 4）可以在任务 1 完成之后的第二天开始。

在计算任务的最早开始日期时，要注意该任务的依赖关系（紧前任务），因为没有依赖关系的任务可以在项目启动后的任何时间开始。除项目的第一个任务外，这种没有依赖关系（紧前任务）的任务被称为“悬挂任务”，如果这样的“悬挂任务”太多，会导致你的项目进度计划不完整或出现其他问题。当然，项目进度计划中的第一个任务也是没有依赖关系（紧前任务）的，但它不是“悬挂任务”。

要开始“逆推”，请从计划中的最后一个任务开始。在表 8.1 这个例子中，最后一个任务是任务 7“验收”。该任务的最早结束日期是 7 月 22 日，这同时也是该任务及项目的最晚结束日期，因为该任务的浮动时间数值为 0。我们将使用以下公式来计算该任务的最晚开始日期：

最晚开始日期=最晚结束日期–任务持续时间+1（天）

任务 7 将于 7 月 22 日结束，持续时间为 15 天，因此代入上面的公式即可计算出任务 7 的最晚开始日期：7 月 22 日（最晚结束日期）–15（任务持续时间）+ 1（天）= 7 月 8 日（最晚开始日期）。

如果一个任务有紧后任务，则该任务的最晚结束日期可以这么来计算：用其紧后任务的最晚开始日期减去 1 即可。举例来说，任务 5“测试和调试”有一个紧后任务，即任务 6“培训用户”。任务 6 的最晚开始日期是 6 月 28 日。从 6 月 28 日减去 1 天，你就得到了任务 5 的最晚结束日期是 6 月 27 日。

然后按同样的方法继续做“逆推”，从而计算出每个任务的最晚结束日期和最晚开始日期。

在做“逆推”时，也要注意任务之间的依赖关系。比如说，任务 3 是任务 7 的紧前任务，这意味着任务 3“安装硬件”的最晚结束日期必须比任务 7 的最晚开始日期（7 月 8 日）要提前一天，也就是 7 月 7 日。而任务 3 是任务 2 的紧后任务，因此任务 2 的最晚结束日期要比任务 3 的最晚开始日期（5 月 9 日）提前一天，也就是 5 月 8 日。

项目的总工期是将关键路径上的所有任务（或浮动时间数值为 0 的所有任务）的工期相加得到的。在表 8.1 这个项目中，编号为 1、4、5、6 和 7 的任务是关键路径任务，它们的工期之和为 144 天。这个计算结果与我们前面在讲关键路径的网络图时所计算的结果是匹配的。这两种方法都可以用来计算项目关键路径的长度。

大多数用于项目进度管理的计算机软件都会自动计算项目的关键路径。但是，我们还是要了解关键路径的原理，包括任务的开始日期、结束日期和浮动时间，等等，这非常重要。如果你不了解关键路径相关的基础知识，则你将无法在需要的地方进行进度调整，并且你可能无法在正确的时间让团队专注于正确的任务上。

↘ 制订项目进度计划

你已经计算好了各个任务的开始和结束日期，知道了关键路径，现在是时候为每个任务去分配资源了。你可以把分配到每个任务的资源名称也备注在表格中。比如说，你可以在表 8.1 中添加一列，以显示资源名称，然后将所有分配到该任务的资源的相关信息放在这个位置。

现在，你已经为该项目制订了完美的进度计划。问题是，你不可能总在一个完美的项目环境中工作，在项目实际中可能会出现各种各样的问题。比如说，有时候项目进度计划上显示需要某些资源，但这些资源在这个时点不可用；大多数人不喜欢在假期还去工作，因此你还必须考虑到商业和个人的日程安排；又或者管理层对于制订出来的项目进度计划不满意（绝大多数情况下，他们都会认为项目的工期太长）等。

因此我们需要对项目进度计划做一些调整，以适应项目中出现的各种状况。让我们来看一些调整项目进度计划的方法。

资源

在创建项目进度计划时，你需要了解关于组织的一些基本信息，还需要了解计划分配给项目任务的所有资源的相关信息。有了这些信息，我们才能在必要的时候对项目进度计划做适当的调整。

首先，你需要一个企业日历或列出公司所有假期的列表。然后在计算任务的开始和结束日期时，把公司的假期都考虑进去，这样一来可能就需要在开始和结束日期的计算中添加一些额外的天数。

其次，你还需要确定组织中资源的正常工作时间。组织中大多数员工是每天工作 8 小时，还是弹性工作制？所有的资源是全职员工，还是兼职？你需要这些问题的答案，然后根据这些资源信息来进一步调整你的项目进度计划。

再次，你还需要了解资源个人的休假计划。比如说，如果你的一个重要团队成员计划好了在某个时间段举行婚礼或休产假，则你也需要调整项目进度计划以适应这些情况。

最后，如果你的项目要求在项目的不同时间使用某些类型的设备，那么请确保你和供应商都知道需要这些设备的时间，以便能按时顺利地开展相关任务。另外请不要忘记考虑对项目进度计划有潜在影响的资源。比如说，你的项目可能依赖于某个新版本软件或产品的发布，在这种情况下，当你制订项目进度计划时，就必须考虑这个新版本软件或产品的发布日期。

应急时间

在制订项目进度计划时，还应该考虑的事情之一，就是为应对项目中的突发状况而预留一些应急时间。尤其是如果你的项目工期很长，则应该考虑员工有时会生病或家里发生紧急情况等，一旦出现这些突发状况，项目就会需要计划外的额外时间。如果你的项目可能出现这种情况，则应该为类似的这些风险比如“关键员工可能离开项目”制订相应的应急计划。

提示：对于持续时间长的项目，需要将为意外事件而预留的应急储备时间添加到项目进度计划中。

尽管我们大多数人都遵循正常的每天 8 小时工作制（有的企业可能是 10 或 12 小时工作制，但我们先暂时假定都是 8 小时），但其实我们并没有在这个项目上花费整整 8 个小时。我们会去回电子邮件、打电话、讨论最近的球赛比分，以及与我们的队友分享度假照片等。你还需要做一些行政性的工作，比如说撰写状态报告、举行与项目无关的团队会议，以及与团队成员一对一的会面等。在通常情况下，人们只是在其工作的 75%~80%的时间里高效工作。如果每周工作 40 小时，那么真正有效的工作时间就是 30~32 小时。

在计算活动持续时间及开始和结束日期时，请记住在计划中考虑到个人性事务和行政性事务可能需要占用的时间。许多项目经理在项目进度计划中会增加一定比例的时间来解决这个问题，具体所使用的比例取决于项目经理和项目的类型。我的项目管理工作所在的专业领域是信息技术行业，通常我会在项目进度计划中增加项目总工期 10%~20%的时间，用来应对各种行政性事务，比如撰写状态报告、参加会议和其他不可预见的状况。

警告 请谨慎使用此策略。如果你的比例设置太高，导致项目总是提前完工，则你可能会被指控虚报项目时间。这样相关方就会认为你的项目进度计划从一开始就不准确，并且会期望比计划截止日期更早地完成项目。而如果下次你的项目确实需要应急时间，这时侯就会比较麻烦（有点像“狼来了”的故事）。在你获得了足够多的项目管理经验之后，你将能够更准确地确定好这个百分比。

调整项目进度计划

请记住，非关键路径任务的开始和结束日期具有一定的灵活性，可以在最方便的时间来安排它们，比如说安排在项目的早期或后期，这取决于你何时拥有可用的资源。

如果更改关键路径任务，则会影响项目工期。比如说如果你延长了一个关键路径任务的工期，那么整个项目的工期也会延长。有时你会发现，由于资源限制或资源安排方面的原因，你除了延长项目工期，别无选择，而延长项目工期需要得到项目发起人和关键项目相关方的批准。

确定了初始项目进度计划之后，你很有可能需要对其进行调整。这里有一些建议可以帮助你调整项目进度计划：

（1）任务估算。

在最可能的工期区间内对你的任务进行估算。随着项目管理经验的积累，你就会知道什么时候你可以用乐观估算，什么时候你应该用悲观估算。

（2）任务工期估算和持续时间（工期）。

任务工期估算和实际的持续时间（工期）并不总是相同。如果你有多个资源可以同时执行项目任务，则通常可以缩短任务的工期。因此可以先确定好可以用来执行任务的资源数量，然后再相应地调整项目进度计划。例如，“编写程序”任务的持续时间是 88 天，这是假设只有一个人会编写代码的情况下得到的任务工期估算值。而如果现在有两个具有相同经验的人可以在该任务上工作，则该任务的工期就可以缩短为 44 天。

警告 向任务中增加更多的资源并不总是能解决你的问题。有时候，分配太多的资源给任务反而会延长任务的执行时间，因为团队成员之间会扯皮内耗，而不是高效地工作（三个和尚挑水的故事：一个和尚挑水喝，两个和尚抬水喝，三个和尚没水喝）。还要考虑的现实情况就是，有些任务不是添加了更多资源就一定能加快进度的。当项目相关方坚持要求我们增加更多的资源时，团队成员就开始背诵他们

> 最喜欢的项目管理语录之一："九个女人一个月内也生不出孩子。"增加资源并不总是能缩短工期。

还需要考虑的情况是，实际完成任务所需的时间可能要比估算的时间长得多。举例来说，"培训用户"任务的工期估算为 10 天。但是，在培训的过程中，我们发现用户处在不同的地理位置，他们分布在三个州，现在只有一名培训师，他将不得不飞到每个地方去进行培训。这很可能就意味着该任务实际上的工期要比估算的工期（10 天）要长。

（3）缩短项目工期。

"真的需要这么长时间吗？"在你的项目管理生涯中，你会多次听到这样的问题。有时答案是："是的，确实需要这么长的时间。"然后你要解释项目的复杂性，或者解释团队必须使用的流程，以便在满足相关方期望的同时完成项目。当相关方或发起人坚持要求缩短项目工期时，你可以考虑做以下几件事情：

- 增加更多的资源。在适当的情况下，这可能包括聘请顾问、从组织的其他部门招募人员、将某些或全部项目任务外包等。
- 通过将可交付成果分解为多个阶段，或者缩减一些可交付成果，来更改项目范围。
- 以不同的顺序重新安排任务。有时这将释放更多资源或更好地利用现有资源。
- 引入不同的资源。也许你能找到比原计划的团队成员更有资格、更有经验、更训练有素的人员来执行关键路径任务。
- 让原计划顺序开展的任务并行开展。（我将在第 11 章"控制项目成果"中进一步讨论该技术。）

你还有可能因为涉及资源问题，需要对项目进度计划进行进一步的调整。为任务分配资源后，你可能会发现有些资源使用过度，而有些资源不足。当项目进度计划在另外的地方需要这些资源时，他们可能不再可用了。

（4）资源平衡。

> **资源平衡：** 在不过度使用某个资源，也不对项目进度造成负面影响的前提下去尝试对资源分配进行调整，以使得任务得以顺利完成。

"资源平衡"是给项目团队成员分配任务工作量的过程中所使用到的一个项目管理术语。你需要调整任务分配，以使那些超负荷工作的人可以将部分工作量转给那些未被充分利用的团队成员。

当遇到这种情况时，指导是一种很好的技术。在许多不同的项目中，经常可以听到项目的高级程序员告诉我，对于我分配给他们的任务，他们是全世界唯一可以完成该任务的人。不要轻易相信这些话。你会发现很多时候，这是一个高级程序员指导初级程序员的好机会。通过将任务分配给初级团队成员（由高级团队成员担任导师），高级团队成员对分配的任务仍有监督控制权，这样他们就不会觉得你完全切断了他们的工作，而初级团队成员也有机会学习新的知识和技能。在这个过程中，你已经成功地做好了任务的平衡。

你也可以将这种“高级团队成员指导初级团队成员”的方法应用于部分项目任务中。考虑先拆分任务，然后将任务中较容易的部分分配给初级团队成员，而将更复杂的部分分配给高级团队成员。在使用这种方法时需要做出你自己的判断，并在高级团队成员告诉你完成任务所需的经验水平时，你还要考虑到他所提意见的真实性。

↘ 项目进度计划呈现方式

项目进度计划的呈现方式有好几种，你可以用软件，或者是笔和纸来绘制项目进度计划。大多数可以用来制订项目进度计划的软件都会提供项目进度计划呈现方式选项，所以请熟悉你的项目进度计划软件。使用 Microsoft Project 可以生成甘特图和日历视图这两种视图。请记住，这些项目进度计划并没有考虑到周末或假期，因此你会看到，在接下来内容的示例中，我使用的是最早开始日期。

甘特图

甘特图非常易于阅读和理解，可以按任务顺序及任务的开始和结束日期来显示项目进度。图 8.2 展示了用甘特图绘制的示例项目——“软件项目”的进度计划。

	❶	任务名称	持续时间	开始	结束	紧前活动
1		⊟ 软件项目	144 天	2003年3月1日星期六	2003年7月22日星期二	
2	▦	交付硬件	1 天	2003年3月1日星期六	2003年3月1日星期六	
3		测试硬件	24 天	2003年3月2日星期日	2003年3月2日星期二	2
4		安装硬件	60天	2003年3月26日星期三	2003年3月26日星期六	3
5		编写程序	88天	2003年3月2日星期日	2003年3月2日星期三	2
6		测试和调试	30天	2003年5月29日星期四	2003年5月29日星期五	5
7		培训用户	10天	2003年6月28日星期六	2003年6月28日星期一	6.4
8		验收	15天	2003年7月8日星期二	2003年7月8日星期二	7

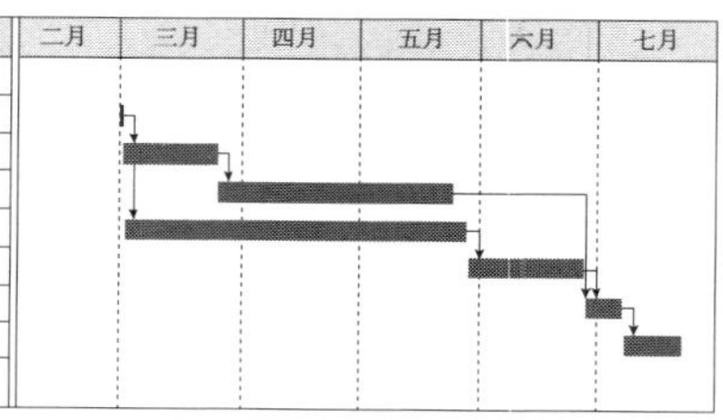

图 8.2 用甘特图绘制的示例项目——“软件项目”的进度计划

显示在第一行“软件项目”右边的黑条，表示整个项目的持续时间；此条目的“工期”这一列显示 144 天，这是该项目的总工期。在该条目的下方列出了所有项目任务各自的工期，由于这些任务都是“软件项目”这个概括性任务所分解得到的，因此它们的工期都会在总工期的覆盖范围内。

也可以在此视图中添加资源名称，分配给任务的资源名称可以放在每一行的末尾。这样你一眼就可以看到某些资源是否被过度使用，所以你在做资源平衡时可以第一时间来检查这个地方。大多数软件程序还可以生成资源报告，使你可以查看、确定和调整资源负载。

在甘特图上，会有几个工期单位显示选项，包括小时、天、周等，请根据项目的长度和复杂性选择合适的视图。比如说，如果你的项目工期很长，而你却用周视图来显示甘特图，这时候你如果去打印该甘特图，就会得到特别多张周视图。甘特图打印出来的页数最好是能保持在 1~2 页，这样可以让相关方和发起人轻松查看。而项目团队可能需要更详细的视图，在这种情况下，你可以打印出所有页面，并将它们粘在项目团队会议室的墙面上。

日历视图

日历视图可以用于小型项目，或者作为高层级的概览视图用于大型项目。在日历视图中记录了任务的开始日期、分配给该任务的资源，以及预估的工期，我个人也喜欢在日历视图上注明任务的结束日期。

你还可以使用日历视图来管理多个小型项目，并轻松跟踪项目之间或单个项目上的资源使用情况，可以使用不同的颜色来跟踪不同的项目或资源。

图 8.3 显示了“软件项目”进度计划的日历视图的一部分。你可以看到，“交付硬件”任务从 3 月 1 日开始，是当天唯一的任务。3 月 2 日显示了从当天开始的两个任务，即“测试硬件”和“编写程序”。

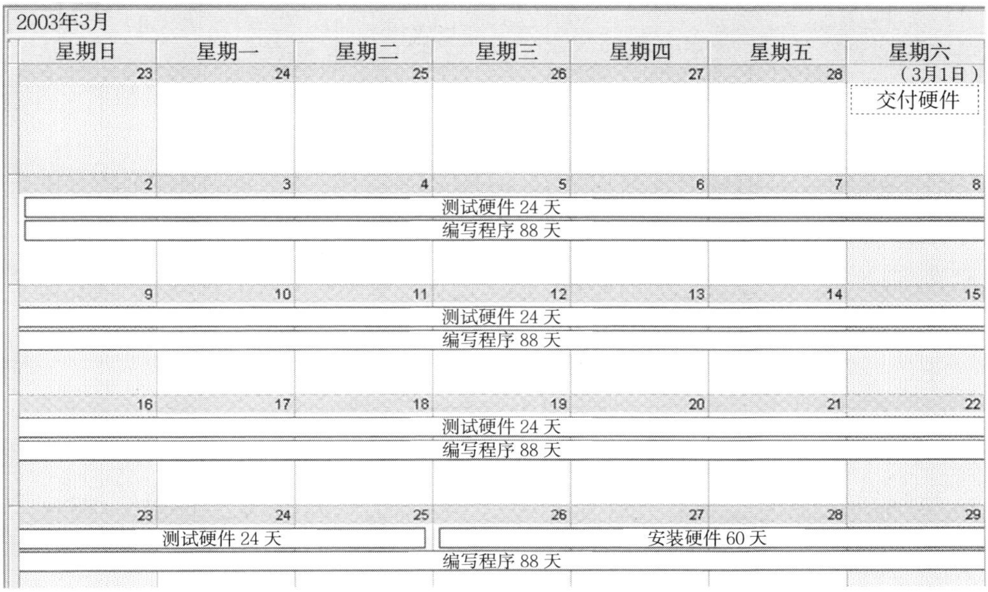

图 8.3 “软件项目”进度计划的日历视图（部分）

网络图

图 8.4 所示的紧前关系网络图是显示项目进度计划的另一种方式。该图通常显示有任务编号、任务描述、持续时间、任务的开始和结束日期，以及任务之间的依赖关系等。

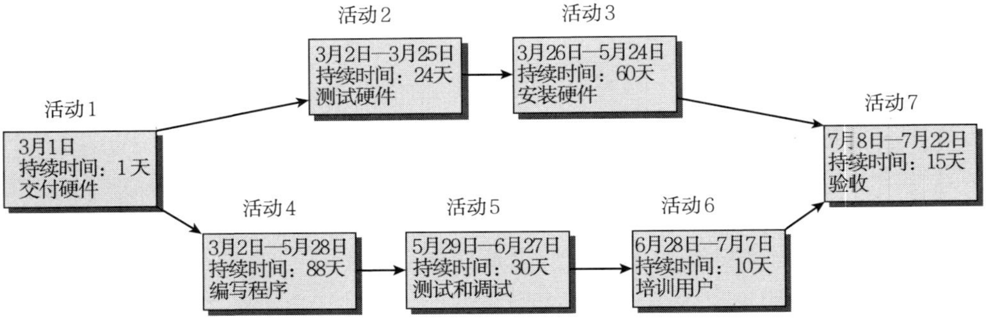

图 8.4 紧前关系网络图

里程碑图

里程碑图可用于显示项目的里程碑和截止日期。这是一个很好的用来汇报的工具，可用于项目状态会议中，向相关方展示项目的进展。如果你想回顾一下里程碑图的具体细节，请参阅第 5 章中的表 5.2。

■ 质量管理计划

质量对于项目的成功至关重要，并且有助于确定是否满足了相关方的期望。质量可以由相关方、项目团队、项目发起人、相关行业标准或它们之间的任意组合来定义。例如，如果你的项目涉及制造用于心脏外科手术的新仪器，则可能需要满足好几个质量标准。比如说零件应具有一定的尺寸或形状，仪器必须由具有特定等级或规格的特定材料制成，等等。

质量管理计划详细描述了项目的质量标准，以及用于确定可交付成果是否完整和正确的质量验收标准。我们接下来要做的事情就是制订一个符合这些标准的项目质量管理计划。在制订该计划时，你应该考虑以下这些因素：质量方针、标准、规章制度。

你的组织可能已经为公司所承担的项目制定了质量方针。质量方针通常由高级管理层发布，它包含有关项目质量标准的预定准则。在做项目质量管理时，请务必查看组织的质量方针，这样你可以了解质量方针中的重要信息，并能将其糅合进项目中以确保项目遵循了组织的质量方针。

标准是应该遵循的指南、规则。你所在的组织或行业可能已有应该遵循的质量标准，你需要对这些质量标准都非常了解。大多数行业都会有相应的质量标准，项目经理需要进行必要的研究，以清楚地了解这些标准的相关特点和适用范围。

规章制度是强制性的，通常是由政府、机构或组织来制定，它们有权在自己管辖的领域内制定相关的规章制度。规章制度是强制性规定，如果你不遵守，可能就会面临处罚、诉讼或罚款。请务必清楚地了解和熟悉任何可能影响你项目的规章制度。

注意　PMI®已经建立了项目管理实践的标准。在我们项目管理实践中，遵循该标准虽然不是强制性的，但我还是强烈推荐，因为 PMI®为了该标准花费了大量的时间来研究和整理项目管理领域的最佳实践。

形成书面计划

确定了适用的组织标准或规章制度之后，就可以来制定项目的质量验收标准了。质量验收标准被用来确定可交付成果是否完整和正确。前面给出的制造外科手术仪器的项目示例中，就制定了多个质量验收标准，包括尺寸、材料类型、形状和重量等。如果满足这些条件，则可交付成果就被认为是完整和正确的。

质量管理计划还应该包含的一个内容就是项目团队将遵循的质量保证过程，质量保证确保项目经理、项目团队或相关的供应商所使用的流程遵循质量验收标准。在制造外科手术仪器的例子中，该仪器可能需要外部第三方进行检查，以确保其相关参数和质量指标都是符合要求的。这个外部第三方检查的要求就是质量保证的一部分。我将在第 11 章中进一步介绍质量控制的相关内容，它与质量保证密切相关。

在制订质量管理计划时，请在该计划中注明可能影响项目的任何标准或法规。如果有些法规比较冗长或复杂，你可以告知读者在哪可以找到该法规的全文，而不必将整个法规全文都粘贴到质量管理计划里。你还应该让相关方和项目团队也知道影响项目的这些标准或法规。图 8.5 显示了一个质量管理计划的模板。根据项目的大小，你可以在模板上注明一些项目的概要信息，如该模板的第一部分所示，也可以只是注明哪儿可以找到这些项目概要信息。

注意　你也可以从 www.wiley.com/go/projectmanagementjs4 下载质量管理计划的模板。

除非组织要求，这个计划并不需要获得他人的批准。但是你还是要尽量确保项目发起人、关键相关方和负责质量保证过程的人员已经审核了质量管理计划并对其达成共识，这是一个非常好的做法。

质量管理计划

1. 基本信息

项目名称：________________　　项目编号：________

项目经理姓名：______________　　日期：__________

项目发起人姓名：____________

2. 项目概览（概要描述项目，包括项目目的和目标）

3. 质量标准和规范（注明项目团队需要遵循的质量方针、标准和规范）

4. 质量验收标准（提供一个详细的质量验收标准清单，该质量验收标准清单可以用来验收和确认可交付成果是否完整和正确，其包括了各个可交付成果所对应的各自的质量验收标准）

5. 质量保证流程（质量保证流程用来监视是否遵循了项目质量标准，需要列出这些质量保证相关的活动和流程）

6. 质量管理人员的角色和职责（列出质量管理人员的角色和职责，包括谁会负责哪一个质量管理活动）

7. 签名（必须设置项目发起人、项目经理、负责质量保证和评审的人员签字的地方）

图 8.5　质量管理计划的模板

↘ 质量成本

质量成本：为了使生产出来的产品或服务达到质量管理计划中的质量标准，或者去处理生产出来的不合格产品或服务所花的成本。

在对质量进行管理时，通常需要权衡质量相关的成本应该花在什么地方。第一种是，为了满足项目的质量标准，需要花费的一些时间或资源，这被称为一致性成本。第二种是，如果项目产出的产品或服务不符合质量标准，这个时候需要花费时间或金钱来处理这个不合格问题，这就是产品或服务不合格的代价，这被称为不一致性成本。一致性成本和不一致性成本被统称为质量成本。

遵循质量标准的好处包括：

- 因为项目的最终产品或服务达到或超出了客户和相关方的期望，从而使他们的满意度提高了。而之所以能达到客户的期望，是因为我们花费了一定的时间来做预防和检查工作，确保产品或服务满足质量标准。
- 项目团队将获得更高的生产效率。为了达到质量标准，会促使他们去检查他们所使用的项目流程和方法，从而可以提高工作效率。
- 由于遵守了质量方针和标准，生产项目产品和管理项目流程的成本可能会更低。如果只是在项目生命周期内，这些成本可能会更高；但是当你着眼于整个产品生命周期，考虑运营这些最终产品、服务或成果时，这些成本可能会更低。
- 项目团队将减少返工这种情况的发生，因为质量标准已经提前确定，而项目的产品和流程会在项目过程中持续受到监控。

成本效益分析是一种分析技术，你可以用它来比较质量成本和其所获得的收益，从而得出是否值得在项目中投入质量成本的结论。有时仅仅是返工的成本，就会迫使你去提前制订好质量管理计划。正如我之前所讨论的，返工并不是一件很有趣的事情，通常会让你付出巨大代价，包括在员工工资、设备租金、原材料、客户罚款等各方面付出额外的成本。

标杆对照：将以前类似的取得成功的活动与当前项目活动进行比较，以提供一个标准来衡量当前项目活动的绩效。

标杆对照是另一种用于确定质量成本的技术。举个例子，如果项目团队以前花三天时间在一个类似项目活动中编写出了打印功能的程序代码，那么三天就成为当前项目活动的基准。

质量成本分为四种成本。其中评估成本和预防成本是一致性成本，而内部失败成本和外部失败成本是不一致性成本。

评估成本

包括检查产品或流程以确保满足质量要求的成本。检查和测试成本是典型的评估成本。

预防成本

为了将缺陷排除在最终产品之外所花的成本。这些成本通常会在流程的早期可以看到，包括质量管理计划的制订、培训和设计评审等相关的成本。

内部失败成本

当事情没有按计划进行时，你需要承担的成本。如果产品还没有交到客户手中，这时组织内部发现了产品存在质量问题不符合客户的要求，需要采取一定的措施比如说返工、纠错等，从而所产生的相关费用，这就是内部失败成本。

外部失败成本

当产品已经到达客户手中，这时再发现质量问题，就会发生外部失败成本。内部失败成本的发生虽然不是我们所期望的，但此时产品仍在你手中，在这个时候发现质量问题要比到了客户手中再发现问题要好得多。我将在第 11 章中进一步讨论此类问题。

关于项目计划和项目文件的归档，到目前为止，你已经听过很多次了，但这儿我还是要再次强调一下。制订好质量管理计划之后，需要将其保存在项目资料库中。与所有其他计划文档一样，质量管理计划也将成为整个项目管理计划的一部分，我将在下一章中介绍。

■ 关键术语

标杆对照
质量成本
关键路径
CPM
关键路径任务
浮动时间
PERT
项目协调员
项目进度管理专员
资源平衡
三点估算

回顾与思考

1. 在制订项目进度计划之前，我们需要完成哪些项目过程？
2. PERT 使用哪三个估算值来计算任务或项目的期望工期？
3. 什么是期望值？
4. PERT 计算期望工期的公式是什么？
5. 什么是置信度？
6. 请描述一下关键路径的相关内容。
7. 请描述一下两种类型的浮动时间。
8. 请列举出两种可以缩短项目工期的方法。
9. 什么是资源平衡？为什么要使用它？
10. 什么是质量成本？

第 9 章

制定项目预算

本章要点：

✓ 预算包括什么

✓ 估算技术

✓ 估算成本

✓ 项目估算精度

✓ 建立成本基准

✓ 完成项目规划

这一章总结了规划过程组的内容。你在项目规划过程组中已经实现了一个重要的里程碑，项目预算是你将创建的最后一个计划文档。如果你有幸参与了一个“不以钱为目标”的项目，你还是应该读这一章的。我来谈谈有关预算的构成，如何跟踪预算、建立成本基准。项目相关方想知道项目成本及你在项目上的花费是否与你的估算相符。相关方将利用这些信息来确定未来的项目预算，因此你希望尽最大努力估算、跟踪和报告项目预算。那你就把你迄今为止所做的一切都汇集起来，整理成正式的项目计划文档。

项目预算包括什么

项目预算就是估算完成工作所需费用的分项清单。项目预算将在整个项目的剩余时间内用于跟踪项目费用，并根据为那些活动准备的估算值来衡量项目活动的实际支出。最终预算数据是基于项目团队、主要项目相关方、供应商和其他成员在仔细审查规划文件后提供的估算信息。

> **注意**　根据你所在组织的结构，可以由项目经理准备预算，或者财务经理也可以承担这个责任。

项目成本

项目的大部分花费，就是项目成本。这个概念是相当常见的，适用于你将要工作的大多数项目。例如，工资、办公用品和实物资源或材料成本，这些几乎所有项目都会涉及。这些项目成本和其他大部分费用可分为三类：人力资源成本、管理成本及实物资源成本。让我们来详细地看一看具体的内容。

人力资源成本

这些是与项目人员相关的成本。一般包括工资和福利费用（如假期和健康保险）。当你在计算工资费用时，应包括医疗保险、休假时间等福利，以及人寿保险、伤残保险，等等，这通常被称为全面福利工资或全额薪水。

如果你是在一个劳动密集型项目上工作，工资或人力资源费可能是该项目最大的成本。例如，信息技术项目通常需要具有特殊技能的人员，而拥有这些技能的人员的工资通常很高，你会发现你的项目预算很大一部分分配在这一方面了。如果你碰巧在一家非营利机构工作，都是志愿者来完成项目的所有工作，你的工资开支可能会少一些，但你还是可能要付给主题专家、承包商、项目经理等薪水。

> **提示**　员工和承包商的工资和费用可能是任何项目中最大的预算之一。

管理成本

管理成本是指支持项目工作，但是不一定与项目中的特定活动直接相关的日常成本，如公用事业费、电话费用、办公费、支持人员费用和差旅费都是管理费用。项目团队必须在某处工作和会面，所以这意味着以租金、租赁或抵押付款的形式支付某种设施费用。这种设施费用应与用于该项目的建筑空间大小成比例。如果建筑物或设施是为这个项目专门租赁或购买的，该费用将被归类为项目成本，而不是管理成本。

实物资源成本

实物资源成本包括特定活动所需的材料费、设备租赁费、长途电话费等。这些费用是专门用到项目中去的。例如，如果项目要在市中心的黄金地段建造一套新的豪华公寓，在施工的早期就要使用吊车将钢梁（另一实物资源成本）安放到施工位置。这样实物资源成本可能是建设项目最大的开支之一，所以你需要花时间研究如何估算这些费用。仔细检查每类成本将有助于确定项目的初始预算。如果你考虑好人力资源、行政支持，以及每个活动所需的实物资源，你很快就可以把它们汇总成一个预算清单了。

↘ 直接成本与间接成本

直接成本：直接成本就是与项目工作直接相关的成本。

除了上面提到的三类项目成本，还有两类成本：直接成本及间接成本。直接成本包括工资、设备租赁费和软件费，以及团队成员的培训费。任何可直接归因于项目工作的成本都是直接成本。

间接成本

间接成本就是与项目相关但与项目具体工作无关的成本。间接成本不是针对具体项目的。例如，你的项目团队成员可能与非项目团队成员的同事在同一栋楼办公，那么办公楼建筑物的租赁成本就是间接成本，因为它与项目无直接关系，公司所有员工都在那里工作。另一个间接成本的例子是行政人员、业务经理或其他职能人员（如采购部的人员），他们将协助你完成项目任务，但没有被分配具体的项目活动。你需要从会计或财务部门查出有多少间接成本应计入项目预算。每个组织都有自己核算间接成本的流程，所以在确定预算之前要与相关人员进行确认。

↘ 收集文件

收集你在此前用心写成的计划文件。注意是收集文件（Document），而不是“招集医生（Doctor）”，尽管有些很不合理的项目预算需要预算方面的专家像医生看病那样对其进行改善——当然，这只是个玩笑。

创建项目预算的第一步是收集所有的计划文件来进行参考。你应该从项目范围说明书中的项目目标和可交付成果的评审开始确认明显的预算费用。下一步，查看活动列表、工作分解结构和网络图，在预算列表中记录与之相关的活动或项目。此外，查看项目进度表、资源列表及角色和职责，列出你可能需要计入的费用。别忘了要包括设备租赁费、与活动和 WBS 要素相关的设施和材料费。请记住，大多数项目管理软件可以帮你记录这些成本，而且可以把相关的全额工资和资源纳入项目进度安排当中。建议用电子表格列出预算清单，在一列中记录所需条目，另一列是对应的估算成本（如果此时你已知道它们，请记录，否则将该列留空）。本章稍后将介绍一些预算示例。

↘ 预算编制过程

编制预算的过程类似于确定资源需求和创建项目计划。首先要审查计划文件以厘清所有材料及你需要的资源，然后估算它们的成本并记录在预算列表中，最终使预算得到批准。以下是你应该遵循的推进预算编制流程的步骤：

- 审查计划文件。
- 创建成本估算，并将其与项目进度集成。
- 向项目发起人或项目评审委员会提交预算。
- 当预算被批准后，要通知有关的团队成员和相关方。
- 将账户代码分配给每个 WBS 元素。账户代码是组织里的会计部门使用的一种唯一的编号或字母系统，这些唯一的数字或字母（代码）应该是分配给 WBS 工作包的。
- 在项目的内部网站上发布项目预算。

作为项目经理，你应该全力以赴地实施基于可用资源的项目。要做到这一点，你需要准确的预算作为指导。

现在让我们更仔细地看一看你在预算中应该包括的一些内容。

↘ 预算条目

不管是哪种类型的费用，你都需要确定项目所需的一切并记录估算的成本。你可以使用与识别可交付成果和活动相同的技术来确定预算条目。例如，审查以前类似规模的项目的预算范围，采访相关方，询问过去在类似项目工作过的项目团队成员，采访供应商或与关键团队成员和相关方举行会议，就预算事项进行头脑风暴。为了节省时间，你可以考虑在与相关方或团队成员会面之前，先列出预算事项清单，尤其是项目规模小的时候。通过审查计划文件，你可以简单地识别出许多条目。然后让别人看看你的清单上写了什么，同时可以让他们估算已经识别的条目，或者请他们添加新的预算条目。

提示 询问有类似的项目工作经验的相关方或团队成员，请他们帮助你创建此项目的预算。他们的经验将有助于你不会错过任何重要的条目并会加快项目预算的进程。

下面是一些常用的预算条目，可以帮助你为项目做准备，你也可以将其用作将来项目的检查表。根据项目类型，可以添加需要分配预算的条目，或者删除不需要的条目。

- 项目团队成员的工资。
- 设备材料费。
- 设施的租赁费用。
- 营销成本，包括焦点小组和市场研究成本。
- 法务费用。
- 差旅费用。
- 广告费用。
- 研发费用。
- 可行性研究费用。
- 为主题专家或项目参与者提供咨询服务的费用。
- 电话费。
- 办公用品费。
- 互联网接入费或网站托管费。
- 软件费。
- 硬件费。
- 培训费。

↘ 预算困境

预算和项目进度一样，都可能是引起团队冲突的原因。项目进度，特别是与计划关联的资源分配通常是项目起冲突的主要原因，预算可能紧随其后。所以你要准备好向项目发起人或高级管理人员争取项目预算，要能解释为什么成功完成项目需要这些预算，以及缺少资金会对项目产生的影响。你可能在预算过程中要用到很多的谈判技能。

注意　众所周知，每个高级经理都想要削减预算，就像他们想要压缩项目进度一样。想要削减预算和想要压缩项目进度的人，就好像一家人。

出于某种原因，高级经理似乎认为只有削减项目预算（或压缩项目进度）才能让他们在大老板面前看起来表现不错。他们可能没有其他的动机，只是想表现出他们在为公司省钱，即使这对项目有负面影响。或者他们可能有自己的项目也在竞争经费，削减你的预算有助于确保他们自己的项目的预算不会被削减。尽管削减预算可能让大老板觉得他们做得不错，但这只会对你的项目产生负面影响，最终可能不会让你好看。

所以你最好的应对措施就是和项目发起人沟通，确保他们了解目前预算包括的各项内容的重要性，这样他们将不得不与其他高级经理面对面交流并争夺项目的资金。但如果你不先和他们沟通关于要成功完成项目所需的资金的重要性，他们可能就不会那样去做。所以要记住的重要一点是，你要知道需要这些资源的原因以及如果得不到将对项目产生的影响。你需要在高级经理开始使用他们的大剪刀削减你的预算前，就把这些信息传递给他们。

提示　在项目的所有阶段，永远不要低估与发起人和相关方沟通的重要性。

如果这个项目从一开始就因为预算不足而没有成功，没有人会有好结果。如果你的项目在你到达执行过程之前预算就因被削减而严重不足，如果可以的话，我建议你放弃领导这个项目的机会。因为这个项目很有可能以失败告终。

↘ 遵循流程

许多组织都有一个采购部门来帮助你购买项目需要的物品。采购部门人员也可以帮助你制定预算，因为他们有最新的商品和服务的价格。一般向供应商或承包商购买服务时都要经常与采购部门联系。不过你可能需要遵循规定的流程，如 RFP 流程，以避免耽误项目进度（并最终花更多的钱）。

你的公司除采购经理外，可能还有财务经理，或者会有人兼任这两个职务。在大型组织中，确定项目成本可能取决于你和财务经理。有时财务经理是制定预算并获得高级管理层批准的人，你只是被告知最终预算是多少，并期望你在这个范围内管理项目。如果是这样的话，可以利用你的沟通和谈判技巧与财务经理合作，询问他们你是否可以为相关流程做出贡献并协助创建预算。

估算技术

到目前为止，在创建计划文件方面，WBS 是一个很方便的工具，在预算流程中它是必不可少的。WBS 可用于识别、估算和分配给项目的每个工作单元的成本。你应该记得成本和估算是分配到工作包级别的，而 WBS 中较高的级别显示了项目汇总成本。

在我深入介绍每种估算技术的细节之前，让我们看看在预算过程中可以使用的最常见的技术。

类比估算

类比估算是根据在规模和范围上与正在估算的项目相似的以前的项目的实际成本来确定当前项目的估算值的。这里的关键是你用来参考的项目，在各个方面应该与需要估算的项目非常相似，如大小、复杂性、范围、数量、所需资源、质量标准等。有时表面上看起来很相似的项目，实际上则不然。因此，在使用此技术之前，请确保你对这两个项目进行了方方面面的分析。

类比估算很容易进行，而且不需要花很多钱，但是，它也是一种比其他技术更不精确的估算技术。当你试图在项目早期没有很多信息的情况下，或者对于小项目，抑或是对于小项目上的单个可交付成果进行估算时，这种技术最有效。当然最好用这种技术与下面一种技术（自下而上估算）相结合。

自下而上估算

自下而上估算是为每个活动进行单独估算并将其相加而最终确定项目的总预算。例如，对工作包级别中包含的每个活动都进行评估，然后将这些估算与其他工作包级别的估算相加，得出 WBS 层级 3 和层级 2 的估算。然后将这些加在一起作为整个项目的估算。

注意

自下而上估算与类比估算技术相结合对于大型项目尤其有用。类比估算是对单个活动或工作包级别进行的，然后将这些估算汇总后得出整个项目的估算。

资源成本率

实物资源成本估算通常涉及获取所要采购的物品的报价。例如，你的项目可能需要购买两台新服务器。你可以上网或从设备供应商那里获得报价，你就有预算了。

有些供应商可能已发布了你可用于此项目的价目表，因为有一些组织会要求供应商为其采购部每年提供更新的价目表，所以你需要首先与采购部核对你们组织是否已经有了相关的价目表。如果你的项目使用的并非是你们组织所大批量订购的实物资源（这也就意味着你所在的组织很可能没有掌握相关的价目表），你应该访问供应商网站以得到最新报价。

为你提供所需的服务的合同工或咨询服务等人力资源的费用也需要估算。你要与提供这些类型服务的供应商合作以获得估算。当然首先你应该与采购部门确认，确保你遵循了所有的采购流程。

↘ 参数估算

我们在第 5 章中讨论了参数估算。这种估算方法是以量化为基础的，具体算法是用单位数乘以估算的价格。例如，如果你知道你的项目需要 100 小时的合同工援助且每小时 65 美元，那么估算的活动费用为 6 500 美元。

↘ 计算机工具

大多数项目管理软件允许你对列在项目进度中的活动进行成本估算，然后软件会自动计算整个项目的成本。你也可以使用电子表格来完成这项工作，具体方法是在表格的一列中列出预算条目，在另一列中列出对应的成本。

↘ 询问专家

面谈技巧对估算成本也很有效。就像你做成本估算那样，可以去询问具有类似项目经验的相关方、主题专家、供应商和项目团队成员。很多时候，职能经理都曾为类似项目借出过资源，有相当准确的成本和估算数据，所以不要害怕去咨询别人。

另一个有用的技巧是阅读历史文档，即用过去的可以参考的项目文档来确定当前项目的花费。如果过去的项目是最近完成的，那就太好了，因为你有实际的成本作为基础而不是估算。如果数据陈旧，别忘了进行调整，要考虑通货膨胀、工资增加等因素。

↘ 询问供应商

供应商投标分析是成本估算良好的信息来源。这种技术在外包项目工作时尤其有用。所以先联系采购部同事，他们可能有一份清单，告诉你哪些供应商已经提供了能够供你参考并被用作项目活动初始成本估算的价格指导。

在进行成本估算时，最好从多个供应商那里获得信息，因为它们可能有很大的不同。请不同的供应商分别给你报价，然后对他们的报价信息进行比较。请注意，有些供应商希望获得和你再次做生意的机会，所以他们会故意提供一个较低的初始成本估算。他们也可能把这个项目作为一个试点项目，希望能从其他类似的公司那里获得业务。在比较来自不同的供应商的成本估算时要记住这些，同时确保所有提供成本估算的供应商对项目的需求、假设条件和交付日期都有相同的理解。

如果供应商提供的估算很高，而你的预算相对不足，就向供应商要求打折。我曾对供应商使用过这种策略，尤其是对与我一直合作的供应商。但是，这不是每个项目都应该做的事情，在使用这种策略时要谨慎。

最后，一定要求供应商把他们的成本估算写下来。这将有助于确保在整个项目中，你得到了可以信赖的估算，从而帮助你避免以后的挫折。

估算成本并最终确定预算

你最常听到的高管们的问题是："这要花多少钱？"既然你已经了解了预算的构成及如何得出成本估算，你就应该准备好回答这个问题了。让我们看一个将所有这些内容放在一起的示例。

在你所处的城市，正在建设一个新的购物中心，你准备在那开设一家计算机零售店。这个项目的可交付成果之一是打造一处店面，具体工作有签署租赁合同，安装柜台和货架，安装展示柜，设立 5 条收银通道，还要在零售区域的后面布置一个工作区。此可交付成果的部分 WBS 如图 9.1 所示。

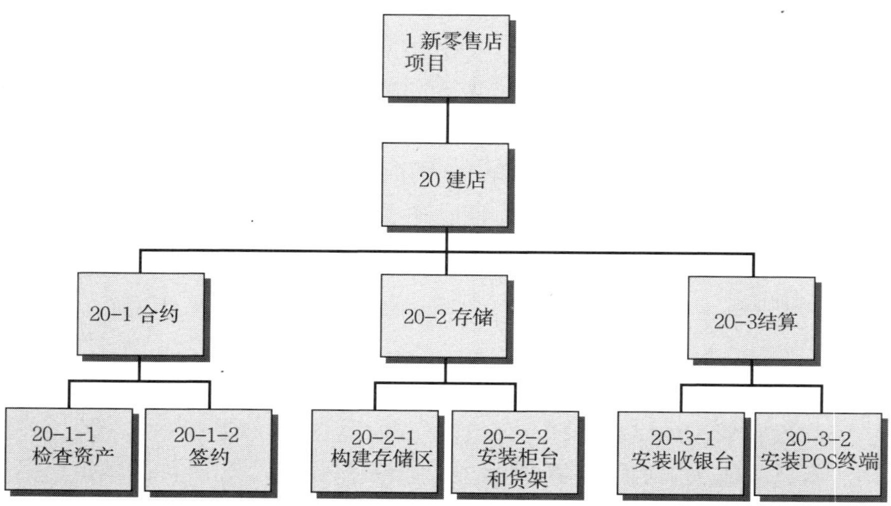

图 9.1 可交付成果部分 WBS

使用类比估算和自下而上估算相结合的方法，你的团队做出的成本估算如表 9.1 所示。

表 9.1　成本估算

编　号	WBS 元素	成本估算（美元）	建　议
20-1	**合约**	**800**	**合约成本**
20-1-1	检查资产	800	合同检查
20-1-2	签约	0	无成本
20-2	**存储**	**35 000**	**总材料花费**
20-2-1	构建存储区	25 000	材料花费
20-2-2	安装柜台和货架	10 000	材料花费
20-3	**结算**	**28 500**	**总材料和合同工花费**
20-3-1	安装收银台	5 000	材料花费
20-3-2	安装 POS 终端	23 500	18 500 美元材料费，5 000 美元合同工的人工费用

可交付成果（WBS 中的层级 2）显示的项目编号是 20-1、20-2 和 20-3。这些在表 9.1 中是用粗体表示的。每项都是下面所有单个活动的总成本。这些成本使用自下而上估算法已经汇总起来了，为每个层级 2 的事项提供了总计。每个层级 2 的事项加在一起成为这个项目的层级 1 的预算，总共为 64 300 美元。当你确定了其他层级 1 的成本后，可以将所有这些加在一起得到项目总估算。

↘ 要问的问题

一旦你输入了一些初始数据，并创建了第一份预算草案，你就可以通过问自己一些问题来完善估算值。你要确定自己已经定义了所有的预算事项，你记录的估算都是准确的。下面是能帮助你完成此活动的一些问题。

工资和承包商费用

工资和承包商的预算现实吗？这个项目与过去类似规模和范围的项目相比如何？

材料和供应商

采购部门的人员或是其他部门的主题专家是否检查了所有材料和采购物品的成本估算值？除你自己检查外，一定请采购部门的人员或主题专家也来仔细检查一下估算值，看是否有什么地方不合适，或者是估算得过高或过低。

未购买的物品

如果预算的物品未购买，你是否已识别出项目的潜在风险？如果没买的是你必须拥有的物品，确定风险将有助于你证明费用的合理性。如果是你可以选择的物品，确定风险也是帮助你检查备选方案的第一步。

必要的物品

询问一下所要求的预算物品对于交付项目的产品或服务是否绝对需要。它们是项目成功的必要条件吗？

相关成本

是否存在与购买此物品相关的其他成本？例如，软件通常需要有持续的维护费用来获得支持或升级服务。根据项目的周期长度，这些费用可能被算作项目相关的费用。但是无论如何，在交付项目时，最终客户必须接受这些费用，所以你需要提前告知他们这些成本的存在。

置信度水平

你要为这个项目所做的最大采购量的估算的置信度水平是多少？如果你是基于价格表做出的，置信度可能很高。如果你对成本不确定，置信度就会很低，因为你的估算可能远高于或低于实际成本。如果你的置信度很低，可能会对项目构成风险。你应该考虑将这些成本估算的风险添加到风险登记册中。

↘ 确定最终预算

现在你已经准备好确认预算并提交审批了。你也已经完成了估算并复查了所有相关工作。不过在提交最终预算供审批之前，还有几件事你应该做，以确保预算是准确的。（花时间对你的估算反复检查并不是一个坏主意。）

> **提示** 你提交的预算一旦被批准了，你就很难再要更多的钱。在实施项目中你通常会被批准的预算卡住，所以你要确定你的估算已经包括了所有的东西，并且估算是准确的。

应急储备金

早在我十几岁的时候，我问爸爸要钱和朋友去看电影。我爸爸不是个喜欢看电影的人，所以他不知道电影票到底要多少钱。我承认我钻了这个空子要来了足够的钱，包括买爆米花和苏打水（不过，不要告诉他，我想他还没怀疑！）。这种方法通常很有效。有时我可以从几次电影中省下钱给我的朋友买苏打水。有时我可以存起来，如果爸爸手头钱不够的话，我还可以拿积蓄去看电影。

应急储备金　这是增加到项目预算中用于支付意外事件的应急资金。

其实项目预算的运作方式是一样的。为了应付意外事件，你需要在预算里加入应急储备金。不过我建议你在工作中应该诚实守信。把买电影票的钱用作储备金是一回事，在项目预算中有意增加几百万美元来满足你的“快乐消费”是另一回事，因为它可能让你失业，甚至坐牢！

在第 7 章中，我谈到了应急计划和应急储备金。应急储备金给了你一个缓冲，以支付意外成本或处理出现的意外风险。你不可能知道所有的事情，你的团队也无法预测项目中可能发生的所有事情，因此有一笔应急储备金将有助于当预料之外的事情发生的时候，你就可以从紧张的状态中走出来。

计算应急储备金的一种方法是在预算总额里增加一个额外百分比。这个百分比将根据项目来确定。风险识别和规划过程可以帮助你确定应急储备金数量，而风险应对计划将有助于判断你是否需要应急储备金。或者你可以研究历史项目文件，看看以前在项目中使用过多少储备金，然后根据项目需要对其进行调整。

不过，对待应急储备金要小心谨慎，因为它可能适得其反。如果你总是增加太多的预算，相关方就会对你的估算持怀疑态度。如果加得不够多，你就会陷入在预算范围内解决问题的困境，因为你不太可能得到更多预算。确保你使用的储备金数量是合理的和准确的。记录下你是如何算出这个储备金数额的，并一定要控制这些储备金的使用。再次请教专家，请他们根据以往类似项目的经验，看看你的储备金估算是否合理。

再做一次

请项目的主要相关方对预算进行彻底审查。提交审批前，由经验丰富的项目团队成员进行检查也是保证最终预算更具合理性的好办法。让他们想一想我早些时候说的问题，帮助找出任何遗漏或看起来计算错误的地方。

如果相关方质疑你对应急储备金的申请，那就请他们说明原因，千万不要让他们说服你。所有好的项目经理都在项目预算中加入应急储备金，这是一种惯例。

↘ 回忆以往

有时你会发现资金短缺、项目预算不够，因为要承担因削减或未经批准而产生的项目费用。如果这让你又苦又累，你就得重新开始规划过程来做出调整。从检查一些计划文档开始，找到方法削减或减少活动以适应预算的减少。当其他人告诉你你的估算不正确或需要调整时，你可能还需要重新进行规划过程。

以下是一些你应该首先考虑的帮助减少或调整预算的事情：

- 缩小项目范围。
- 减少可交付成果的特性或功能。
- 减少团队成员数量。
- 由内部团队来执行原本计划外包的工作。

规划和跟踪预算将允许你根据需要对项目的进度、范围或可交付成果进行调整。在制订计划的时候，你需要重新审视规划过程，所以当你不得不第四次甚至第五次调整项目计划时不要感到沮丧，因为这是项目管理过程的一部分。

↘ 你能控制吗

谁有购买预算物品的签字权？这是你想要在规划过程中预先回答的问题。有些组织对预算支出有严格的控制，需要管理层、财务总监及项目经理签字。如果是这样的话，你需要提前规划好预留时间才能及时得到所有这些签字。

理想的情况是由项目经理控制预算。这并不意味着你应该拥有无限的签字权，但是对于正常的供应品、承包商的发票等，你应该能够签署。所以与财务经理和项目发起人合作，为你自己设置一定范围的签署权，这样你就不必每次为了领一盒螺丝钉或向一个软件供应商拨打电话请求支持时都要获得签字。

> **注意** 对预算没有控制权的项目经理不应对预算失误或在项目监控过程中的预算和成本测量结果负责。

有的组织规定财务经理控制所有预算。他们批准预算物品的采购、签字，并且确保付款。如果可能的话，你应该和财务经理协商一些签署权，这样就不会耽误日常需求的交付。如果只有财务经理有物品购买决定权和签字权，就不应该由你对预算状况负责。在这种情况下，还要和领导说明，不能根据项目是否满足预算目标来对你进行绩效评估。

↘ 费用是多少

有些项目似乎有自己的生命。信息技术项目就是个很好的例子。我在这个行业见证过无数次有关项目评估的对话，比如：

项目经理说：“嗯，发起人女士，我已经完成了估算。这个项目将需要 18 个月和 70 万美元才能完成。”

发起人女士回答说：“你错了。只需要 12 个月 35 万美元。”

对话结束。

你能猜到接下来会发生什么吗？项目经理同意这个不切实际的时间以及减少的预算，但奇迹般的是他们按时交付了项目。那么，这是怎么做到的？发生了什么？

真正的问题是，这是以什么为代价实现的？尽管该项目可能按时、按预算交付了，但这并不是故事的结尾。为了达到这个目标，许多可交付成果被推迟到第二阶段，而为了赶上不切实际的截止日期，软件编程团队不得不削减几个重要的步骤。你的项目团队可能为了完成任务而花费了非常多的时间，他们对此非常不满意，因为你为了给项目省钱没有支付给他们加班费。

缺乏设计和适当的规划，后续为解决因此而出现的问题就会花费更多的成本，再加上软件编程人员为解决问题所需的额外时间，最后费用会远远超出最初的项目预算。如果发起人能抽出时间检查项目的计划文件、关键的可交付成果和为项目成功要完成的关键的活动，那么她可能会批准原来的预算。相反，解决这些问题的成本远远超过了批准的预算，项目失败了，这是项目发起人决策的失误，项目经理也会感到无奈。

↘ 批准预算

预算过程的最后一步是批准预算。项目发起人、关键相关方和财务经理是最有可能批准预算的人，但是每个组织有所不同。检查你所在组织的流程，以确定如何着手获得预算的批准。不管流程是怎样的，如果预算未经批准，你就不能继续实施项目。

■ 建立成本基准

成本基准是项目的预期成本。它是用来比较项目实际费用与预算费用的。预算是为项目活动分配成本和资源的，因此最终预算就会成为成本基准。项目的实际成本要在整个监控过程加以测量并与成本基准进行比较，以确保实际费用与预算费用一致。

根据项目的不同，预算的复杂程度会有所不同。如只有一两个事项，预算可能很简单，如包括几个层级的详细工作分解事项，则可能很复杂。你也可能遇到这样的情况：项目非常庞大，预算被划分到工作包级别，这样对应的子项目经理们只负责自己的预算部分。你需要从子项目经理那儿分别获得他们的预算，以便与项目文档保持一致。然后，就可以创建一个项目总预算，同时显示每个 WBS 元素的预算。

有几种方法可以记录你的预算。你可以使用电子表格，如表 9.2 所示，用于跟踪活动、预算成本和实际成本。

表 9.2 预算表格

编 号	活 动	成本估算（美元）	实际成本（美元）
20-1-1	检查资产	800	800
20-2-1	构建存储区	25 000	26 225
20-2-2	安装柜台和货架	10 000	9 315
20-3-1	安装收银台	5 000	15 475
20-3-2	安装 POS 终端	23 500	23 500

跟踪预算的另一种好方法是将预算成本与电子表格中的项目信息放在一起，如表 9.3 所示。

表 9.3 带有预算的项目进度

编 号	活 动	工期（天）	开始日期	结束日期	成本估算（美元）	实际成本（美元）
20-1-1	检查资产	3	6-1	6-3	800	800
20-1-2	签约	1	6-4	6-4	0	0
20-2-1	构建存储区	10	6-5	6-14	25 000	26 225
20-2-2	安装柜台和货架	10	6-5	6-14	10 000	9 315
20-3-1	安装收银台	4	6-15	6-18	5 000	5 475
20-3-2	安装 POS 终端	5	6-19	6-23	23 500	23 500
汇总		23			64 300	65 315

大多数项目管理软件允许你将成本信息放在详细的项目进度计划里。你可以在软件中直接生成有关成本信息的报告，并且跟踪预算与实际支出。当需要报告项目进度的时候，你可以简单地打印预算报告，或如表 9.2 和表 9.3 所示的电子表格，这取决于你跟踪和记录预算的方式。

除非财务部门有明确的要求，否则展示和跟踪项目预算取决于个人喜好。但你的报告至少应包括活动编号、活动描述和成本估算。

■ 完成规划

祝贺你！你已经完成了整个项目的规划过程。规划是一个漫长的过程，但这是一个很好的值得努力的过程，因为这个过程对项目的成功至关重要。这是你的整个项目历程的运行地图，需要定期更新。

表 9.4 总结了你应该完成的所有主要规划活动。看看下面的过程，了解你所做的一切是如何相互关联的。

表 9.4　项目规划过程

项目名称：________________　　　　项目编号：________________

项目经理姓名：____________　　　　项目发起人姓名：__________

项目规划活动	输　入	输　出
项目范围说明书	项目章程	项目目标和目的、假设和约束、关键成功要素
WBS	项目范围说明书、项目范围管理计划	项目可交付成果的工作分解
活动定义	项目范围说明书、WBS	WBS、活动清单
沟通计划	项目章程、项目范围说明书	沟通计划
资源定义	项目范围说明书、WBS、活动清单	定义项目需要的实物和人力资源
任务依赖关系	WBS、活动清单	活动的逻辑依赖关系
网络图	WBS、活动清单、依赖关系	依据活动顺序的逻辑图
活动时长估算	WBS、活动清单、资源计划、网络图	完成每个活动所需的时间
采购计划	WBS、活动清单、资源计划、网络图	采购计划
风险计划	项目范围说明书、WBS、活动清单、资源计划、网络图	风险管理计划
质量计划	项目范围说明书、项目范围管理、WBS、活动清单、网络图	
项目进度	项目范围说明书、WBS、活动清单、网络图、资源计划	
预算	项目范围说明书、WBS、活动清单、网络图、资源计划、采购计划、风险计划、项目进度	

以上所有这些文件一起构成了项目计划。记住，项目目标和目的、假设和约束条件都包含在项目范围说明书中。角色和职责定义也是项目范围说明书的一部分，它概述了每个人对项目的责任。如果你的计划很长，你可以在前面加一个目录，引导读者迅速看到他关心的部分，如角色和责任定义。千万不要忘记把在第 6 章讨论的项目团队目录也包括在项目计划里。

↘ 项目计划有多大

你可能会想，项目计划究竟有多大？这取决于具体的项目。如果项目的范围小、持续时间很短，所有这些信息都可以包括在几页纸里。如果项目持续时间长、范围大，可能每个活动需要几页纸才能写完项目计划。你应该遵守的是做计划尽可能简洁，经验会告诉你每个计划应该包含多少细节。在这些文件中添加一些叙述性描述是一个好主意，这样可以帮助相关方和管理团队了解所展示的这些信息。

我还建议在项目计划的前面添加一个综合摘要。这样会为读者提供项目概貌、项目的高层级目标，以及项目完成时可以提供的产品或服务。

项目计划做得越好，你和项目团队就越能做好准备开展项目工作并妥善处理突发事件。审查和保持计划最新和首先要写计划一样重要。这样做可以让你有效地判断出现的新情况，并做出必要的更正，以使得项目重新回到正轨。

↘ 大型项目

大型项目计划可以由几个阶段组成，这些阶段最终形成一个主项目计划。每个阶段可能有一个项目经理，负责监督该阶段的项目计划的编制。项目集经理将所有阶段合并起来，形成项目主计划。每个项目经理都要遵循我所提到的计划过程，为他们各自负责的项目阶段制订项目计划。

图 9.2 是一个大型项目的 WBS。在第 1 层级的每个可交付成果——信息技术、商店建设和零售产品都要求有自己的项目计划。

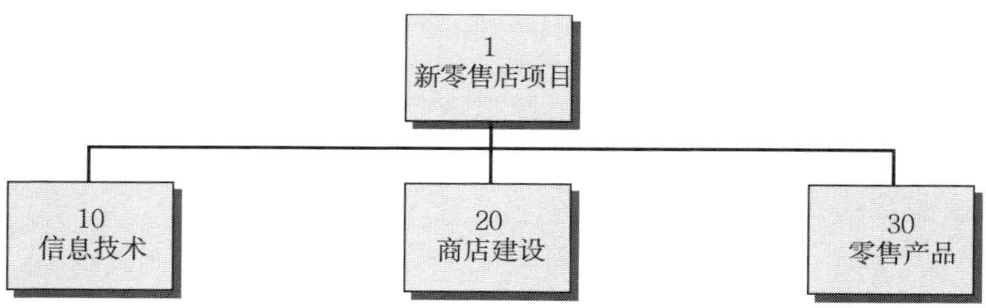

图 9.2　某个项目的 WBS

这个项目可能太大了，以至于每个二级 WBS 元素都需要一个子项目，将其汇总成为一级子项目计划的一部分，然后将所有的一级计划合并到整个项目计划中。

↘ 获得批准

项目计划最终应该由项目发起人和主要相关方批准。此时，批准实际上是一种形式，因为他们已经看过并批准了构成计划的每个文件，但这次是给他们最后一次机会，从总体上审阅这个计划并在批准项目计划前提出建议。

不要以为项目会自动进入下一阶段。从开始时项目被选定到完成项目计划，情况都可能发生变化。例如，你可能正为一个高利润项目准备计划，整个组织都很兴奋，而在规划过程结束时，CEO 或其他高管辞职了。你猜对了，一个新的 CEO 来了，他想知道为什么每个人都认为这个项目很棒，而他认为自己带来的新项目比这个项目要重要得多。

幸运的是，这种情况并不经常发生。但是要知道项目可能在规划过程就被取消。不要太往心里去。随着时间的推移业务会变化，组织目标会改变，人员会流动，团队的状态会改变，相关方的风险容忍度会改变，经济指标或市场数据会改变，或者一系列其他原因，这些最终可能给了高管们“扼杀”这个项目的理由。

一旦最终计划获得批准，你就可以执行项目了，也就是进入执行过程。这就是项目的工作所在。我们要在下一章开始讨论这个过程。

关键术语

类比估算
自下而上估算
应急储备金
成本基准
直接成本
间接成本
项目预算

回顾与思考

1. 什么是项目预算？
2. 列出三类项目成本。
3. 描述两种类型的项目成本，并分别举例说明。
4. 描述类比估算技术。
5. 描述自下而上估算技术。
6. 应急储备金的用途是什么？
7. 你的项目预算已获得批准，但批准的金额低于最初的申请。你能做些什么来处理这种情况？
8. 什么是成本基准，它是用来干什么的？
9. 项目范围的改变通常需要改变哪两个项目的规划过程？
10. 每份规划文件的批准是否保证了整个项目计划的批准？为什么？

第 10 章

执行项目

本章要点：

- ✓ 组建团队
- ✓ 高效团队的特征
- ✓ 谈判和解决问题
- ✓ 使用奖励和激励
- ✓ 汇报项目进展状态
- ✓ 采取正确的行动

本章主要介绍项目生命周期中的执行过程组。所谓执行过程组就是完成项目工作的阶段。本书已经介绍了工作、工作计划，描述了工作会是什么样的情形，现在就是要开始做工作的时候了。当然没人是做不了项目的，所以在这一章我会花一些时间来谈谈项目团队的组建和发展、谈判和解决团队问题，以及你作为项目经理的角色和职责，也包括如何使用激励的技巧。

本章我还会介绍如何准备项目进展的状态报告，以及介绍这些报告的接收者，最后来讨论要如何采取正确行动，以便项目能够按照计划实施。

组建团队

作为项目经理，你的最重要的任务就是管理并带领团队。你已经编写完成了项目计划文件，预算也获得了批准，但是如果没有一个运行良好的团队，你就会在项目的任务实施和进度上遇到困难。请猜猜谁会负责将团队成员聚集在一起，并持续鼓励他们？你猜到了——就是项目经理。

为了在项目结束时能交付独特的产品或服务，就要求团队成员之间以精诚团结的方式工作。除了在电影，比如《星球大战》，或者某些工厂里可以看到机器人，大多数的项目团队都是由人组成的，这其中微妙的一点就是：和机器人不一样，项目团队都是活生生的人，每个人都有个性、偏好、自己的职业道德准则和相应的能力等。你的工作就是管理这些人，并凝聚他们的力量来完成项目的工作。

团队建设活动是帮助团队有效运作的活动之一。在项目的规划过程组，当你开始召集项目的关键成员时团队建设就已经开始了，而且会贯穿整个项目周期。开展团队建设活动可以改善团队成员的表现，使团队成员得到鼓励。团队建设活动可以是精心准备的，也可以是相对简单的，你可以考虑将类似比萨聚会作为团建，带领团队成员下午外出打球；你也可以请一位咨询专家来主持团建活动或带领全体成员到外面参加领导力课程或相关的活动。实际上有很多介绍团队建设的书可供参考，其中介绍的团建方式比我们在这里讨论的范围更广，我鼓励你去请教这方面的专家或读一些有关的书籍。所以请密切联系你的团队成员，鼓励大家积极参与，保持开放的沟通渠道，尽快找到激励大家有最好表现的团建方法。

在第 6 章中，你已经定义了完成项目工作所需要具备的技能类型，也为团队安排了几个关键的成员，并利用他们的经验来规划进度，确定了一些估算，等等。现在要做的是确定所有的项目成员，并将大家聚集在一起开始项目的工作。我已经介绍过要和项目成员协商，保证他们有时间能按照你安排的项目进度进行工作的重要性。现在让我们看一下当所有人聚集在一起应该开展的工作。

↘ 项目团队开工会议

现在是时候召集所有人在一起开展项目的工作了。项目团队的开工会议要包括参与项目工作的所有人。这个会议不同于我谈过的项目章程签署之后的项目启动会议，那个是和相关方及项目发起人等召开的会议，而现在这个会只在你的项目团队范围内进行。

这个会议的目的是部署项目的基础工作。你不仅要在这个会上告诉团队成员项目的目标（包括其他的事情），而且要为将来的会议做一个样板，比如提前发出会议日程，要让大家知道会议会准时开始，所有人都必须参加，也会坚决按照计划的议程进行。

在第一次会上，让所有项目团队成员花一两分钟介绍一下自己和在这个项目中的角色。介绍之后，再确认一下每个成员的角色和职责，以便大家清晰地理解自己需要完成的可交付成果或主要的项目活动，然后再讨论下面的内容：

- 项目目标。
- 关键的成功要素。
- 可交付成果的截止期。
- 项目进度。
- 活动安排。
- 活动截止期。
- 如有问题和困难，如何告知项目经理。
- 发布项目进展状态报告的方式和时间。
- 未来团队会议的日程安排。

在第一次会上向你的团队成员传达以上信息，并且确保他们都已了解以上内容，这一点十分重要。可以要求他们给予反馈，或者请他们回答一些特定的问题，以确定他们理解了项目目标。

同样重要的一点是要让你的团队成员明白你对于这些会议的期望，让他们知道你举行会议是要讨论什么内容、达到怎样的效果，不要让他们把你带偏。不过在你的周期性的团队会议上可以留出一定的时间来讨论项目的进展状态和问题，以及在下一次会议之前期望他们完成的任务。

至此，每个团队成员都已经相互认识了，是时候一起开始工作了。一旦他们开始工作，就要经历下面几个发展阶段。

↘ 团队发展的 5 个阶段

团队发展和建设的过程，就是将外部和内部的不同组织的人召集在一起成为一个团队，并让他们尽可能富有成效地一起工作。这种事说起来容易做起来难。

当你和团队成员一起工作时，首先要意识到团队的发展是要经历几个阶段的。美国俄亥俄州立大学的教育心理学教授塔克曼（Bruce Tuckman）博士于 1965 年所创建的团队发展模型，说明了团队如何通过几个阶段从初期形成到发展成熟的过程。不论团队成员以前是否认识，任何在一起工作的团队小组都会经历这些阶段。事实上，在项目开始之前，很多时候你的项目成员是相互不认识的，要确保在召开的项目会议之前有一定的时间让大家彼此熟悉，并经历相应的发展阶段，然后形成一个团队来一起工作。所以你作为项目经理要理解这些发展阶段是非常重要的，这样你就能帮助团队发展到最有效的阶段。下面让我们具体看看塔克曼博士的团队发展模型的 5 个阶段。

阶段 1　形成

形成阶段是指所有项目成员聚集在一起并相互认识，他们会被告知项目的目标并被安排相应的任务，以及项目经理对于项目和团队的期望。这时，项目成员会常常问自己下面几个问题：

- 我为什么会被安排做这个项目？
- 对我有什么要求？
- 在这个项目里其他人的角色是什么？
- 我如何才能够成功完成交给我的任务？
- 我能得到我需要的资源，从而更好地完成这项工作吗？
- 我能很好地和项目经理一起工作吗？

在项目的这个阶段，人们在某些方面将会有所保留，他们通常会很有礼貌，一般会用正式的商务方式和沟通风格。只可惜这个阶段会过得很快。

在这个阶段，作为项目经理，其任务就是沟通。如果团队很小，我的建议就是和团队成员一对一见面，以小组形式提早讨论问题（和答案）。根据我的经验，团队成员如果能清楚地知道为什么他会被安排做这个项目、对个人和团队的可交付成果的期望，以及如何告诉项目经理他们的需求和问题，他们的表现通常会超越那些没有或不理解这些信息的团队成员。

阶段 2　震荡

在这个阶段，团队成员开始了解项目的工作内容，团队成员间的关系变得很融洽，不过也会有人开始质疑其他人的角色和工作状态，然后就会出现相互撞击的火花，由此关于工作安排就会产生很多冲突。团队成员会开始问这些类型的问题：

- 谁要做什么？
- 怎样做才能完成工作？

- 我们用什么流程做这件事？
- 谁做这件事？

当冲突发生时，你就知道已经进入了震荡阶段。我会在下一章节介绍一些解决冲突的技巧，你可以用来帮助团队成员处理这些问题。在震荡阶段，作为项目经理，你的角色就是提醒团队成员要关注并始终聚焦在项目目标上。当然在这个阶段，发生冲突并不一定是坏事，为了使团队进入下一个阶段，它是必须经历的。在这个阶段你最好只是对冲突进行有限的干预，让团队成员尽量自己解决问题。团队成员需要知道他们要对任务负责，了解他们的责任范围，以及他们如何与团队中不同个性的成员合作来完成项目。这其中通常会有一些争斗，不过没关系，其实疑问和冲突不只是有助于发生冲突的人，还可以帮助团队所有人厘清项目的目标。所以要鼓励你的团队成员开诚布公地提问和讨论冲突，团队只有在解决了冲突之后才可以进入下一阶段。

注意　一些团队可能始终处于震荡阶段。当然在这个阶段管理团队是非常困难的，如果团队成员关系特别不融洽，可能对项目有负面的影响。所以如果团队看起来没有任何进展，可以考虑替换那些不愿合作的或引起不必要冲突的成员。

阶段 3　规范

规范阶段就是团队开始平静下来，有序地进行项目工作的时候。这时团队成员知道对他们的期望，也已经接受和理解项目目标，他们对自己在团队里的定位都比较认可，会彼此表现出友爱和大家庭般的温暖。这样冲突就会减少，团队成员想要解决的是项目问题，而不是在彼此之间争个高下。这个阶段团队成员通常会收集所有人的意见来共同做出决定。

在这个阶段，如果项目经理什么也不做，团队可能退回到震荡阶段，所以你应该继续召开团队会议。一旦冲突发生，你要时常进行干预以保证团队继续前行，同时监督每个成员的参与，鼓励大家继续专注于项目目标，并提醒他们如果有问题就要立刻告诉你。

团队在规范阶段的工作是很有效的。如果在这个阶段项目能有所进展，团队就很有可能有创造性并高效地达到项目目标。不过这时他们还未达到最佳状态——那要在下一阶段发生。

阶段 4　成熟

成熟阶段是所有发展阶段中表现最好的。现在团队运作可能处于最有创造性和高效的状态，大家相互支持、相互监督，从而能取得巨大的成就。如果团队处于成熟阶段就会持续发展，几乎停不下来。

不过，并不是所有的团队都能达到这个阶段。如果在职业生涯中你有一两个项目团队能实现这个阶段的状态，你就会热衷于这种工作方式。此时你和团队成员的关系是处于和谐和相互配合的，而这种状态常常是无法复制的。

当然需要明白这个阶段不可能强行达到，之所以发生是因为团队成员和你之间发自内心地相互尊重，并都全身心地投入项目中，大家已经接受这个项目作为自己的职责，并认为自己有责任要做好工作。

所以作为项目经理，在这个阶段的主要角色就是关注项目管理流程而不是团队，因为团队此时一般都能自我管理，而且会有序地忙碌着并持续向你汇报工作进展，同时沟通渠道也一直是畅通的。

阶段 5　解散

在 1977 年，塔克曼博士与玛丽·詹森（Mary Ann Jensen）（博士生）更新了团队发展模型，他们增加了最后一个阶段叫解散。正如这个名字的意思，这个阶段就是在完成工作后解散团队。作为项目经理，一定要意识到在项目结束时很多团队成员可能有迷失的感觉，特别是一些周期较长的项目。项目经理要在项目结束过程中引导团队，其中进行团队庆祝就是一个项目结束的方式。在庆祝会上要感谢他们做出的贡献，让他们知道你非常感激他们的努力以及在项目期间所做的牺牲。

所以正如我们所说，最有效的团队是在阶段 4，但你不能强行推动团队到达这个阶段。作为项目经理，你可以帮助团队向这个阶段努力，方法包括有效沟通、征求意见和有效解决冲突。下面着重介绍一下这些方法。

（1）有效沟通。

与团队成员定期安排团队会议和个别会议，鼓励大家在会上提出关心的事和问题。如有任何问题会影响他们，一定要及时告知。

（2）征求意见。

要求团队成员参与并做出贡献，如果他们能感到自己对项目或一些决定有一定决策权，会比那些没有这种感觉的团队成员有更高的工作效率。在日常的工作中，项目经理要赋予成员一些做决定的权力，以鼓励他们支持和参与。

（3）有效解决冲突。

当发生冲突时，鼓励团队成员自己去解决冲突，如有任何他们解决不了的再上升到你这里。要鼓励团队成员提出他们的困难，同时无论如何都要尝试相互理解并达成共识。请记住，要从收集所有的相关信息开始，然后去尝试可能的解决方案。

↘ 高效团队的特点

所谓高效团队是指在团队发展过程中处于规范和成熟阶段，团队成员对于项目充满力量和热情，并已经成为很好的问题解决者。通常和高效团队一起工作是很快乐的，它的创造力会使你感到惊喜。所以鼓励每个团队成员积极参与，保持开放的心态,开展团队建设活动,这些都会使你的团队能够更长时间地顺利运作。我会在后面章节中讨论项目经理对应的角色。

这里列出一些高效团队的特点：

- 能很好地解决冲突。
- 对项目充满热情，具有责任感。
- 对项目团队和项目经理有担当和承诺。
- 能创造性地解决问题。
- 对工作高度满意。
- 有高效的团队成员，他们具有归属感和目标。
- 能有效沟通。
- 团队成员共同做出决定。

失控的团队与高效团队恰巧相反，这也不是你在下个项目中想要的团队。请注意，下面是失控团队的警示信号：

- 项目进展状态会议变成了抱怨的场所。
- 缺乏鼓励，态度冷漠。
- 缺乏对项目工作的满意度。
- 沟通不畅。
- 彼此缺乏尊重。
- 缺乏对项目经理的尊重。
- 缺乏对自己行动的责任感。

我有和这两种类型的团队一起工作的经验。和高效的团队在一起工作是十分有意思的，因为团队拥有凝聚力并专注于项目目标，从而带来项目成功。当有问题出现时，几乎不用花太多的精力就可以解决，所有的事情好像单击一下鼠标那么容易。而面对失控的团队，就会花费你所有的时间和精力，回报往往也很少。不过有些时候你无法选择你想要合作的团队，遇上失控的团队，你要坚持为团队多付出些。如果你是和失控的团队一起工作，我能给你的建议就是多开展团队建设活动并保持开放的沟通渠道。

同时也要考虑你的团队成员岗位安排得是否合适？他们是否需要培训？他们是否被要求完成没有准备好的工作任务？他们是否拥有完成任务所需的资源？如果团队成员感到他们没有准备好做这个被要求的工作，或者他们没有感受到自己对团队的价值，他们就会采取随意的态度，由此就造成了团队失控的状况。

注意 态度不好就像流行性感冒，一旦一个团队成员患病了，所有人都会被传染。所以在其他团队成员患病之前，你要防止它的发生。

你可以参照本章后面部分的指导来防止和纠正你团队的失控行为。

谈判和解决问题的技能

我可以肯定除非你是独自一人在做项目，不然你肯定会遇到问题或冲突。不过，就算项目里只有你一个人，你还要考虑客户、相关方、发起人以及支持者。有人的地方，就会有不同的观点、不同的沟通方式、不同的需求和期望。

当一个人的需求和期望与另一个人不一样时（这有可能发生在公司层面，不一定只是个人之间）就会有冲突发生。有些时候对于提出问题的人，如果通过和他们举行会议，一起讨论面临的状态和可能的替代方案而达成协议，就可以容易地解决冲突。但对于其他情形，就不会是一件容易的事了。

最有可能需要谈判和解决问题技能的事项是包括诸如项目进度、资源安排、合同内容及价格、你和其他人的权力职责以及围绕商务或技术流程的问题。比如，其中关于流程方面的问题，有人可能质疑你使用的项目管理流程或你选择流程的方法，这些流程都需要通过协商才能达成一致。毫无疑问，每个项目经理不得不使用谈判和解决问题的技能。好的沟通技能和有效的问题解决是密切相关的，所以你要完善这些技能并将它们放在你的项目管理工具包内。你可以使用相关工具来进行谈判和解决项目问题，下面我将会介绍其中几个。

从头开始

在问题出现的时候就要解决问题！尽早解决问题，很多时候可以防止它们变成失控的“章鱼”。因为问题就像有很多爪子的章鱼一样，当你关注了其中一个，而忽略了另一个，它就会从后面抓住你。

如果你有难题，并且很明显只有通过协商才能解决时，你首先应该把问题记录下来，定义问题，并尽可能描述得越详细越好。要把它们分解成较小的部分并加以关注，而不是只看问题的表象。当然要求其他团队成员也参与进来，其实定义问题的过程就可以让所有人明白真正的问题是什么，这样很容易澄清一些错误，有助于进一步沟通和理解。

除了写下相关问题，还要包括关于问题的假设条件，这是另一个需要考虑的潜在问题。例如，你的假设是需要员工从 6 月 1 日开始的 6 个月里进行工作，而我的假设是那些员工从下个星期就开始工作，我们可能发现没有任何问题，因为我们对这一情形双方都做了假设，就算假设的内容不一样，当看到清晰的假设的内容时，会发现这个问题可能很容易就解决了。

下一步就是写下你建议的解决方案，它可以只是一个想法，不一定包括所有方面的详细内容，这里的要点是要开始考虑如何解决问题。通过提供解决方案给其他的团队成员来表明你是十分愿意和大家一起找到解决办法的，而不只是说“这是你的问题”。在我职业生涯的早期，我曾遇到的一个经理一般不让我和他一起参与问题讨论，除非我有具体的解决问题的方法。那时我不理解，想知道公司付给他薪酬是要他做什么，不过现在我明白了，自己多思考问题，并且在和别人讨论之前就提出替代方案这种方法，很多次帮助我快速解决了问题。

注意　记录问题、关于问题的假设和可能的替代方案，将有助于你做好面对面会议的准备工作，并能在讨论过程中始终聚焦手边的问题。

在记录下问题、假设、可能的解决办法后，就可以安排和有冲突的成员的面对面会议来讨论。我建议这种会议要处于一种自然宽松的状态，换句话说，要在会议室或公司之外的地方，而不要在你的办公室。

调解人：作为第三方来与有争议的双方或更多的当事人之间进行和解谈判。调解人应该是公正的，不应该从裁决的结果中得到任何好处。

如果团队成员在讨论会上争论得很激烈，就可以考虑使用调解人。这个调解人应该没有直接参与到冲突中，也不会从结果中得到什么。该调解人要保证按会议日程进行，确保每个人明白现在手上的问题，要允许每个人有机会从他们的角度来阐述看问题的观点及提出任何解决方案。当然你每天在项目里遇到的问题并不都需要使用调解人来解决，但如果你在一个问题的解决方案上难以达成一致，这可以是一个选择。

要允许大家从各自的角度来发表看法，并提出其他解决方案，确保每个人都有同样的机会来描述他们的想法。之后，就可以请描述问题的人换位思考，即从旁观者角度会如何看待他的这个问题。这很像我在第 2 章中描述的倾听技术，你可能听了演讲者说的内容，但你要确认理解了所听到的意思。从其他人的角度来看这个问题可能更快地找到解决方案。

虽然谈判和解决问题的技能需要练习，但别担心缺少实战机会，项目管理的舞台会给你很多机会来提升你的解决问题的技能。我认为在这方面更重要的是精准、全面地定义问题，千万不要仓促下结论，要允许提出不同的解决方案，这样所有的可能性才会展示出来。

结束这个话题之前，让我们看看 5 种不同的解决问题的方法。

↘ 解决问题的 5 种方法

PMI 认可下面 5 种解决问题的方法，你会发现这些方法已经考虑了所有参与者可能的行为方式。如果在下一次冲突中，你发现有人使用了强迫/指导、平滑/调解、妥协/和解、撤退/躲避这几种方法来处理问题，一定要努力把他们尽可能地带到合作/解决问题的方法上来。

强迫/指导

强迫就是当一个人，比如老板说“就走这条路”时，所有在老板手下的人肯定都会同意。这些人可能自言自语地说这是他们很长时间以来听过的最不可思议的想法，但是因为害怕，就都公开表示同意。强迫就是一方强制另一方接受自己的决定。一般情况下，某人使用强迫方式是基于他的权力的，但有时也不全是，比如担心失去管理权的技术带头人、拥有很高技能的员工，他们也会使用这种权力。利用强迫的方式来做决定并不一定是好的，但是这种决定通常不会被改变，因为老板就是老板，是他说要走这条路的。

不过，强迫通常会造成一种“冲突”的气氛，以及“我们对抗他们”的心态。我建议在绝对需要的时候才使用这种方法。

平滑/调解

这个做法就像“和稀泥”一样。你可能在参加过的会议上听到过类似的开场白，比如：“我不明白为什么每个人都这么心烦意乱，这没什么大不了的，你们都把这个问题夸大了。”当这个人结束发言后，在座的每个人都面面相觑，觉得好像被说服了，不明白为什么原来会觉得这是一件大事。结果就是大家好像都统一了意见，直到散会后，回到自己的办公桌前，才回过味来，仍然琢磨会上究竟发生了什么事。这时大家就会明白问题其实依然存在，只是被掩藏了起来。于是下次开会的时候这个问题又会被再次提及，然后可能又会再一次重演上一次的情形。所以，问题一直悬而未决，直到有人意识到真正发生了什么，并把大家带到可以解决问题的路上。

妥协/和解

妥协是指双方放弃某些东西而达成一致的解决方案。从表面上看起来这是一种好的方法，但是如果双方都对所达成的决定不感兴趣，他们可能在项目的后期“拖后腿”，甚至改变主意，所以在这种情形下双方没有输赢。不过如果双方都不反悔自己所做的妥协，而且能承诺按照彼此同意的解决方案行事，这也算是一种可行的方法。

撤退/躲避

这种方法永远不会解决问题，因为它就像两个人在一起玩，结果其中一方拿起他的玩具回家了。这个人可能起身离开会议，也可能在情感上退出有关讨论，但无论是哪种方式，他都不会参与寻找解决方案。这可能是所有方法中最糟糕的，因为当一方拒绝合作时，就无法达成持久的解决方案。

记住，这与当一方变得头脑发热、失去控制时离开会议是两码事。我认识一个项目经理，在一次公开会议上他和一个关键相关方发生了争执，然后就离开了。因为会上这个相关方把所有的问题都交给毫无准备的项目经理处理，还用一些粗俗的语言发泄情绪，项目经理只能直视他的眼睛说："会议结束了，当你准备好能表现得像个专业人士时，再打电话给我。"然后就离开了。我也希望我能告诉你这种事从来没有发生过，但它确实是真事。当然不是每天都会发生这种事，但在你的职业生涯中，有时你会发现自己就坐在这样的人对面。所以不要让你自己或你的团队成员遭受到相关方的愤怒发泄和抱怨，在这种情况下，要求他们停止会议或离开是可以的。

合作/解决问题

这种方法是找到解决方案的最好的方法。其背后的理念是任何问题都会存在一个正确解决的方案，团队有责任挖掘所有事实并找到解决方案。所以一旦事实被发掘并被呈现出来，就可以很清楚地做决定了。由此得到的解决方案一般会是个一劳永逸的永久方案，这样冲突也就终止了。团队成员可以利用这种方法来讨论和分享不同的观点，有机会探讨问题的各个方面，而且合作能让团队成员对所做的决定做出承诺和达成共识。这是我在本章开始时描述的方法，首先将问题记录下来，让事实说明到底发生了什么，然后和团队一起找到所有人都认可的解决方案，这就是你应该经常使用的方法。

提示　项目经理用来解决冲突的最常用方法就是合作/解决问题。

当你在解决问题或要做决定时，应该保证有一定数量的沟通渠道（我在第 2 章里介绍过）。理想的团队规模是 5~11 人，超过这个数的话，你做决定时就可能有一定的风险，或根本无法做决定。

请记住，解决冲突的方法也包括沟通和倾听。作为项目经理，你会发现自己在这些方面所做的工作要比其他工作多得多，所以良好的沟通技能和优异的规划技能是项目成功的关键。下面让我们讨论关于有效团队的发展，项目经理需要知道些什么。

■ 项目经理在团队发展中的角色

项目经理承担着非常艰苦的工作，同时，他们进行的每个新的项目就是在拿自己的名誉冒险，尽管这个新项目的规模和范围与以前做的类似，但是仍然会有不同的风险、不同的结果和不同的项目团队，每个新项目都有可能成功或失败，每个团队即使在成熟阶段都有可能是高效的或失控的。

作为项目经理，你的任务之一就是激励团队成员并鼓励他们尽可能有最好的表现。其实每个人都希望完成工作后被认可，认可是一种激励的方式，它能驱动个人和团队有最佳表现。在下一节，你将看到在什么方面要激励团队以及如何有效地奖励，从而能得到你希望不断看到的团队表现。

↘ 奖励的经验

人们为什么要做他们手上的这些事？如何鼓励积极、正面的行为和出色的表现，以及团队成员的相互合作？下面让我们来学习一些基本的激励理论，包括如何激励和认可团队来驱动团队做得更好。

激励

（1）内在激励。

激励就是一种鼓励，它能驱动人们去呈现结果。激励可以分为两种形式：内在激励和外在激励。

内在激励因素是个人特有的或源自内心的激励因素，用以激励人们履行职责。

内在激励因素能驱使人们去做事情。例如，有些人天生就追求成就感，对他们来说做到最好是个人的愿望，而且他们可以一直做到最好，他们会从尽可能做好工作中获得个人的满足感，没有任何外部因素驱使他们这样做，而是完全受内部因素的驱动。

（2）外在激励。

外在激励是指对个人外在的鼓励，如给予金钱、礼物和奖励，这些都可以激励他们去好好表现。外在激励因素通常是个人的外在因素，一般是物质性的，如奖金、加薪、股票期权、假期等都是外在激励因素的例子。这些人执行任务的目的就是获得他们认为有价值的东西。下面让我们看一些例子。

奖励和认可

对于个人和团队而言，奖励和认可都是重要的激励方式，用这种方法，项目经理可以鼓励团队成员有好的行为和表现。

奖励和认可应该对应于所完成和取得的成就。我曾经有一个老板将一句话写在他办公室的白板上："不要把活动忙碌和取得成就混为一谈。"我不知道这句话的作者是谁，但是它所表达的信息是清楚的：忙碌和工作有效不是一回事。可能有一些团队成员花了很长时间在忙工作，看起来有一系列的活动一直围绕着他们，但这并不表明他们的效率高。你应该根据指定的工作、对应的目标、截止日期和预算限定来测量团队成员的效率。当然也需要配合使用其他软技能，如创新的问题解决、好的沟通技能和团队参与等。

奖励和表现相联系

你一直想把给团队的奖励与希望他们该有的表现相挂钩。也许你的项目是有时间限制的，在这种情形下，你就会想奖励那些按时完成可交付成果的团队成员。如果你奖励那些表现不好的或勉强合格的员工，你就会更多地看到那些不好的表现，不久你就会发现其他团队成员都会重复这些不好的表现。

让我们看看这样的情形：你已经和团队说明了这个项目是有时间限制的，并准备奖励那些能按时完成关键进度节点的员工。基特（Kit）是一个持续按时或早于计划进度的员工，而艾丽西亚（Alicia）由于有不良的工作习惯，其工作进度经常推迟一天或两天，有时时间会更长，不过你是一个非常友善的项目经理，所以你能容忍艾丽西亚的工期拖延，给了她一次又一次的宽限期。但当其他团队成员知道了这件事后，他们也就不会认真地对待他们的任务期限了，因为他们知道奖励并不是和你要求的（按时完成关键进度节点）具体的表现相联系的，即便他们的工作拖延了，截止期也可以延后。所以一定要确认你想奖励的表现是将来你想更多地看到的，并且要保证持续地奖励每位有这种表现的团队成员，而不能有任何偏袒。

当然你同样也要明白奖励要切合实际。比如，你许诺团队成员，如果项目提前完成，也符合所有项目和质量管理的需求，在项目结束时就可获得奖金 10 000 美元。但是如果团队成员早早知道公司不可能或不愿意给员工奖励这么多钱，这种空头支票对他们来说就没什么意义，换句话说，这种激励是无效的，它不会有助于他们的表现，因为他们知道不可能收到这些奖励。不过，如果他们知道公司在过去的项目中曾奖励过工作做得好的员工，这样上面提到的奖励方法就是可行的，因为如果满足了条件就可以得到奖励，员工就会按期望的要求去做。

> 提示　即便金额不多，仍可以用适当的奖励来肯定成就。认可员工的表现对员工来说具有非常强劲的驱动力。

你要用你自己的判断来决定什么样的奖励是合适的，要根据组织的文化环境、过去给予的奖励、完成项目的复杂程度等因素来进行判断。例如，在一个组织中，如果提前完成了计划的里程碑，项目经理可以发放一个当地咖啡店的拿铁礼券，另一个组织的项目经理可以发放一个高级饭店的晚餐礼券。

重要的是你给一个人的奖励不要远超过他所完成的或所付出的代价。奖励 10 000 美元可能比较适合一个两年工期的项目，基于它可为公司带来 100 万美元的收益，并提前了 4 个月完成。这种额度的奖励可能不太适合小的项目或只能为公司带来很少收益的项目。

需要意识到你的公司政策会限制奖励的数额。如果政策表明每人每次的奖励不能超过 100 美元，你就不得不把奖励控制在这个范围里。当然这并不意味着因为金额太小就不再奖励。尽管奖励的金额很小，但是认可和奖励能成为团队成员很好的动力，你花了时间来感谢和认可他们，其意义是很大的。

如果你所在的公司禁止物质奖励，可以考虑使用下面的奖励方法。这些方法比较适用于你奖励那些比较小的成就：

- 带薪休假。
- 允许早走或晚来上班。
- 项目经理亲笔写封感谢信。
- 打印精美的奖状证书。
- 发邮件祝贺，适当的时侯抄送给其他项目成员、项目发起人和管理团队。
- 在召开项目团队会议时共进午餐。
- 用“最佳员工”的标识装饰员工的工位。

警告 当公开表彰一个人时，要考虑他们的喜好和文化背景的不同。有些人不太喜欢在其他人面前被表扬，而是希望项目经理和他一对一地交流，而有些人则喜欢得到团队广泛的关注。另外，需要注意，有些企业文化并不鼓励个人被表彰，所以在奖励个人时可能会遇到麻烦。

认可员工

要求员工认可其他人的成就或对别人给予的帮助表示感谢，也是很好的激励方法。你可以设计出几种方法，如员工可以通过表格或邮件进行提名，说明要表彰什么，以及团队成员是如何帮助他的，项目经理可以在项目会议上每月公布一次并表扬他们的积极参与和相互帮助；或者你可以使用自己设计的东西，如奖杯、毛绒玩具等，来分别奖励做得好的团队成员。接受奖励的人可以保留奖杯一段时间，也许一个月，然后他们可能要以其收到时的方式转发这个奖杯或玩具给其他团队成员。

奖励和认可有助于影响员工的行为，鼓励团队有最好的表现。如果你自己在奖励和认可团队方面做得不太好，可以考虑委托其他人来承担这项职责。如果你想学习这方面内容，有很多书是关于如何激励和管理员工行为的。作为项目经理，你一定要赢得你所带领的新团队成员的尊敬和信任，当然这是需要时间的。如果你是一个出色的项目经理，你的声誉已经事先发挥了作用，不过无法保证新团队的成员会持续尊敬和相信你，因为他们也需要时间来形成自己对你的看法。

项目经理的领导力是事先被授予的，因为项目发起人任命你来领导这个项目，但是这并不意味着你就是优秀的领导者或会得到团队成员的尊重。项目团队里一般也会有非正式的领导者，你要牢固地树立自己作为项目的领导者的地位，否则非正式的领导者就会在幕后控制团队，我会在下一节介绍如何应对这种情形。不过在我们具体谈如何能获得团队成员的尊重和信任前，让我们先看一下领导力。

↘ 领导力

项目经理、职能经理、高级经理和团队成员等都是在利用权力来影响别人，让其以特定的方式做事或执行任务。我们每个人在不同的时间使用不同的权力形式，这取决于我们的个性、价值观和公司文化。你不一定要有权力才能成为领导者，团队中可能有非正式的领导者，他们掌握着很多权力。当一个高级经理挥舞着魔杖对一个毫无准备的团队成员说："嘿，你就是项目经理!"这样做并不会让那个人成为真正的领导者。

有几种不同的权力方式，让我们来进一步探索每种方式及对应的特点。

奖励的权力

在之前我们讨论了奖励和认可。奖励的权力就是一种让团队把工作做得更好从而给予奖励或奖金的能力。团队成员通过表现出所希望的行为来获得奖励（正如前面解释的，所提供的奖励要切合实际，并与相应的工作表现相联系）。

惩罚的权力

惩罚的权力包括使用惩罚来应对没有达到预期的表现。幸运的是，当今的项目经理不必面对这种惩罚。有些时候当团队成员失控或没按照职责工作时，项目经理会被要求使用惩罚的权力，不过请事先同你的经理和人事部门商量如何在组织中使用这种权力。

专家权力

这种权力来自一个人对某一学科主题的感知或具备的知识。被影响的人相信专家知道他们在说什么，并且会基于专家的知识而接受他们的指导和决策。特殊的技术和能力是人们获得专家权力的另一种方式。当然要非常小心，因为有些人看起来像专家，是因为他们在讲某一学科主题或他们的身体语言所表现出来的自信，但是他们可能根本不是专家，他们可能具有理论知识，但缺乏实际动手能力。

如果你对这样的人说的话有疑问，特别是当他们为你的项目提供技术指导或建议时，你应该听听其他人的意见。

合法权力

合法或正式的权力来自影响者的职位。例如，某个人是项目经理、执行副总裁或 CEO，他们有权发号施令和做决定。

参考的权力

参考的权力就是团队成员出于对某个人的尊敬而赋予他的，某人因为受到团队成员的高度尊敬和信任，就会被团队给予参考的权力，即当他发表意见时，其他人就会听从。受到团队成员高度尊敬的项目经理一般会获得参考的权力。能够获得参考权力的项目经理的确是很强大的，因为他会有非常忠诚的团队，而且团队成员会按项目经理的要求做任何事情。

我曾经有机会利用这些权力管理团队，参考的权力也是我最喜欢的领导力形式。不过，参考的权力不是可以人为制作的东西，它是基于你和团队成员的融洽关系，从而对你和你的能力产生尊敬的结果。

↘ 获得团队成员的信任和尊敬

回忆一下，你是否曾在这样一个部门工作，几乎所有的人看起来都不快乐、不满意，只会批评别人？在我的职业生涯中，我曾多次目睹这一现象，并将其归因于两个因素：一是部门领导，二是部门领导和成员相互之间缺乏沟通，这也可以追溯到高层领导者。

这样看起来领导者就是问题的关键了。团队成员会效仿他们看到的你的表现，所以关键是你要树立一个你希望团队成员效仿的榜样。如果你经常批评他人，对客户的服务态度很差，从不听取团队成员的观点和建议，可以想象，你的团队成员也会有同样的表现。如果你尊重团队成员，而且认可他们对项目的价值和参与，他们也会同样对待你和其他人。

审视一下你所在的组织，看看实际情况是否如此。通常拥有充满活力的领导者的部门或团队，都能肯定员工的价值、善于沟通，有很强的客户服务理念，并且是一个很好的决策者，这样的团队都高效且工作令人满意。当一个态度不好的新成员加入这个团队时，他们通常不会坚持太久，就自动撤离了。

你可以做几件事来赢得团队的信任和尊敬，其中一个就是激励。在尊重项目经理的团队，一般他们都会因为对你的尊重而表现出他们最好的一面。看看下面的策略，你可以用在目前的实践中，以帮助团队建立信任和尊敬。

照你说的那样做

这句话你可能听过很多遍了，但是值得再重复一遍，因为没有任何其他事比你照着你自己说的那样做能更快赢得信任和尊重。如果你是健忘型的，就请把你的承诺写下来，并在你自己的日历上做一个标记，给自己一定的时间或者提醒自己去完成你答应的事，这与后续跟进是相辅相成的。当有人向你提了一个问题，你同意去解决，然后就去做，并将结果反馈给这个人。

树立榜样

团队成员会模仿你的行为，所以你的行为方式就是你会看到的团队成员的表现。

更多的沟通

我们在第 2 章介绍了沟通技能。要特别注意积极地倾听，千万别只是说说而已。同时要收集团队成员的想法并考虑他们的建议，如果他们的建议不是很好，或者其中一些可能是不好的，仍旧要谢谢他们并要求他们继续提供新的主意。

保持“开放”

这和沟通有关。如果团队成员发现你不容易接近或难以交谈，他们就不愿意提醒你关于项目的问题和难题。要让大家知道你是鼓励他们与你交流并保证你是可以随时联系到的。

诚实

诚实会让你在团队成员中建立信誉。当他们发现你是一个讲真话的人时，他们会很快尊重你作为领导者的地位。有时候诚实意味着你必须传达坏消息，别把坏消息掩盖起来。向团队陈述事实，让他们知道你正在考虑的备选方案，并在适当的时候征求他们的意见。同时要保守秘密。如果你的团队成员觉得他们告诉你的每件事都将被迅速传播，那么你将成为最后一个知道团队中的问题的人。

做到准时

如果你组织了一个会议，就要准时开始。当你同意参加别人组织的会议时，也要按时出席，这样可以表现出你对别人时间的尊重。有些经理认为参会迟到一会儿可以显得自己重要一些，因为别人不得不等他们，可是事实上正相反，这样会让参会的人感到自己对经理而言没有价值而引起挫折感和抱怨情绪。如果你一直等所有人都到了之后才开始会议，你就相当于奖励了不好的行为，换句话说，就是按时到的人被处罚了，不得不等那些迟到的人。所以准时开始会议是对按时到达的人的奖励，迟到的人会很快意识到应按时参加会议，且由于此次会议来晚了而感到愧疚。

清晰地定义项目的目标

项目团队如果清楚地了解项目目标，就会很愿意对项目做出承诺。对项目有所承诺的成员会比没有承诺的更高效。

清楚定义项目团队成员的角色

这一点回归到沟通。要确认每个项目团队成员知道并理解他们在项目里的角色和责任，让他们知道你会用什么标准来评判他们的表现，并经常给他们一定的反馈。

让团队成员承担责任

有时候这意味着你不得不强化团队纪律，或者要求不能达标的成员离开团队。这与本节列出的其他策略并不矛盾。诚实地与你的团队成员沟通你的期望，当他们达不到时，就只能让他们承担责任。关于如何严肃纪律和解雇人员，已经超出了本书的范围。在事情发展到这一步之前，我强烈建议你与你的经理和人力资源部合作，找出办法约束你的成员。你应该记录下那些不受欢迎的员工行为，否则等到最后一分钟，当你和那个人谈崩时，你不会记得你需要为自己的行为辩护的细节。所以只要有问题，就要记录下来并联系人力资源部。

对于那些拥有成熟的项目管理和领导力经验的人来说，这些事情大多都是自然而然的习惯，所以更新团队建设的理念并没有坏处，你可以把这些想法用到你的下一个项目中。

↘ 职业责任

作为一名项目经理，你的部分职责是确保项目管理过程的完整性和你个人的正直。个人的正直意味着你要遵守道德规范。例如，如果你想成为一名合格的项目经理，就必须遵守行为准则。你在行为准则中会发现大多数事情都是凭直觉的。

无论你是否获得项目管理的认证或打算被认证，你都应该为实现高标准的个人正直的目标而奋斗，包括将组织的利益放在首位，减少所有可能的利益冲突，并采取专业的行动，关于这些议题，下面让我们再深入探讨一下。

个人利益

在项目决策中，或者在与客户和相关方进行项目合作时，你不应该考虑个人利益。诚实正直不仅要反映在你个人的专业经历上，还要看你做的项目的结果。

不要因为考虑个人利益或希望得到更好的职位而对项目的可交付成果及里程碑有所妥协。比如，你已经被许诺提前完成项目就有奖励，但是如果遗漏部分任务，即便看起来项目是提前完成了，这样做却是不合适的。将你自己个人的利益置于项目的利益之上，不仅显示出你缺乏诚信，而且这样的行为也会让你失去工作。

个人的利益并不一定都是与金钱有关的。比如，一个相关方说如果你能说服评审委员会或保证他的利益能在项目里以一种特定的方式实现，就可能答应你得到升职。如果你将升职作为你的最高优先级，而不是保证项目流程的完整性，以及项目的产品质量，那么你个人的正直完整性就会受到质疑。

利益冲突

利益冲突就是个人利益与项目利益的冲突。

利益冲突发生在将个人利益置于项目利益之上，或者你利用你个人的影响力使得他人做出你喜欢的决定，而不考虑对项目的影响的时候。利益冲突可能发生在朋友、家庭成员、供应商、相关方或任何其他和项目有利益关系的人之间。请记住，任何滥用权力的情况都可能被视为利益冲突。比如，一个有你的家庭成员工作在其中的公司要对你管理的一个项目投标，这就是一个利益冲突的例子，因为潜在的情况就是你可能会分享一些信息给你的家庭成员，而其他投标人无法获得。甚至即使你没有分享信息，这种情形也会被认为是利益冲突，因为有这种可能性存在，所以在这种情况下最好让你的项目发起人知道，如果不是对所有投标人公开的信息，就不要分享，并谢绝成为评标委员会成员的邀请。

供应商的礼物是另一个潜在的利益冲突。在接受供应商的礼物之前要先确认组织的相关政策。一般组织会对供应商给你的礼物或其他物品有一个金额限制。如果在招标过程中，你是评标委员会成员，或者你对评标委员会有影响，都千万不要接受任何供应商的礼物，包括午餐，这些都可能被其他供应商误解为利益冲突并质疑你的正直诚信。

提示　如果你对是否接受礼物有疑问，最好拒绝它，而不要把项目置于危险之中。在这种情况下，你不仅会让自己的名誉受损，而且会危及整个项目。如果供应商认为其他供应商获得了不公平的待遇，或者认为有利益冲突，他们可能对中标结果提出抗议，并将造成项目的启动时间延迟数周或数月。

相关方的影响也可能会引起利益冲突。比如，某个相关方可能和某个供应商有利益关系，他有可能会试图说服你，用给你升职的方式贿赂你，让你选择他推荐的供应商。所以一定记住，在做决定时一定要考虑项目目标，绝对不能允许个人或其他人的利益来左右你的决定。

你不仅不能接受其他人的礼物或承诺来交换对他们有利的决定，你也不能给其他人礼物来影响他们的决定。

专业化的行为

在业务活动中，所有人都被要求专业化地做事，这包括我已经讲过的所有方面，要控制自身行为和你每天的日常工作。你可能之前听过，不过我要再次提醒：你真正能控制的只有你自己对各种情况的反应。你不能控制其他人要做的或说的，但是你可以控制你对他们言行的反应。当遇到比较难缠的客户或相关方对你发泄不满时，你的上策就是保持冷静，有效倾听，可以问一些进一步澄清的问题，让他们知道你要先多了解情况，然后回复他们。如果他们处于情绪激动的状态，可以问一下他们是否可以稍后安排一个会议来讨论这个问题，建议先暂缓一下，直到所有人都冷静下来。

在做任何项目时，你都应该记住下面这些建议：

- 对信息保密，不能用它来谋取私利。
- 保护公司所有具有商业价值的数据和开发的任何信息。
- 要求你的团队成员遵守职业行为准则。
- 人们都会追随榜样的，所以不要忘记，你的行动会比你说的要有力。
- 要熟悉最新的管理实践和技能。
- 了解你所在行业的发展趋势。
- 不要用你的工作经历、证书或教育背景误导其他人。
- 要诚实。
- 汇报项目的所有真实信息。
- 尊重文化背景的差异性。

提示

团队成员的表现代表了你和项目团队的状态，他们应该始终有专业化的表现，你的工作就是要保证他们能这样做。如果团队成员的行为失控了，就要指导他们按你要求的行为准则去做。当然你首先要树立榜样，这样他们就可以见证你希望达到的行为标准。

项目进展状态报告

我们准备要换话题了，现在来谈谈项目执行过程组里的另一个领域——项目进展状态报告。项目经理负责汇报项目进展状态。为了做好这项工作，你需要收集来自项目团队成员、供应商，以及其他项目里的关键人物的相关信息。一般有两种方式来获得信息：正式的和非正式的。

建议你养成每天四处走走的习惯，和团队成员随意地聊聊，这样你便能了解项目的最新状态。注意团队成员的身体语言，它能告诉你很多事情，所以要去熟悉你的团队成员，建立彼此的信任，这样使得他们会感到很舒服，也愿意来告诉你发生了什么。同时，也要警惕可能正在酝酿的麻烦迹象，要经常询问项目团队成员工作进展如何。

↘ 谁需要什么样的信息

我们在第 4 章中介绍过沟通计划，列出了谁需要项目的相关信息、什么类型的信息和多长时间获得一次等，不过在项目的规划过程组，你可能还没定义所有相关方想要看到的正在进行的项目信息。

除了周期性的项目进展状态报告，相关方可能还要求看到其他有关的信息，如进度变更、范围调整、差异报告、资源使用、更新的成本估算和质量测量等。作为项目经理，你要负责准备他们要求的所有信息。这里有一个好的主意，就是当相关方要求新的报告时，你要问他们几个问题，否则你可能需要不停地去准备信息，而他们却发现没用。所以询问他们要报告的目的，就是了解需要在报告里特别介绍的信息是什么、他们喜欢多长时间收到一次报告，以及谁要收到这些报告。建议你有了初步的报告后，和这些关键的相关方约个时间来最后确认详细的要求。

千万别忘了更新沟通计划，其中要包括新增的报告内容以及谁需要被抄送。

至今我还没有做过不需要项目进展状态报告的项目。

↘ 项目状态报告和行动清单

我建议你要求团队成员每周以书面文字的形式发送项目状态报告，这是一个可以收集项目信息的很好的方法，以帮助你为相关方提供会议提炼和汇总信息。有许多项目管理软件已经有状态报告的功能，如果你没有用这些软件，你可以用图 10.1 这个模板来做你自己的项目状态报告。把这个表格发给你的团队成员，设定发送项目状态报告的截止时间，然后要求他们按时给你发送报告。

这个报告大部分内容是比较容易理解的。报告的第三部分是关于进度计划和可交付成果的完成日期。比如，如果你有一个任务的截止日期是在此次汇报的周期内，就请列出这个任务及计划的截止日和实际完成日期，或如果有太多的任务不能在此列出，可以让读者参考项目进度计划。

你要基于每位成员的报告做一个完整的项目状态报告来综合所有的信息。一旦汇总了所有的信息，你就可以在团队会议上汇报项目的进展状态。非常重要的是要让团队成员了解项目是有进展的，因为这能持续激励团队并承诺完成项目目标。你应该在每次项目会议开始时都更新项目状态，还要说明项目进度情况，特别是当里程碑或可交付成果完成时要向团队及时汇报，你也可以考虑当团队达到了重要的里程碑或完成了可交付成果，就举行一个庆祝活动，以激励团队对下一个可交付成果持续保持专注力和热情。

项目状态报告

Ⅰ. 一般信息

项目名称：__________　　项目编号：__________

项目经理姓名：__________　　报告截止时间：__________

项目发起人姓名：__________

Ⅱ. 自从上次报告之后项目的进展

Ⅲ. 项目进度计划和实际完成日期

Ⅳ. 未完成的本阶段要求完成的任务

Ⅴ. 下一阶段希望完成的任务

Ⅵ. 问题

图 10.1　项目状态报告模板

注意　你也可以从网站上下载项目状态报告模板：www.wiley.com/go/projectmanagementjs4。

你可以考虑在某个地方存放进度计划，以方便团队成员看到任务完成的进展状况。当任务完成时，就确认一下或做个标注。你也可以在项目团队会议室的墙上贴一份网络图来标识进展。在图上标注已完成的任务，这样每个人一眼就能看到具体的项目进展。

当你在项目团队会议或相关方会议上汇报时，建议在项目状态报告里加一项内容，那就是具体的行动计划。

有一些重要事项、问题和争议需要重新调查和解决，所以要跟踪具体行动的进展并在每次会上汇报。要让每个行动的责任人知道在会上（或会前）你会向他询问行动的进展，并进行跟踪。行动清单应该包括图 10.2 里的有关内容。

行动清单

Ⅰ. 一般信息

项目名称：________　　项目编号：________

项目经理姓名：________　　项目发起人姓名：________

Ⅱ. 项目行动清单

编号	汇报日期	行动内容	责任人	完成日期

图 10.2　行动清单模板

> **注意** 你可以在网站上下载行动清单模板 www.wiley.com/go/projectmanagementjs4。

一旦你跟踪的行动事项都完成了，就可把它们从这份报告放到另一个表里作为参考。我喜欢把已经完成的事项放在现在的报告里并保持两个星期（或两个汇报周期），然后再把它们放到一个已完成的事项汇总表里。总之要在你的项目文档里保持有一份行动清单，这对于你在未来的项目中定义制约因素、风险和任务都是一个非常好的参考。

你需要定期和关键的相关方、发起人、客户及你的项目团队举行项目进展状态会议。建议这种会议是有固定时间的周期性会议，就像日常项目会议一样。在每次开会前要发出会议日程。具体需要汇报的内容取决于项目的复杂程度及你的相关方的要求，当然至少要汇报以下内容：

- 项目状态，就用前面提到的图表。
- 进度计划更新，包括进度变化。
- 已完成的里程碑。
- 预算花费及目前状态。
- 这期间的变更请求。
- 可能会影响项目进展的主要问题。

如果项目规模较小，你可以用这章介绍的模板来向相关方汇报，也可以用我们在第 5 章讲的里程碑图，因为它可以从高层次角度展示里程碑的完成日期，以及项目的进展是否按期望进行。

注意，要在会议结束前留一些时间来回答问题。如果你不知道答案，也不要虚张声势，要让大家知道你会去研究一下再回复，并且后续会跟踪进展。

采取纠正措施

任何所采取的行动都要能解决问题，以保证项目所完成的产品能满足文件里描述的项目需求。

项目执行过程组的一个功能就是要采取纠正措施。如果项目工作发生偏差，项目经理的任务就是采取纠正措施来让项目回到正轨。所采取的纠正措施就是可以保证项目与原计划一致的任何行动，这可能包括缩小范围、改变进度、增加或重新安排资源，以及类似的行动。

比如，你现在工作的一个项目，要按照特定的指标来生产用于制作硬件设备的某个元件。当这个元件的第一批货到达后，你发现尺寸小了半英寸，于是你通知那个有问题的供应商并要求其修正生产流程，然后发送满足尺寸要求的新的元件。另一个例子包括重新安排设备发货日期，以保证项目的任务能按进度完成。诸如这些例子描述的或其他为解决问题和保证项目按计划进行所采取的行动，都被认为是纠正措施。

纠正措施是监控过程组（在执行过程组后面）的输出，但是请记住它们是执行过程组的输入，因为一旦你确定了纠正措施，就要去执行。在下一章我们要讨论监控过程组。

关键术语

利益冲突　　内在激励
纠正措施　　调解人
外在激励

回顾与思考

1. 描述团队发展的 5 个阶段。

2. 在团队发展的哪个阶段，团队成员会因为他们在团队里的地位或状态而产生争执及冲突？

3. 对于解决冲突的会议，你应准备的是什么？

4. 问题解决的五种方法是什么？哪个是项目经理最常用的？

5. 描述两种激励类型。

6. 为什么把奖励和表现联系起来是非常重要的，并要使奖励结合实际的表现？

7. 四种领导力中，哪个是个人拥有的特定知识和能力的结果？

8. 假设你正在负责一个即将到来的项目的招标，有一个和你关系很好的供应商，他过去和你合作过很多次，现在要给你和你的家人送来近期球赛的包厢票，还提供观赛时的饮料和晚餐，但是你拒绝了，你要对供应商说明如果接受会意味着什么？

9. 在项目实施期间，项目相关方一般会要求哪种类型的信息被更新？

10. 纠正措施是哪个项目过程组的输出？

第 11 章

控制项目成果

本章要点：

✓ 了解变更发生的原因

✓ 建立变更控制流程

✓ 评估变更的影响

✓ 监督项目绩效

✓ 了解项目遇到问题时的预警信号

本章讨论的内容是项目的变更，包括应该如何管理变更，以及如何评估变更的影响等。变更控制流程一般会在项目的监控过程中启动，当然，正如前几章所述，在规划和执行过程中也可能发生变更，因此我将在这里介绍变更流程的所有内容，也好让大家对变更有更全面而清晰的认知。

变更可能会对你的项目产生正向的作用，也可能会导致负面的影响。正因为如此，了解如何处理变更、变更对项目进展的意义是很重要的。同样，你还应该知道要如何向团队成员传达变更的信息，才不会让他们因为变更的发生而对工作失去热情。

除此之外，本章将介绍用于跟踪项目情况的工作绩效监督技术，最后我还会介绍项目陷入困境时会出现的种种预警信号。

■ 发生变更

正如老话所说，“唯一不变的就是变化”，我们在做项目的过程中绝对会出现变更。以我的经历而言，我从来没遇到任何一个项目是没发生变更的。

监控过程就是一个管理变更的过程，在此过程中要检测项目绩效。随着时间的不断推进，团队成员、相关方和客户可能会提出新的要求，从而导致变更发生；这些变更包括预算、范围、进度、风险缓解和纠正措施等项目的方方面面。因此你应对所有这些要求进行统一管理，以保证都用一致的方式进行审查、批准、实施并加以跟踪。根据《PMBOK®指南》，以下这些都是在执行变更控制时的关键要素：

- 相关方要注意变更控制过程中的影响因素。
- 及时审核和分析变更请求。
- 管理已批准的变更。
- 维护项目基准的完整性（包括范围、质量、进度、成本和绩效衡量基准），将批准的变更纳入项目管理计划和其他项目文件。
- 及时审查分析有关的纠正和预防措施。
- 协调和管理整体项目的变更。
- 记录所要求的变更及其影响。

了解变更的方式或原因会帮助你提出良好的变更控制流程来进行管理，因此接下来，我会首先为大家介绍项目变更是如何发生的，然后讨论上述的各项关键因素。

↘ 变更是如何发生的

发生变更的原因有很多，有些变更是出自相关方和团队成员的要求，而有些变更则是由于在项目实施过程中发现了新问题。以下是一些产生项目变更的可能原因，虽然你在实际中遇到的情况也许没列在这里，但是下面的内容应该能帮助你了解变更是如何发生的、又该如何处理。

相关方和客户的请求

相关方和客户可以根据他们的需要提出变更，比如要求缩短项目进度，添加新的可交付成果，或者提出其他影响项目的请求——现实中相关方和客户有关变更的主意往往层出不穷。

项目团队成员的要求

随着项目的进行，团队成员或许会发现更有效的工作方式，他们可能就会提出变更。比如推荐对流程进行一些改变以缩短工时，或者采用更好的组合任务的方法。还有升级硬件软件来改善项目成果，或者针对项目其他要素进行变更而间接推动技术或设备的变革。再或者他们可能发现有些已经交付的设备有着某种缺陷或不能按要求运行，这时候他们也会提出变更。

主要成员离开项目

有团队成员离开项目可能会导致变更。假如某位拥有特定专业技能的成员突然离开，除非你们能立即雇用另一位专家，不然项目的进展很可能就会受到阻碍，由此就需要变更项目进度。

预算削减

预算削减意味着项目的范围、进度、资源分配或质量方面必须进行变更。

组织变更

业务部门的重组和调整，或者组织被收购，都可能引起项目的变更，而这些类型的变更通常会推迟项目进度。比如新上台的高管可能会想改变项目目标，那情况就非常不妙，甚至可以说是遇到了潜在的项目杀手。

测量和检查

监控过程进行的检查可能会发现需要更改的错误，其会对项目造成影响。所以在测量、实施或控制过程中发现的差异也可能迫使变更发生。

间接变更

有时候由于实施了某种应急计划或风险应对措施，也可能间接导致变更。另外，还要注意团队成员是否在没通知你的情况下私下里做了什么变更。他们可能是为了帮助相关方或最终用户，没告诉其他人，就做了一些改变。虽然你不想阻碍团队和相关方之间良好的工作关系，但你确实希望确保每个人都知道并遵循既定的变更控制流程，因为未记录的变更可能会累积起来，最终影响整个项目的计划或预算。

应对变更

大部分人都不喜欢变更，但我们对变更的容忍度并不一样，有些人能更好地适应变更，有些人则格外抵触。在与项目团队合作进行变更时，请记住，一般来说，人们都喜欢满足于现状。所以无论是积极的改变还是消极的改变，都可能让团队成员的活力受到影响。在项目的实施阶段，你最不希望发生的事情就是扼杀团队成员的动力。

团队成员希望你不要在每次有人提出改变的时候就进行变更，而是要让他们知道你有一个记录和批准变更的流程，并且只有有效的变更才会被批准。你一定要及时与团队成员分享变更的理由，这样他们就清楚地了解变更的必要性。但是，如果变更不断发生，而你没有做任何沟通，团队成员可能会提出疑问说："我们之前这样辛苦是为了什么？"他们会开始觉得自己的努力是徒劳的，从而失去动力，而不再想要追求实现项目目标。所以如果你与团队成员不进行密切沟通，也不给他们提供支持，就会产生负面的影响。

提示 在向团队成员解释变更时，最好的策略就是以诚相待。不要过分夸大变更，也不能把坏消息藏起来，不让团队成员知道。因为事实上团队成员总会找到其他方式了解到实际情况，那样你将不得不一方面着手处理变更，另一方面还要应对团队成员对你失去信任的境况。

你要向团队成员详细解释变更的情况，不要掩盖任何坏消息，只有这样才能帮助他们了解这些事情对项目的影响，并让他们确信你和他们一样，都是在一起努力工作的。要让团队成员参加头脑风暴会议，研究应对变更的替代方案，让他们知道你想做出这些改变，但你同时也很重视他们的想法，然后就可以争取他们对变更的支持。

作为项目经理，无论何时，你都希望将变更控制在最低限度，我们将在本章后面讨论如何评估变更的影响。

建立变更管理控制流程

变更控制是项目生命周期中的一个重要过程。变更请求应该以正式的方式提出，你应该建立起一个很好的变更控制流程，而且将该流程传达给相关方和团队成员。不然的话，事情会变得随意而无序。你很可能简单发一封电子邮件给项目团队成员就要求变更，或者会有某一相关方在走廊上找到你，张口就要求改变某项产品的功能。

变更的第一条规则：始终要求以书面形式提出正式变更请求。

的确，没有人能记住所有事情，因此没有书面记录的变更就可能导致日后的重大冲突。如果你不记得变更要求所描述的方式，或者相关方所说的具体意思是什么，而项目团队目前实施的又是另一套方案，那么你除了应对变更请求，还需要处理更多的麻烦。这样缺少书面形式的变更请求可能会最终影响项目的进度和产品质量，并造成组织资产或业务损失，因此必须以书面形式来提出变更请求。

通常我们会在规划过程中制定变更控制流程，在执行和监控过程中将其付诸实施。为了清楚起见，在本章中我将依次讲述变更控制系统和变更管理流程这两部分。把它们放在一起，可以让你更轻松地了解变更流程的整体逻辑关系。

↘ 变更控制系统的目的

变更控制系统是一套文档化了的管理流程，其中详述了如何对项目可交付成果和相关项目文档进行控制、变更和批准；还会规定如何提交变更请求以及如何管理。这些文档中有变更请求模板，其中可能包含一般项目信息，如项目名称和项目编号、日期和详细的关于变更请求的信息。

变更控制系统还要追踪变更请求的状态，包括是否讨论、是否获批。那些没有得到批准的也会被跟踪，然后反馈给对应的相关方，并归档在变更控制日志中以供未来参考。

变更控制系统通常会规定变更批准所需的权限级别。例如，某些变更请求可能只需要项目经理同意即可，某些则需要经过项目发起人、高级管理层的审查和正式批准等。

变更管理流程会对如何批准紧急变更做出详细说明。例如，为了完成可交付成果，你和团队成员在周末工作时发现了问题，大家经过头脑风暴并提出一个需要变更的很好的解决方案，那么这时你会暂缓工作，一直等到变更控制委员会在下个月开会才做出决定吗？或者你作为项目经理就当机立断，选择使用这个解决方案，并在之后再向相关方解释？实际的答案取决于组织定义的变更管理流程，以及变更控制系统里所规定的你做紧急变更的权力。

在进行紧急变更后，项目经理应向变更控制委员会提交变更请求，说明变更已经发生，并记录在变更日志中。

如果你所在组织已经有了一个很完善的变更控制系统，你就可以直接使用了。当然，如果你的项目需要一个特定的流程，也可以向上级提出申请。万一组织没有任何可用的流程，你就必须自己事先准备好。

使用变更管理流程和变更控制系统有三个目标。

- 建立一种方法来统一识别对任何项目基准的变更，并分析和确定变更的价值和有效性。
- 通过评估每次变更的影响，不断验证和改进项目绩效。
- 无论变更是被批准、拒绝还是延迟，都要向所有相关方告知进展状态。

如前所述，变更控制系统定义了批准变更所需的权限级别。根据变更的性质、规模及组织的政策，项目经理只能批准某些变更请求，除此之外，则需要由变更控制委员会来审查和批准。

变更的第二条规则：所有变更请求都必须遵循变更管理流程。变更请求应通过变更控制系统提交，然后经过适当级别权限的人批准或拒绝，并签字为证。没有按照流程规则提交的变更，通常都将被退回给请求者或被自动拒绝。

保证相关方和团队成员遵循既定的变更管理流程是非常重要的。不这样做就可能增加项目成本、拖延项目进度，或者影响产品质量，所有这些问题都会让项目失控。如果一个项目经理由于未能实施变更管理流程而导致项目失败，那他将来的职业生涯可能就要受到影响，所以要尽你所能确保自己和团队成员遵循这些流程。

你应该保证所有关键相关方、项目团队成员、客户、供应商，以及任何其他要获得项目信息的人员，都了解变更控制系统的具体操作步骤。

↘ 建立变更控制委员会

变更控制委员会的成员包括关键相关方、项目经理、关键项目团队成员、职能经理和适当的客户代表，他们会审查变更请求并根据情况做出批准、拒绝，或延迟的决议。如前所述，项目管理计划中应列出变更控制委员会的权力。

变更控制委员会应定期召开会议，具体时间则取决于项目进度。某些项目可能需要每周一次，而其他项目每个月一次就足够了。在规划过程结束时要先定好会议安排，等到执行过程开始之后，就要尽快召开会议。

根据管理变更流程，向变更控制委员会发送相关请求的方法有以下几种：①所有变更都要预先经过项目经理的初步审查，在变更申请表上记录总体的影响分析，之后再交到变更控制委员会审查并做出决定。②大型项目里可能有一名专门负责进行变更控制的经理，他先负责变更请求的初步审核。被这位经理拒绝的请求就不会再进入下一步。③由变更控制委员审查所有变更请求，那些他们认为有可能改善产品或项目流程的变更，会要求项目经理来分析有关影响，然后再在下一次会议时讨论分析的结果并做出最终的决定。④项目团队成员初步审核所有变更请求，通过后才会提交到变更控制委员会。无论采取哪种方法，变更控制系统里都应该详细地描述相关的流程。

↘ 跟踪变更

变更管理流程应包括跟踪变更要求的日期、变更的状态和批准状态等，可以用如表 11.1 所示变更控制日志的方式来记录。此示例展示了某软件开发项目的变更控制日志的一部分。

表 11.1　某软件开发项目的变更控制日志（一部分）

项目名称：________________　　项目编号：________________

项目经理姓名：____________　　项目发起人姓名：___________

ID	变更请求描述	提交日期	状态/建议	批准/拒绝/延期	实施日期
1	会计流程增加新的编辑模块	1 月 20 日	研究对进度和资源的影响	待定	待定
2	会计流程变更审计报告的内容	1 月 30 日	批准	2 月 3 日	2 月 10 日

在变更控制委员会上，你们可以使用这种日志来跟踪变更请求的状态。请注意这个会议的唯一目的就是讨论变更，因此会议的时间不要太长。特别是在实施大型项目时，可能参会的人很多，如果你担心一次讨论时间不够，不如考虑增加另外的会议。通常变更控制委员会的会议日程如下。

- 审核未完成的变更请求。
- 讨论变更的影响和好处。
- 批准或拒绝变更。
- 审查先前批准的变更的实施进度。

变更控制委员会的会议纪要，可以发布到项目网站上。会议纪要的内容应包含所讨论的变更请求，变更控制委员会对每项变更的决定。在变更会议结束时你还应该在变更日志里更新变更处理方案和建议。

当然要将有关变更的决定通知给项目团队成员。假如变更获得批准，你还要对项目计划中涉及的范围、进度、质量或预算的部分进行相应的修改。不要忘记当有重大变更时，你需要将修改后的项目计划提交给关键相关方和发起人，让他们签名确认。

评估变更的影响

当提出变更请求时，一定会有人问你“变更会对项目造成什么影响”。所以，你必须准备好变更对项目产生的所有影响，并报告分析评估的结果。一般来说，变更肯定会涉及以下其中的一项或几项：

- 范围。
- 进度。
- 预算。
- 资源需求。
- 质量。
- 风险。

变更的第三条规则：与预算有关的变更一般还会间接影响项目进度、范围或质量。对于进度的变更一般也会要求修改预算、范围或质量。而对于范围的变更则一定会涉及变更项目进度，还可能需要对预算或质量进行变更。

请记住，不是有人提出了变更请求，变更就一定会发生，所有变更都要受到项目范围说明书的限制。如果你的相关方所要求的变更已超出项目范围说明书中规定的范围，你就可以提醒他们，这种请求是不会被接受的。

人人都知道时间就是金钱，就算变更不会直接影响预算，但只要它影响了完成任务所需的时间，就会间接地影响项目成本。如果项目工期延长，就意味着要付给团队成员更多的工资，结果就造成项目的成本间接上升。而项目被延迟，最终产品无法按时交付到客户或市场，那么公司只能更晚地获得项目产品收益。更不用说团队成员在项目上花费了计划外的时间让他们因此无法从事其他项目或业务，从而又造成了更多的浪费。

↘ 请求增援

分析变更影响时，要把所有计划放在一起考虑，看看具体对哪些方面有影响。可以先找出显而易见的，再想想还有什么其他的影响。

假如你没什么头绪，不如使用我们在前几章中讨论过的一些方法（如头脑风暴）。可以请求相关方和项目团队成员来帮忙，和你一块看看变更可能带来怎样的影响和风险。

一般来说，变更请求可以分为范围变更、进度变更和预算变更三种。下面我们来依次看看，以了解变更如何影响项目，我们该如何评估其影响，以及如何制定调整策略来加以应对。

对于我们将要讨论的每个变更，应该回答以下三个问题。

为什么需要变更？

如果不变更，会对项目或产品造成什么影响吗？

有没有可替代变更的方案？

第三个问题应交给项目团队成员一起讨论，让大家集思广益，看看有没有什么方法既可以减少变更带来的影响，又可以获得与实施这一变更相同的结果。

↘ 范围和进度变更

范围变更可能是最常见的变更类型，而范围变更又始终会涉及进度变更，因此我将把这两种类型的变更放在一起介绍，来讨论如何提交变更的请求，如何评估它们的影响。

范围变更包括对可交付成果或项目要求的任何变更，只要是对于已经确定的目标的 WBS 做出修改，都属于范围变更。因为 WBS 是包括对于项目可交付成果和任务方方面面的详细描述，所以，涉及这些内容的任何变更都是范围变更。

首先，让我们看一下如何请求范围变更，以及你需要哪些类型的信息来评估其影响。你的项目团队成员或相关方可以使用类似图 11.1 的模板来申请包括范围变更在内的任何类型的变更。图 11.1 中的大部分内容我们都已经讨论过了，因此这里我只在每一小块标题后面的括号里写了一句简短的解释，大概描述了这一块申请者和项目经理应该提供信息的种类。

注意

你可以从这个网站下载变更请求单的模板：www.wiley.com/go/projectmanagementj s4。

为了更好地在你的项目中使用，你可以根据需要修改此模板。同时别忘了将它们发布到你的项目信息网站上面。

调整范围和进度

当范围变更获得批准后，你需要对项目进度及预算进行相应的调整（请记住，范围变更一定会涉及进度变更）。为此你需要评估变更对项目的影响，还要找出如何进行相应的调整。下面我列举了一些你需要考虑的内容，另外，变更请求里可能已经给出了下列一些问题的答案，所以不要忘记再去看看变更请求。

- 向职能经理询问有关变更的建议和帮助。
- 检查资源分配情况并要求提供更多的人力资源和设备以满足新的项目要求和项目完成日期。
- 为满足新的要求和项目完成日期，确定现有团队成员是否需要加班。

- 团队原本要自己生产的零件，是否可以从供应商处购买，或者你可以外包一些工作让供应商来完成？
- 缩小项目变更范围以适应计划的变更，包括修改目标和可交付成果。
- 将一些可交付成果移至项目的下一阶段以适应计划的变更。

I. 一般信息

项目名称：__________ 项目编号：__________

申请人姓名：__________ 申请日期：__________

申请人联系电话：__________ 申请批准/拒绝日期：__________

变更申请跟踪号：__________

第一部分，由申请者完成

II. 变更申请描述（包括详细的要求变更的范围描述）

III. 对于变更的业务判断（描述变更会给业务、项目或产品带来的好处）

IV. 项目不进行变更会带来的影响（描述如果没有变更会对业务、项目或产品带来的影响）

V. 变更的替代方案（描述任何已知的替代方案）

第二部分，由项目经理完成

VI. 变更的影响（描述此变更对于项目、预算和质量的影响）

VII. 变更的替代方案（描述替代方案）

VIII. 对变更控制委员会的建议（描述项目经理的建议：批准还是拒绝这一变更，包括对建议的判断）

第三部分，由变更控制委员会完成

建议（包括对项目目标的讨论，这一变更是否会严重地影响项目目标？如果这样，项目目标是不是就无法实现了？这一变更能不能被考虑为一个新的项目或本项目的第二阶段）

审阅日期：

签字：

图 11.1 变更请求单

一旦变更得到批准，项目经理就应根据变更调整项目进度计划，并及时与团队成员进行沟通，告诉他们有什么新增或改动的任务及对应的完成日期。我建议你将讨论范围和进度变更的话题作为团队日常会议的一部分。

调整项目进度

有时，你们按照批准的项目进度，正在有序推进，却会被突然要求缩短项目进度。这背后的原因可能是新市场机会的出现，发起人担心预算会在项目完成之前被削减，或者可能范围变更涉及进度的压缩，等等。

快速跟进：一种进度压缩技术，意味着要并行实施多个最初是按逻辑顺序依次排列的项目活动或同时启动多个关键路径任务。

有两种方法可以压缩进度，快速跟进就是其中之一。例如，为软件编程项目编写技术用户指南的团队，原来在测试阶段完成之前是不会开始编写手册的，现在则可以在进行测试模块的同时编写手册。通过同时开始这两个活动，项目进度就被压缩了。这种技术也可以应用于不同的项目阶段。例如，建筑行业有时就会使用“设计—建造”的方法来缩短项目的总时长，即项目的设计阶段与建造阶段会相互交叠在一起，一旦有一部分设计完成，就马上开始建造工作，即使这时全部设计还没有被完成。

赶工：一种进度压缩技术，它是用于减少关键路径任务持续时间的方法，这通常要向关键路径任务添加资源。

压缩进度的第二种方法就是赶工，它的逻辑是在成本和进度之间权衡取舍。例如，通过把资源添加到关键路径任务以使进度压缩（请记住，添加资源到非关键路径任务是无济于事的，因为非关键路径任务不会影响进度）。另一种典型的赶工操作是限制或减少关键的路径上相关任务的要求，这么做有时也能缩短项目进度。

提示　赶工的主要目标是在尽可能不花费太多成本的条件下实现进度压缩。

当然赶工并不一定是一种实用的选择，因为其结果可能对项目产生负面影响。如果你选择了这种方法，一定要记得检查关键路径，因为关键路径可能在赶工之后发生变更。你为了赶工，可能会将某些任务从关键路径中删除，而其他原来不是关键路径中的任务现在则会被认为是至关重要的。快速跟进也并不总是有效的方法，因为有的任务，尤其是对于产品有质量控制或完整性要求的任务，必须要一个一个依次完成。

↘ 管理和调整成本

错误的估算技术、进度超期和 WBS 研究不够充分都可能导致预算的变更。好消息是，这些可能出问题的事项你作为项目经理都可以自己处理，也就是说，如果你正确地使用了项目规划技术，就不会遇到太多这样的麻烦。

不过有些东西是你作为项目经理无法控制的，比如因为进度和范围的变化而产生的预算变更，在项目开始时确定的固定预算，还有为了把项目拉回到原有计划上而采取的纠正措施，而所有这些都可能导致要调整预算。

调整预算的第一步是估算变更后的成本。首先审查原始的估算值，并挨个确认原先你在做出这些估算时所做的假设。如果你计划购买的产品或服务已经变更、升级或因为某种方式而有所改变，这些都会使产品当前的成本和原始的估算值不一样。如果你正在使用之前未包含在预算计划中的新资源或材料，则需要获取其成本的估算值，并将其包含在更新的预算中。

接下来，你必须使用新的成本数据来更新预算。同时要记录更新的原因，变更请求与预算更新的跟踪号码，以及批准更新预算的项目发起人等信息，并将新预算的副本分发给相关人员。

■ 监控项目流程

监控过程要监控项目结果，以确保它们与项目计划保持一致，并保证整个项目生命周期内按照计划进行。这一过程的工作内容包括管理和控制变更、测量和检查项目绩效并与项目计划比对、在出现差异时采取措施使项目回到正轨，以及评估纠正措施的有效性。

只有保证是按进度、预算进行，满足各项要求并使相关方满意的项目才算得上成功。为了进度和预算符合要求，你必须时时监控项目的执行情况。我们已经讨论过管理变更，现在我们将看看该如何衡量项目绩效。

有几种方法可以监控项目绩效，比如和项目团队成员之间保持密切的沟通，这样你能应对不可预见的事情或防御失控的问题。你还可以使用其他工具和技术来监控项目结果，本节将对它们进行介绍。

显然，考察一个项目是否达到绩效，一定会用项目计划来做测量基准。我在前文中已经花了大量时间来强调项目计划的重要性，它在监控过程中还会再次发挥作用。你应该定期对照计划来监控项目结果，以确保所有事情都正在按计划进行。项目进度、预算、范围和质量，这四点你必须要时刻密切关注。

↘ 绩效报告的工具

接下来我会简要介绍几种可以用来监督项目结果的技术工具。当然，这些技术涉及许多复杂的数学计算图表和方法，它们的细节超出了本书的范围，是属于高级项目管理所需掌握的领域。如果你有兴趣进行进一步的研究，市场上有很多相关书籍都可以作为参考。

注意 监控过程要监督并衡量项目的结果。你应该在项目的规划过程中就先确定好要衡量的内容。否则一直等到监控过程才确定要测什么则为时已晚。假如你最终可能会因为匆忙进行测量而得到没有价值的结果，或者可能因为有些工作已经完成了，那就会丢失了纠错的机会。

项目状态审查会议

项目状态审查会议可以让你从项目团队成员那里收集有关项目进展的信息，我们已经在第 10 章“执行项目”中介绍了如何在团队会议上进行状态审查。不过也别忘了在正式会议之余和你的团队成员进行一些轻松的交流，随意的聊天也可以让你获得有关项目绩效的最新信息。

差异分析

差异分析是指比较预期的项目计划与实际结果，以确定是否存在差异。这种技术主要被用来确定进度差异、预算差异和质量差异，也可被用于风险、范围和性能指标测量。

趋势分析

趋势分析是指定期分析项目结果以确定项目绩效是在改善还是在恶化。这项技术要使用数学公式，根据历史信息预测项目结果。

挣值分析

挣值分析是最常用于确定项目绩效的技术。这项技术会使用好几种公式和测量方法，将成本、进度和范围综合在一起估算项目完工时预计会产生的成本、项目迄今为止的实际成本与预算成本的比对、进度差异、绩效指标等，这是一种特定的技术。市场上也可以找到完整介绍这种技术的书籍以供参考。

检验

检验最常用于质量控制。这项技术是对已完成的项目成果进行测试，或者是加以测量，以确定结果是否符合计划中列出的要求或质量标准。

控制图

控制图是用于持续测量有关流程的结果，可以标明偏差，进行跟踪或比较等。控制图形式多样，包括方差控制图、流程图、帕累托图、散点图等。

收集数据和测量结果的目标是控制项目成果，以符合要求，从而使项目过程与原有计划相符。当你进行了一系列的测量之后，如果确定存在偏差，就需要采取纠正措施使项目重回正轨。

纠正措施： 为使项目绩效与项目计划保持一致而采取的措施。

根据你遇到的项目和问题，应该对症下药，采取不同的纠正措施。例如，你在对项目进度进行差异分析之前，就应将该项目进度差异的上限定为 10 天：如果进度差异在 10 天之内，那没关系。如果你发现差异大于 10 天，则必须采取行动来最小化或消除差异，以使项目绩效与计划保持一致。或者你可以为项目添加资源，移动一些可交付成果到第二阶段，也可以降低要求，减少一些与之相关的任务等，让进度回到正轨。请记住每当要对项目采取纠正措施时，都需要更新计划文档。

注意 采取纠正措施后，测量其结果是非常重要的，这样可以确保行动有效并且得到你计划的结果。

在整个项目期间，你一定会反复多次用到规划、执行、监控过程。更新计划意味着有需要执行新计划，控制和纠正措施要求对计划进行变更，这些变更又要求根据计划执行和测量新任务。纠正措施可能并不会直接要求你更新项目计划，但你在执行纠正措施的过程中可能会对照原有内容，然后就发现需要在计划文档加入一些新的东西。

并非所有的项目都需要用到正式的测量方法，重要的是使用监控技术来定期收集有关项目状态的信息，同时利用各种正式或非正式的方式与团队成员见面交流，了解项目中的活动，所有这些归根结底都是要加强与团队成员间的沟通。所以要积极主动地去了解有关信息，要知道项目的最新状态，这样你就可以有效地应对项目中可能出现的问题。

↘ 风险监督

监控过程的另一个重要内容是时刻关注项目中是否有潜在风险事件发生。你需要安排定期审查，看看有没有出现已经预料到的风险，如果有的话还要进一步检查其影响。监控风险及其状态是为了弄清楚风险应对计划是否仍然有效。有可能一些风险事件的影响现在已经减少了，而其他风险事件的影响则有所增加。

> **提示** 在整个监控过程中要对风险事件保持警惕。积极审查所有已识别的风险，并提醒项目团队成员，如察觉到有任何风险的触发因素都要及时向你汇报。

如果你的测量和监控做得很好，没等新的风险酿成大祸就会提前发现一些蛛丝马迹。这时候你要把识别到的新风险记录在风险计划中，并创建应对计划。

项目遇到了麻烦吗

我可以保证，你的下一个项目肯定不仅会发生变更，而且会出现这样那样的问题。当然了，并不是所有的问题都特别严重，也不会像你所担心的那样，出现问题就意味着项目会失败。但是，如果你不小心对待，即使是一般的问题也可能很快就会失控，并对项目造成严重的破坏。上文讨论的监控过程（要仔细观察，不放过任何预警信号）就是确定问题是否失控的一种方法，监控项目变更可以将问题保持在可管理的范围之内。

不幸的是，有时候进度、预算或关键人员会恣意妄为，由此对项目造成的损害无法修复。本节将提醒你注意一些预警信号，它们可能表明项目正朝着错误的方向进行。如果你能足够早地发现这些迹象并正确地处理它们，说不定还有机会扭转败局。

简单拒绝

在我们讨论这些早期预警信号之前，先来看看停滞不前的项目特点。有时，如果项目已经失控，是该收拾好项目管理工具包回家了。因为你和团队成员在这个项目上已经投入了很多时间和精力，再耗下去也只是徒劳无功。在这种情况下，最好的做法就是结束项目。

如果你在创建项目计划方面做得很好，与相关方和项目团队成员进行了有效的沟通，并实时监控项目的进展，那么即使项目以失败告终，你也问心无愧。有时候项目会按它们自己的方式结束，比如计划生产的产品已经失去了实用性，或者组织对项目失去了兴趣。有时候项目也会被那些过分热心的相关方扼杀，因为他们自己企图升职，只希望早日能被推上大老板的宝座。

当然，情况未必总会这么坏，有些时候项目出现的问题是可以被挽救的，下面就让我们来看看项目出现这种问题的一些预警信号。

↘ 早期的预警信号

以前你可能见过很多这样的信号，但不明白为什么要密切关注它们。现实中，项目经理很可能都会经历一个或两个失败的项目，但是如果你作为项目经理总是出现由于自己的操作失误、缺乏准备或监督而失败的项目，那你可能就升职无望了。

早期的预警信号具体如下：

糟糕的项目规划技能影响项目的范围、进度、质量和预算的管理

你的项目规划技能越好、所做的项目管理文档越好，管理项目的工作对你来说就越容易，完成一个成功项目的机会也就越高。所以很差的项目规划技能是项目失败的必然标志。

你和你的团队成员开始只说项目发起人和关键相关方想听到的话，而不是说真实的项目状态和问题

永远不要只告诉项目发起人和关键相关方他们想听的内容，这是项目走向灾难的危险信号。就算项目发起人和关键相关方可能不关心存在的问题，并希望你只向他们报告好的事情，但是无论如何，你都需要告诉他们项目真实的状态。如果你没有告诉他们问题和难点，一旦到无法收拾的时候，你就会成为"替罪羊"，那你的下场也可想而知了。

团队成员不知道项目遇到了什么问题。也不了解自己的工作职责和应完成什么样的可交付成果，而且谣言四起

这时你应该进行有效的沟通，把正确的信息传达给对的人。同时要做一个积极的倾听者，注意非语言的暗示。对于重要的项目信息，你一旦知道最好就赶紧告知项目发起人和关键相关方，很多时候，他们拥有的格局和资源可以让他们以你想不到的方式帮你解决问题。要对他们以诚相待，即使事情进展不顺利，也要告诉项目发起人和关键相关方事情的真相，因为他们不可能帮助你解决他们完全不了解的问题。

该项目起步较晚，但仍被期望能够按时完成

这可能会导致在项目后期出现问题。延迟启动项目是常有的事情，因为关键人员可能没有为新任务做好准备，预算可能无法在计划开始日期之前获得批准，等等。如果不允许变更计划，请使用我们之前讨论过的一些技术，如赶工和缩小范围以尽量满足项目进度的要求。

预算削减对项目产生不利影响

预算削减肯定是个项目杀手。一旦预算被削减，说不定是时候收拾行李准备回家了。但也不要太快得出结论，你可以先尝试去评估预算削减对范围和进度的影响，看看是否有方法在新的限制范围内工作。如果还不行，那就只能说不，要让项目发起人和关键相关方都明白，假如按照他们提出的预算削减，要达到现有的项目要求真的是天方夜谭。

项目进度延迟，原因是工期时间估计不足，或者团队成员虽然有动力也很努力，但不具备完成项目工作所需的技能

可以考虑聘请相应的专家来帮助解决缺乏技能的问题，并鼓励这些专家指导团队成员。如果问题在于工期估算结果不理想，在我们估算已完成项目进度之前，请考虑让第三方或其他部门的经验丰富的专家对估算结果进行审查。如果你已经身处有问题的项目当中，可以考虑改变项目的优先级、要求更多的资源，或者通过让团队成员加班来赶上进度（通常是不鼓励加班的）。不过这时可能会出现另一个问题——资源大量投入、成员不断加班，却没有获得什么回报。如果团队成员明显已经在承担超出他们能力的工作，你就需要诚实地告知项目发起人，现在的这个团队是无法按时完成该项目的。

你的团队成员经常说："我差不多就要完成了。"

信息技术行业的人们常常会用这种说法。由于没有很好的方法来衡量编程任务进展的程度，因此你必须依赖首席程序员（根据他们的经验）来判断他们认为自己或团队成员的任务完成率。当你在过去的六周里从同一个团队成员那里多次听到这个说法时，问题就来了。所以唯一能做的就是与团队沟通和强调诚实报告项目进展的重要性。

你的变更太多了

太多的变更会导致项目结束时的结果与开始时的需求截然不同。如前一节所述，你需要管理变更并保持确定的项目范围。

你和你的团队成员意识到这个项目一开始就不应该启动

如果你一开始就明白项目目标超出了项目团队的执行能力，时间预期不现实，或者预算无法满足，除非团队成员愿意和你一起解决问题，否则就应该通知项目发起人拒绝管理该项目。如果你直到后来才意识到这一点，你将需要记录调查结果并建议项目发起人停止该项目。

所以随时了解问题并在问题发生时迎面解决。记住要让项目发起人和关键相关方了解项目情况，因为他们通常能够帮助你解决问题或获得超出你权限的资源。

关键术语

变更控制委员会
变更控制系统
纠正措施
赶工
快速跟进

回顾与思考

1. 列举项目变更的三种方式。
2. 为什么要以书面形式提交项目变更请求？
3. 变更控制系统的目的是什么？
4. 变更控制系统应包含哪些类型的信息？
5. 变更控制委员会的目的是什么？
6. 当项目范围变更时，哪些文件肯定要被改变？
7. 列出在面对项目范围或进度变更时需要考虑的因素。
8. 列出两种进度压缩技术的名称。
9. 什么是快速跟进？
10. 监控项目绩效时，你可以使用哪种最重要的监控技术？

第 12 章

项目收尾

本章要点：

- ✓ 结束项目
- ✓ 重新分配项目团队
- ✓ 总结经验教训并存档
- ✓ 验收项目
- ✓ 评估客户满意度
- ✓ 存档项目文件
- ✓ 庆祝你们的成就
- ✓ 管理敏捷项目

祝贺你带领团队成员完成了项目，相关方也欣喜若狂，你的工作做得很好，而且得到了很多赞扬。现在是时候放松了，你是不是也是这样想的？

可现实还不允许你这样做，即使项目任务已经完成，但你的工作还没有真正结束。想要完成项目生命周期的收尾过程，你还需要关闭项目账户、给供应商付款、记录最终的项目结果，以及评估项目等一系列工作。在此过程中，你需要回顾在项目期间做过的种种事情，哪些是正确的，又有哪些方面让人不太满意，并将从中总结的经验教训归档记录。你在此项目中创建的所有文档都将为你做下一个项目提供参考。

另外，我在本章的后半部分会介绍敏捷项目管理，这种管理形式允许连续迭代，因而可以在较短的时间内产出可交付成果。它主要被用于软件开发和技术类项目，不过在其他行业也正逐渐成为趋势。

■ 快乐的结局

我总是希望每件事都能有个快乐的结局。比如每当我快读完一本小说时，就会盼着书中的矛盾冲突都能够被顺利解决。当然了，我也期望每个项目都能圆满成功。

我在最开始谈论项目管理的时候就说过，是否达到相关方的期望是判断一个项目是否成功的标准。一个成功的项目应该完成所有的可交付成果，满足所有的要求，而且一直是在严格地按照预算和进度进行。如果你确实做到了这几点，那么也说明在整个项目实施过程中，你已经很好地应用了项目管理技术及与相关方有效沟通的方法。

我在前文中介绍的各项内容，都将帮你在项目结束时达到客户的期望，甚至可能超额完成任务。正如我所多次强调的那样，项目规划和沟通是你最得力的两大武器。如果你在做日常项目管理工作时，能有一个考虑周全的计划作为基础，能和相关方通过诚实的沟通很好地解决冲突，那么做好一个项目也就是手到擒来了。

你可能会匆忙完成或者完全跳过项目收尾阶段，但是事实上收尾的作用不容小觑，如果操作得当，它可以帮助你更好地完成下一个项目。在这一阶段里，你的任务是获得项目产品或服务正式的批准、关闭合同、向供应商支付费用，记录最终的项目结果，你需要将项目文件归档，并从这个项目中吸取一些经验教训给下一个项目做参考。你还需要最后一次回顾并检查项目的工作，确保所有工作都已完成。

还记得第 1 章“基本概念”中的表 1.2 吗？表 12.1 是一个更新版的项目管理流程核对单，其中添加了一些在阅读本书的过程中新学到的内容。你可以使用此核对单来帮助你在项目生命周期阶段管理你的下一个项目。

注意 你也可以从网站下载项目管理流程核对单：www.wiley.com/go/projectmanagementjs4。

表 12.1　项目管理流程核对单

项目名称：________________　　项目编号：________________

项目经理姓名：____________　　项目发起人姓名：__________

完成状态	流程或文档名称	职　责	说　明	项目生命周期
❑	商业论证	项目发起人	一般由项目发起人创建，用于论证项目是否可以为组织带来业务方面的收益。商业论证创建于项目开始之前，用于判断项目是否需要被开展	启动
❑	项目章程	项目章程通常由项目经理创建，一般应以发起人的名义发布项目章程	一般由项目经理根据项目发起人和关键相关方提供的信息来创建，其中会描述项目的目的和成果	启动
❑	假设日志	项目经理，以相关方提供的信息和要求为依据	描述项目的假设条件和制约因素对团队的限制，可能会被包含在项目范围说明书里，但是经常归档在假设日志中	规划
❑	项目范围说明书	项目经理，以相关方提供的信息和要求为依据	描述项目目标，包含完整的可交付成果清单，还有特定的对于产品、服务和项目成果的技术指标要求，需要由项目发起人、项目经理和相关方共同签字。注意要由业务分析师负责收集需求和归档	规划
❑	关键成功要素	项目经理，以相关方提供的信息和要求为依据	描述为了项目的成功必须要精准完成的要素和要求，可以被包含在商业论证或项目范围说明书中	规划
❑	沟通计划	项目经理	描述相关方和项目团队成员的信息传递方面的需求，包括如何和何时分发项目信息等	规划

续表

完成状态	流程或文档名称	职　责	说　明	项目生命周期
❑	WBS	项目经理	描述完成项目所需要完成的工作，对可交付成果进行层级分解	规划
❑	责任分配矩阵	项目经理	描述了 WBS 各个要素中项目团队成员的角色和职责	规划
❑	资源计划	项目经理	描述了为完成项目所需的物资设备和人力资源	规划
❑	采购计划	项目经理或采购部	描述需要从外部供应商采购的资源和服务	规划
❑	风险管理计划	项目经理，以相关方、风险分析团队和项目团队提供的信息和要求为依据	对风险进行识别、描述和规划，包括对风险登记册的管理，以及对高层级风险应对计划的制订	规划
❑	质量管理计划	项目经理或质量团队	描述如何进行质量控制	规划
❑	项目进度	项目经理或项目进度专员	描述任务之间的依赖关系、完成任务所需的时长和里程碑式的节点，可用于确定关键路径	规划
❑	项目预算	项目经理或财务经理	描述项目的目标成本	规划
❑	项目团队开工会议	项目经理	给所有团队成员分配责任	执行
❑	状态会议和状态报告	项目经理	向相关方和团队成员提供项目的更新状态，涉及项目的进展、问题、变更请求等	执行和监控
❑	变更管理计划	项目经理和变更控制委员会	描述如何识别和管理变更	计划和监控
❑	监督项目的绩效表现并采取正确的行动	项目经理	总体监察项目表现，可能需要更新项目规划文档	监控

续表

完成状态	流程或文档名称	职　　责	说　　明	项目生命周期
❑	关闭账号记录及合同收尾	项目经理和财务经理	项目经理通知财务经理关闭所有项目账户，此后将不会再有费用被记录到项目预算里	收尾
❑	实施核对单	项目经理	面向内部运营部门或客户，描述与产品、服务或项目的结果相关的需要讨论的问题或需要更新的信息	监控和收尾
❑	经验教训登记册	项目经理、相关方和团队的输入	总结做得较好的流程、计划等，同样要记录项目中做得不好的，不希望在将来的项目中重复的地方。如果可行的话，把这些汇总之后整合到标准的公司项目管理流程和模板中	收尾
❑	获取项目完成签署并发送正式的项目结束通知	项目经理	确保项目的产品、服务和结果已被接受，并通知所有部门项目正式结束	收尾
❑	项目反馈	项目经理、相关方和团队的输入	总结经验进行反馈以提升未来在项目中的表现，可以被包含在经验教训登记册中	收尾
❑	归档项目文件	项目经理	归档项目的记录为将来的项目做参考	收尾
❑	庆祝你的成功	项目经理和项目团队	以公开的方式感谢团队成员的努力工作并认可项目的成功。作为项目的收尾同时帮助团队成员转到新的项目上	收尾

此核对单显示了你需要负责创建的主要文档，以及你在整个项目生命周期中需要遵循的流程。现在所有的规划、执行、监控和收尾流程都已添加在项目管理流程核对单中。当启动下一个项目时，你就可以使用这个模板来提醒自己管理项目需要完成的文档和活动。我建议你在整个项目中定期查看此核对单，确保是否已完成相应项目内容。

把项目管理流程核对单存放在项目文档库中，在项目的每个阶段接近尾声时拿出来看看，可以提醒你下一个过程会发生什么，也能够让你对整个项目进展情况做到心中有数。

正如你在表 12.1 的项目管理流程核对单模板中看到的那样，在收尾过程中，你还有几个任务需要完成。下面，我先介绍关闭账户和完成合同。

（1）关闭账户。

项目完成后，你需要确保项目的账户已被关闭，这样就不会再有支出。通常这项操作由会计人员或财务经理来执行。我在第 5 章“分解项目活动”中曾提到过与 WBS 元素相关联的唯一账户标识符和编码，会计办公室会用这套编码来跟踪每一笔支出。当财务经理关闭账户时，对应编码也会随之被停用，因此在这一账户名下，不会再有额外费用获得批准。

提示 在项目工作完成、批准和签署后，通过关闭项目账户来避免花费失控和超预算情况的发生。

如果只是一个小项目，那么你可能是唯一一个授权批准费用的人，这样你自己就完全掌握何时停止项目支出/收取费用。但大的项目可能有多位批准者，或者整个项目中预算的管理由专职的财务经理负责，你要正式地向他们说明项目已经结束，账户应该关闭，这样一来你的项目就不会再有新增花费了。

（2）完成合同。

在收尾过程中，合同会告以终结。如果项目是以签订的合同为依据的，或者你为了完成项目中的某些工作而签订过合同的话，在结束项目之前你需要检查合同上写明的工作是否都已经按照相应的条款准确地、令人满意地完成了。你需要审查合同和工作说明书，并将其与项目结果进行比较，以确保满足了所有要求。这个步骤应该相当简单，因为你在监控过程一直在监督着项目的工作，可能这期间还发生了许多变更。所以现在你将再次审查工作说明书并确保没有遗漏任何需求。

现在你将要做的最重要的工作之一，就是以书面形式正式地通知卖方，合同已完成且产品或服务是可以接受的。如果产品或服务不符合你的期望，就告知供应商产品存在问题，需要先解决后才能发出最终验收报告。通常你会在监控过程中做这件事，在监测项目的结果后通知供应商相关的问题。

请注意，有些合同有特定的条件或条款必须得到满足，不然整个合同都无法结束。所以你要仔细审查合同，或是要求采购部门明确地告诉你这些条件到底都有什么，这样你就可以圆满收尾，而不至于耽误项目进度。

解散团队并不容易

项目即将结束，团队成员也将各自回到他们原来所在的职能部门或开始其他项目的工作。其实在监控过程中，当有的团队成员任务完成并获得批准的时候，这一步骤可能就逐渐在进行了。

在这个过程中，你需要和团队成员进行良好的沟通。还要提前和职能经理打好招呼，以便让他们为团队成员的回归做好准备。如果团队成员被安排到另一个项目，请让相关项目经理知道你的团队解散的日期，这样新的项目经理才有时间计划活动并安排新工作的截止日期。建议在团队成员离开大约四到六周之前就通知职能经理，并在接近返回日期时与其保持信息畅通。

警告　在项目结束时要注意项目是否有节奏放缓的迹象。有时，你会发现团队成员可能不想进行新的任务，而只是想在当前这个项目获得更多乐趣，因此他们总在修补问题或拖延最后截止日期。

随着项目临近结束，团队成员可能会开始拖延。特别是对于处在成熟阶段的团队，更要留意这种情况的发生，因为这时候成员相互间已经存在很深的友谊，大家一起致力于项目的目标，并且在项目工作中感受到很多的乐趣。但随着项目的结束，他们知道作为一个团队的合作也即将告一段落，因此可能会导致他们放慢速度、拖延时间，从而尽可能推迟他们被重新分配到新的不同工作的时间。所以在此期间你要与团队成员进行开诚布公的沟通，让他们知道他们所完成的工作对这个项目是有价值的，并向他们保证，他们即将要做的新工作对组织也很重要，他们将有很多机会与新团队成员建立良好关系。还要提醒他们，可以基于自己在这个团队里获得的经验，来协助组织中的其他人建设及运作氛围良好的团队。这样一来，组织在团队建设上就能有整体性的改善。

在遣散团队成员前，你应该为每个团队成员写一份绩效评估，并和他们一对一面谈，讨论他们在这个项目里的表现。这些评估意见将提供给他们的职能经理或新的项目经理，并作为今年他们整体绩效评估的一部分。

↘ 培训和保修期

你是否曾有这样的经历，刚拿到手一个新工具就迫不及待尝试使用，刚开始用得好好的，结果到了关键的时候却突然掉了链子，无法使用了，真是让你措手不及。不过这个工具的保修期还没有过，可以说是不幸中的万幸了。其实项目保修的道理也是相同的。

保修期是指客户有问题时可以通知团队成员，并要求立即得到解决的一段时期。

一些项目，特别是信息技术的项目完成和移交给客户之后，在一段特定时间内仍然需要有一些团队成员坐镇，来做一些支持性的工作，或者至少要在必要时提供帮助，这段时间就被称为保修期。要知道，新编写的程序或新安装的硬件，不可避免地会出现新问题，这在实际当中是再正常不过的了。在保修期内，如果用户在使用新的程序或硬件时发现问题，可以马上向团队成员说明并要求立即解决。团队在这期间的任务不是要开发新的功能或增强原有的功能，而仅仅是修复错误。一旦保修期到期之后，客户如有新的问题，就会按照组织流程进行优先级排序并按日常问题处理。

提示　如果你没有预先建立保修期制度，客户发现问题后只能先耐心等待，等到真正有人能解决的时候，有的问题已经变得十分严重了，这会让他们感到非常无奈。保修期给了他们一个缓冲，确保在这个阶段里，问题一出现就可以被解决了。

另外有些项目完成后需要进行培训，培训活动将作为整个项目计划的一部分。培训完成后，产品才会被移交给客户。同样，你可以确定好一个保修期来解决培训的问题。

↘ 实施项目移交

在保修期结束时，就可以将项目的产品转交给客户。建议你在项目结束时使用表 12.2 所示的实施移交检查清单，以确保可供交付的产品都已齐备而且客户会收到所有他们需要的有关产品的信息。在交付给客户之前，作为项目经理应该验证这些事项是否完整和正确。

注意　你也可以在网站下载实施移交检查清单：www.wiley.com/go/projectmanagementjs4。

表 12.2　实施移交检查清单

项目名称：__________　　项目编号：__________

项目经理姓名：__________　　项目发起人姓名：__________

完成状态	描　述	建　议
	完成可交付成果	
	接受和批准可交付成果	
	合同收尾	
	合同付款	
	完成客户培训	
	已提供产品文档给客户	

续表

完成状态	描　　述	建　　议
	已给客户保修期信息	
	已提供给客户联系信息	
	交付最终产品	

■ 记录经验教训

在项目结束时，你应该已经变得比之前更聪明了。通过在整个项目管理过程中进行实践操作，并观察项目的生命周期如何运作，你应该已经学到一些东西。现在你需要做的，也是必须做的，就是把你在整个项目中学到的那些经验记录下来，这将有助于你更好地执行下一个项目。

记得当年我父亲在给我讲道理时，经常感慨说我能从他的经验中受益是多么幸运的一件事。他总是向我传递有价值的信息，以此来帮助我免于“在困境中通过一次次失败来学习”。这一点在项目管理领域也是一样的，为什么要重复以前项目经理犯的错误，甚至是你自己过去犯过的错误？怎样可以避免一些错误，并让你的下一个项目进行的比上一个更顺利？

经验教训： 关于项目成功和失败的收获。

经验教训登记册包含所有项目生命周期的信息，但其中最重要的是和执行、监控过程相关的内容。在这些过程中，项目的工作正在逐步开展，而你可能会发现关于规划文件或流程中的错误。比如任何可以被更清楚地表述的内容，或者其他任何有助于避免混淆的信息，都应该在经验教训登记册中被记录并说明。流程上的改进、沟通上的障碍或其他任何有助于你更好地完成下一个项目的信息，也应该在这里记录下来。

请团队成员、相关方和项目发起人帮你总结经验教训。询问他们关于项目哪些地方进展顺利，还有什么本可以做得更好，等等。注意，不要等到项目结束才开始做记录，在执行阶段就可以开始这个工作，每当问题出现就尽快记录下来。最好还要写一下备选处理方案，以避免这些类似的问题在未来的项目中再次发生。你的经验教训登记册应包括以下信息：

- 项目目标是否让相关方满意。
- 如何在整个项目中使用项目管理流程，以及如何保证规划和跟踪进展方面的成功。
- 项目规划和项目进度表如何反映项目的实际工作情况。

- 项目估算与实际成本和时间的对比情况如何。
- 变更管理流程的运作情况，以及可能完成的更好的结果。
- 项目中进展顺利的例子。
- 项目中进展不顺利的例子和你根据经验而提出的建议。
- 为什么采取纠正措施，以及它们是否有效。
- 绩效出现差异的原因，以及如何避免这些差异。
- 实施纠正措施的结果。
- 已实施的风险应对计划，以及是否已充分解决了这些风险事件。
- 发生的计划外风险事件。
- 发生的事件是否超出了项目团队成员的控制范围并影响了项目进展。
- 该项目发生的错误或问题，以及如何避免它们。
- 项目团队中缺少的技能。
- 可以帮助团队成员更有效地执行工作的方法。
- 可以自动化或简化某些重复过程的方法。

当然你的经验教训登记册不仅限于上面所述内容。做得好的或不好的，这都将有助于你执行下一个项目。在这些问题失控之前，应在这里记录下来。无论是积极的反馈还是消极的都需要包括在内。特别是对于失败的项目，做这种笔记更有意义，因为你可以从失败的项目中学到很多内容，这就有助于预防你的下一个项目遭遇同样失败的命运。

令人遗憾的是，很多项目经理在实际中都跳过这一步。因为现实中大多数人都不愿意承认自己的错误，也不希望别人知道这些问题的出现归根结底是自己的责任。因此，要鼓励你的团队成员说实话，诚恳而坦率地分享他们的经验教训。如果你下功夫赢得了他们的信任，并营造了一种开放的沟通氛围，记录经验教训就不会那么困难了。要向你的团队成员保证，这样做是为了未来项目更好的开展，并不是要用来惩罚什么人或判断他们工作表现的优劣。要规定任何人都不会因为任何错误而责怪别人，并且不会记录任何信息提供人的名字。经验教训事实上可以为未来的项目带来知识和财富，帮助你从过去的错误中学习并受益。

经验教训登记册应该和其他项目信息一起上传到项目知识库，在你下一个项目开始之初再来参考一下。

签收项目

现在是时候正式结束项目并获得最终产品或服务的签收了。这个过程要确保项目范围说明书中的所有要求都已得到满足，从而保证客户和相关方可以接受产品或服务。

要想获得项目签收，首先要准备好一份带有签名栏的最终状态报告。最终状态报告和你一直在做的定期状态报告不同，它应该先回顾项目的目标，然后详细地说明已达到主要里程碑，完成了可交付成果，并且是让人满意的。

图 12.1 是一份最终状态报告模板。你可以直接使用此模板，也可以对其进行修改以适应你的项目需求。

最终状态报告

I. 一般信息

项目名称：__________________　　项目编号：__________________

项目经理姓名：__________________　　汇报日期：__________________

II. 项目概述（描述项目的最终产品、服务、实施项目的原因、项目的目的，包括实施项目后解决的业务问题）

III. 项目的目标和目的（写明项目已经达到的目标并和项目范围说明书的目标做比较）

IV. 项目的可交付成果和里程碑（写明已完成的主要可交付成果及里程碑，以及计划中对应的截止日期，实际完成日期，相关方的验收日期）

V. 项目预算（做出最终项目预算的总结，计算其与原有预算的差异）

VI. 质量保证（对于质量标准和检查的结果归档）

VII. 建议（与那些被转移到项目第二阶段的可交付成果相关的协议、要考虑的主要问题及解决办法、需要进一步解释的风险事件等，凡是需要提醒相关方注意的信息都应该包括在内）

VIII. 最终验收和签字（相关方验收项目并签名，表明他们接受项目）

接受/拒绝：　　相关方姓名：

图 12.1　最终状态报告模板

做最终状态报告的目的是对项目做一个总体概述，说明取得的成就和存在的问题，并注明项目相关方接受可交付成果的日期。这份报告是要面向公众的，要保持客观，不要吹毛求疵。如果某些相关方或团队成员导致项目出现了重大问题，但这些人又特别难以对付，可以考虑准备一份只发给项目发起人或对应的高层管理者的机密报告或简报。如果项目出现了政治方面的棘手问题，你觉得不应该在这种情形下公开发布，就可以把它们放在机密报告中。

一旦相关方签署了验收文件，该过程就正式结束了。你要向相关方、客户和项目发起人发出验收通知，这是你作为项目经理负责发布的最后一个通知。你应该根据沟通计划编写这个通知，并在发送时注明日期。如果项目是组织内部的，只要发个电子邮件就可以了；如果项目基于某个合同，我建议还是以传统的方式通过邮局或快递发送正式书面通知，同时在项目知识库中保存该验收文件。

注意　你也可以在这个网站下载最终状态报告模板：www.wieliy COM /go /projectmanagementjs4。

■ 客户满意吗

到这一步的时候，你应该已经知道了相关方的期望是否都获得了满足。因为在监控过程里就有一部分工作涉及审查项目规划、可交付成果和要求，并确定团队成员的行动是否满足项目和相关方的期望。不过除了这些内容外，你还要确认相关方对沟通、客户服务和问题解决等软技能是否满意。想要获得这些问题的答案，唯一的方法就是直接询问他们。

如果项目规模很小，只涉及少数几个相关方，请使用一对一访谈的方式，询问他们对项目进展和项目管理的意见，或者考虑做一份调查问卷，分发给相关方和客户来收集他们对项目的满意程度（前面说到的经验教训文件也可以用问卷这个方法来创建）。

以下是你可以在访谈或问卷调查中使用的一些示例问题。你可以在调查问卷中请他们对下面这些问题给出从 1~5 的分数，其中 1 分表示完全不满意，5 分表示非常满意。

- 根据最终项目进度计划，你对交付日期是否满意？
- 你对项目的参与程度感到满意吗？
- 你对最终状态报告包含的信息满意吗？可以怎么改进？
- 你对变更管理流程满意吗？
- 你是否认为问题得到及时关注并被解决？
- 你对项目产品或服务的总体满意度是多少？

- 你对项目期间使用的质量流程满意吗？
- 你对项目管理流程的总体满意度是多少？
- 总的来说，你对项目期间收到的关于状态、问题和进展的信息内容感到满意吗？

当然了，你可以根据你的具体项目定制调查问卷，并且别忘了让受访者始终可以进行自由形式的评论和反馈。

你还应该与项目发起人面谈，请他们回答同样的问题，并另外请教他们对你工作表现的看法。比如你是否可以采用不同的方式来帮助项目更有效地实施？沟通渠道是畅通的吗？他们是否有足够的信息来向高层管理者报告项目状态并回答有关项目的问题？

还有，千万不要忘记团队成员。前面的一些问题不完全适用于他们，你应该问他们对项目进展的看法，你和团队成员之间的沟通渠道是否是开放的？他们是否能充分了解项目的进展、变化和新的信息？他们如何看待变更控制流程？他们觉得团队效率如何，以及他们对未来团队有什么建议？如果你花时间分析他们的回答并做出必要的整理，所有这些信息都可以帮助你更好地执行下一个项目。

> 注意　每个项目都是一次学习体验。即使每个项目针对的都是独特的产品或服务，所以尽管两个项目不一样，但用于管理项目的流程是相似的，并且总是有改进的余地。

在第 1 章中，我介绍了过去的项目管理同行可能遵循的那一套流程。现在已经通过重新整理，提高了它的效率，而且用计算机应用程序使之变得更容易。所以，花点时间从每个项目的经验中总结教训，从相关方和团队成员那里获得反馈，然后将它们更好地应用到下一个项目中。

项目文件存档

你在整个项目开展的过程中收集了大量项目信息、文档和流程。如果将来有人为其他项目建立类似的内容，绝对可以从这些信息中受益。因此你需要建立项目知识库，并在那里存储所有文件，以便可以在需要时进行查阅。项目知识库里应该存有你在项目生命周期中创建的所有内容，包括项目章程、项目范围说明书、项目计划文件、质量计划、风险应对计划、最终状态报告、经验教训登记册和最终验收文件等。

如果你的项目知识库用的是公司内部网络，归档应该不难进行，把项目文件移动到名为“已关闭项目”的文件夹里就可以了。如果你们没有统一的云端存储空间或者相关规定，你也可以用自己的方式进行存档，以便于日后检索。只不过所有的项目文件都应使用一致的归档方式，并按照规定的格式命名，在项目文件夹名称的开头或结尾添加日期以便搜索也是个好主意。你可能会发现有一些被签过字的纸质文件，还没有被扫描或上传到项目知识库，我建议你要找齐所有项目文件，以确保项目知识库里已经汇总了所有信息。此外我的意见是，只要是在符合法律要求的条件下，或者是在你的项目的保留期限之内，就应该允许一直可访问项目知识库的信息。

好了，现在正式的项目管理工作只剩下最后一项了。

现在是派对庆祝时间

太棒了，祝贺你的成功！为了表示庆祝，可以开个派对，带领团队成员共进午餐，或者开展音乐娱乐活动，也可以在最后一次项目团队会议上热闹一番。记住无论项目规模大小，都要为团队成员的成功进行庆祝。

你要借此机会正式地感谢团队成员对项目的积极参与。如果项目取得了重大成就，此时就要在这个公开的场合奖励做出贡献的人。让他们看看自己是多么出色地完成了这所有的工作，这样可以为你和团队成员建立信心，激励大家在日后施展自己的技能并承担更复杂的项目。

当然，庆祝活动会把项目带入尾声，并让团队成员正式意识到项目结束了，它也有助于让大家从心理上平滑过渡，让团队成员知道他们的贡献得到了赞赏。还记得布鲁斯·塔克曼的团队建设模型中的团队解散阶段吗？庆祝活动有助于团队成员结束原有的关系并开始考虑他们的新任务，所以一定不要跳过这个过程。

敏捷项目管理

这里让我们简单了解一下敏捷项目管理，这种方法会将项目分成小型的、增量化的工作，这些工作分配起来容易、处理起来轻松、能在（被称之为迭代或冲刺的）短时间内完成。迭代或冲刺总是有时间限制的，冲刺通常是两周的时间，但也可以是团队商定的任何较短的期限。冲刺的目标是在冲刺结束时产出可交付成果。

敏捷项目管理的方法使团队能够快速适应新的要求，并允许他们对目标、可交付成果和产品、服务或项目结果进行持续性地评估。敏捷通常被用于软件开发项目，这是因为软件行业必须快速适应变化，以及新的或改进的功能请求。当然敏捷目前也正在其他行业当中被广泛使用。

通常对于被称为瀑布式的传统方法，在还没开始任何工作之前会对可交付成果有一个详细的定义，而且之后，就很难在进程中改变需求或融入新的想法。有时，甚至会提前定好在项目后续几个月（也可能是几年）的计划和需求。项目起初使用的原型或概念验证可能在需求收集后不久就可以完成，而最终的可交付成果直到项目接近尾声之前都不会被交付，因此这两者在时间上可能会相隔很远。瀑布式方法要求在进入下一步之前要完成前面的每一步，而且需求是在工作开始之前被定义的，然后开始工作，直到接近完成，客户才会看到完整的最终产品。所以使用这种方法的话，如果要尝试新想法或修改需求，就将要遵循一个正式的、有时还很严格的变更控制过程，而这些有可能造成项目周期的延长，成本也会随之增加。

而使用敏捷方法，项目团队可以经常评估结果并调整流程，以满足新提出的或修改后的要求。原型可以被提前交付，并且每次迭代都会取得进展。

注意　敏捷是一种快速迭代的方法，可以持续地根据产品负责人的不断反馈来对需求进行定义和改进。

其实项目经理在管理项目时不需要局限于只使用瀑布式或敏捷方法，也可以使用一种混合的方法，就是将这两种方法中的一些优点结合起来。请记住，作为项目经理，你需要根据项目和组织来调整流程和方法。这意味着如果需要的话，你完全可以在开始工作之前详细定义需求，但在开始之后应用敏捷方法，并在冲刺中生成可交付成果（允许在执行冲刺时对需求进行变更和改进）。

↘ 敏捷的角色和责任

敏捷方法有许多好处，其中最重要的一点就是相关方可以积极地参与到项目的各个方面。这是因为敏捷保证了高度的互动性，它鼓励团队之间进行大量频繁的沟通，也使相关方和项目团队成员保持高参与度并相互促进。敏捷团队是自我导向的、自我组织的、适应性强、能了解客户需求。敏捷团队成员包括敏捷教练、产品负责人、相关方和跨职能团队成员。

敏捷教练

敏捷教练（Scrum Master）：敏捷教练在敏捷方法中负责协调冲刺的工作。

Scrum 是敏捷的一种方法。Scrum Master 也称为项目团队领导、团队教练或敏捷教练。在本节的其余部分，我将使用敏捷教练这个叫法。敏捷教练协调冲刺中遇到的问题，但不指导团队成员的工作，他们负责帮团队成员移除那些工作的干扰。敏捷教练是促进者，而不是管理者，在敏捷过程中他们帮助教导其他人。

他们通常不执行开发任务，但可以帮助产品负责人维护产品待办清单、确定工作优先级和定义工作何时完成。项目团队成员不向敏捷教练汇报。

使用敏捷方法时，敏捷教练的责任如下：

- 创造团队成员之间的协作氛围。
- 协助团队成员做出决策。
- 提供允许团队成员响应变化的环境。

产品负责人

产品负责人代表相关方，是相关方和敏捷教练的联络人。产品负责人代表业务部门、客户或最终用户的利益。团队应该只有一个产品负责人，其责任是与相关方进行沟通，具体内容包括项目取得的进展、达到的里程碑。产品负责人还要确定项目范围和进度、安排完成项目工作所需的资金、管理产品待办清单并确定其优先级。

相关方

相关方是会从项目或结果中获取利益的人。他们与产品负责人联系，由产品负责人告知他们工作进展。

跨职能团队成员

跨职能团队成员负责完成产品待办清单上列明的任务。他们根据工作的优先级和他们的技能来进行相应的任务。他们会估算工作量，并在迭代周期内承担足够多的任务。敏捷团队是自我指导、自我组织和自我管理的。

自我组织团队要求成员具有良好的沟通、协作和解决问题的能力。在整个项目中，敏捷有时也可能涉及不同团队成员的参与，所以需要密切关注与人力资源和采购部门合作，以便在合适的时间从他们那里获得资源。

↘ 冲刺规划会议

冲刺规划会议是一个敏捷会议，团队成员从产品待办清单中选择任务并在冲刺期间完成。

产品待办清单是一张列表，包括需要使用敏捷方法来实现的具体事项。团队成员从产品待办清单中选择要在即将到来的工作周期内处理的事项。

冲刺（或迭代）是一个短暂的、有时间限制的工作周期。每一个冲刺都是从冲刺规划会议开始的。在这个会上，团队成员会从产品待办清单中选择冲刺期间工作的事项。当使用敏捷方法进行项目管理时，你将不断定义每个冲刺的要求。

产品负责人根据业务需求、风险和价值对产品待办清单进行优先级排序。团队成员会将大的需求分解为小的、可管理的、在冲刺中可完成的工作。

在每个冲刺开始时都会检查产品待办清单。通常产品负责人确定是否应该在产品待办清单中添加或删除要求。团队成员来选择在冲刺期间做哪些内容。冲刺期间内都会举行每日站会。

冲刺的任务可以通过在看板上粘贴便笺的方式轻松地加以管理。如果你不喜欢纸质便笺，有许多应用程序可以用更自动化的方式帮助你管理产品待办清单。在看板上，最初的产品待办清单的用户故事可以列在第一列中，下一列就是将在冲刺期间处理的用户故事，然后是开发工作的进展过程，包括“进行中”和“检查中”，最后有一栏记录工作的完成状态。表 12.3 是一个 Scrum 看板的示例。

表 12.3　Scrum 看板示例

用户故事	这个冲刺的任务	进行中	检查中	完　　成
故事 1	故事 1.1	故事 1.1		
故事 1	故事 1.2		故事 1.2	
故事 2	故事 2.1			故事 2.1
故事 3	故事 3.1	故事 3.1		

在每一天结束时，团队成员会更新他们的进度和估计剩余的工作量。更新的信息会被写在 Scrum 看板上，团队成员和相关方可以直观地看到冲刺中剩余的工作量。

当然你还需要在每个冲刺开始时执行风险规划过程。这比瀑布式方法中开展得更快、更简洁。敏捷项目确保在整个团队中知识是共享的，这样团队成员才可以理解风险及其影响，以便在每次迭代期间对它们进行管理。这也意味着你可以相对容易地更新需求，并根据需要进行调整，以便在每次迭代期间对风险加以考量。

↘ 每日站会或 Scrum 会议

每日站会或 Scrum 会议：敏捷项目管理中的会议形式。它们通常在每天的同一时间举行，并且持续时间很短，团队成员会在此讨论他们的工作状态。

在冲刺期间，每日站会或 Scrum 会议应该在同一时间和地点举行。它们应该有时间限制，通常不超过 15 分钟。在每次会议上，成员必须准备好讨论三个问题的答案。

- 我昨天完成了什么？
- 我今天会做些什么？
- 是否有任何障碍或问题影响我开展工作？

每日站会是敏捷过程中的一个重要环节，它可以让团队成员了解情况，帮助敏捷教练掌握任务进行过程中的任何障碍。

> **注意**　每日站会不是为向产品负责人或相关方汇报状态而举行的会议。它是团队成员和产品负责人的工作会议，用来确定完成了哪些工作，以及今天将要进行的工作内容。

↘　冲刺审查和回顾

冲刺结束后，要与团队成员、敏捷教练、产品负责人、客户和管理层一起进行冲刺审查会议，审查冲刺期间已经完成的工作。可能需要在会上展示冲刺期间做好的功能，或者完成的设计工作。

冲刺审查后，团队成员、敏捷教练、产品负责人要进行冲刺回顾会议，是为了确定以下内容：

- 总体进程。
- 进度或范围所需的更改。
- 是否有改进下一个冲刺的想法。
- 在此冲刺期间运作良好的事项。
- 学习到了什么经验教训可以改进下一个冲刺和未来的冲刺。

如果在当前冲刺期间存在未完成的产品待办清单，你需要在下一个冲刺规划会议上讨论它们。产品负责人将根据本次会议收集的信息向相关方通报总体进展情况。

冲刺规划会议、每日站会、冲刺审查和回顾，这些需要在历次迭代中重复进行，直到完成项目的工作。

敏捷方法与瀑布式方法的差异，如表 12.4 所示。

表 12.4　敏捷方法与瀑布式方法的差异

	敏捷方法	瀑布式方法
定义可交付成果	在迭代规划期间进行定义和分解。可以从产品待办清单获取，每次迭代由团队成员从产品待办清单中选择	在项目的开始定义，并在进入到下一阶段前完成
定义需求，定义范围，创建 WBS	这些过程在每次迭代中都是重复的，编写用户故事，分解成工作包，在冲刺规划会上选择冲刺产品待办清单的内容	这些过程是在计划过程进行的，在进入下一个过程前都要完成。变更是由变更控制过程来管理的

续表

	敏捷方法	瀑布式方法
相关方	持续、有效地参与，他们会更新产品待办清单，使之与需求同步	在计划过程早期高度投入并积极参与。当工作开始之后，他们继续参与但不像在计划过程中那样活跃。在执行、监控过程中一般会告知相关方有关进展，但并没有固定的主动反馈环节
风险定义和控制	在每个冲刺开始时进行	在计划过程里定义，并在整个项目过程中进行监控
采购	与每个冲刺同步完成	在计划过程定义资源、设备及材料，在执行过程采购资源
变更控制	敏捷适合高层级的变更	在项目的整个过程使用整体变更流程进行管理

现在，是时候可以最终庆祝自己的成功了！你已经读完了本书，学到了一些关于项目管理的新知识，这些都将帮助你更有效地管理即将到来的项目，并且会给你的项目管理工作带来很多成就。在未来的职业生涯中，即使你可能不会以“项目经理”的头衔工作，但你至少会实际参与几个项目，所以在这里学到的东西将会帮助你成功地完成这些项目，相信你一定会做得很好！

关键术语

敏捷项目管理
产品待办清单
每日站会
迭代
产品负责人
项目批准
敏捷教练
Scrum 会议
冲刺
冲刺规划会议
保修期

回顾与思考

1. 成功项目的定义是什么？
2. 收尾过程包括哪些活动。
3. 为什么要在项目结束时关闭项目账户？
4. 合同结束后项目经理应该做些什么？

5. 在团队发展的成熟阶段，已经接近项目结束的时候，团队成员会有什么表现？

6. 描述产品或服务设有保修期的目的。

7. 什么是经验教训？

8. 为什么项目经理要得到项目的正式签收？

9. 在项目收尾时，应该存档哪些信息？

10. 为什么庆祝活动对团队成员很重要？

11. 在使用敏捷方法的过程中，有一个角色的责任是代表相关方发言，以及确认在冲刺期间产品待办清单优先级。请问这个是什么角色？

12. 以下哪个会议是在冲刺开始时举行的。

A. 冲刺回顾

B. 冲刺规划会议

C. 每日站会

D. 冲刺审查

附录 A

回顾与思考问题的答案

第 1 章 基本概念

1. 项目管理包括为完成项目而应用的技能、知识、工具和技术，从而满足项目的需求，使客户满意。

2. 项目型组织的优点是项目经理对于项目拥有最终的权力，并且组织的重心是针对项目的工作。

3. 五个过程组包括启动、规划、执行、监控和收尾。

4. 在项目的规划过程组执行的过程中，你要定义项目的可交付成果、项目的活动，并要制定和公布项目范围说明书。

5. 在执行过程组需要完成的三件事包括指导项目团队、沟通项目进展和实施质量保证流程。

6. 收尾过程组是一个经常被忽略的过程组。

7. 如果已经定义了开始和结束日期，那么工作安排就是一个项目。因为它本质上就是临时的，其目的是产生特定的产品和服务，而且对应的资源会安排在项目的工作上。

8. 制约因素是指任何会制约或强行命令项目团队行动的事项。

9. 项目的三重制约包括范围、进度和预算。风险、质量、资源和客户满意度也是制约因素。

10. PMP 代表 Project Management Professional（项目管理专业人士），PMP® 证书持有者是指通过了考试获得了关于项目管理资质的认证。

第 2 章 项目管理技能

1. 项目经理的一个最重要的技能就是沟通管理。

2. 好的时间管理实践就是根据你的时间来控制不同事情的优先级，而不是让每天发生的事来控制你自己。

3. 比如紧急情况、未预料到的风险和服务中断。

4. 一些不重要或不紧急的活动，比如无关文档、跳方格游戏和网上冲浪。你应该避免这些活动，因为它们是浪费时间的，而且会阻止你完成你在计划中应该完成的工作。

5. 信息管理最重要的原则就是及时掌握每一条信息并做相应的事情。

6. 发送方、信息和接收方。

7. 发送方的责任是确保给听众的信息是清楚的、简洁的和正确的。

8. 接收方的责任是理解信息、确认他们收到了所有信息，并提出问题。

9. 三种高效倾听的技巧是：眼神的交流、解释你所听到的和不要随意打断。

10. 三种高效沟通的技巧包括让你的信息尽量清晰明确、组合使用多种沟通形式（视觉辅助工具）和消除噪声。

第 3 章　启动项目

1. 在项目的启动过程组，初步的文档是项目章程（用来任命项目经理）和相关方登记册。

2. 项目的需求和要求包括商务需求、战略机会、市场需求、客户要求、法律要求、先进的技术、社会需要和生态环境影响。

3. 项目概念文档用来作为项目启动的正式要求。它会列出高层级的项目目的和目标来让项目评审委员会审阅，并基于这个文档来进行做或不做的决定。

4. 选择项目最常用的财务方法包括：回收期、现金流折现、成本收益分析、内部回收率和投资回报率。

5. 项目发起人一般是公司高层并具有召集力支持项目的人。他有权利给项目指派资源、做决定和解决争议。项目发起人和项目经理一起共同为项目的成功承担责任。

6. 相关方登记册文档信息是关于相关方的，比如：他们的姓名、联系信息、期望、权力和对项目产生的影响力。这个登记册应该存放在项目知识库。

7. 项目章程的目的就是确认项目的存在和任命项目经理。项目章程是一个书面文档，并且要有项目发起人和关键相关方的签名，同样要保存在项目知识库。

8. 项目章程是由项目发起人或组织里的其他高层经理发布的，有时可能会要求项目经理来写这个项目章程，不过最后都是由项目发起人或关键相关方发布。

9. 项目章程应该由项目发起人、项目经理、关键相关方和客户签字。签署这个文档就表明对这个项目的支持和赞同，也是表示相关方理解项目的目的和意向并准备在项目需要时参与活动。

10. 项目的开工会议要口头说明项目章程书面规定的内容，在这个会议上允许参会者提出问题，以保证所有的项目成员都对项目的目标有同样的理解，并清楚了解他们各自在项目里的角色和职责。

第 4 章　定义项目目标

1. 这个缩略词 SMART 描述了定义项目目标的标准，就是要明确的、可测量的、可实现的、现实的和有时限性的。

2. 可交付成果包括完成项目所必需的特定产品、服务或成果。可交付成果与项目目标一样，应该是明确的及可测量的。

3. 需求就是目标或可交付成果的具体指标，它描述了可交付成果的特点。尽管目标和可交付成果可以进一步分解，但需求是不能的。

4. 关键成功要素必须被正确且绝对完成，只有这样才能认为项目是成功了。

5. 因为我们通常会认为事情像过去一样正常运作，这样常常就忽略了假设。一般情况下，我们会假设关键团队成员都是可使用的，或者供应商将按时交付货物，因为他们在过去一直就是这样的。这些方面都应该被记录下来，以有助于你制订一个计划来应对那些最终被证明是错误的，并且会在项目的计划过程中产生严重影响的假设。

6. 高级管理层或项目发起人缺乏承诺、缺乏好的资源、官僚主义的组织结构。

7. 商业分析师的基本角色就是收集和归档需求。商业分析师通常是分配给项目的第一批人员。他们通常参与制定项目概念性文档或商业论证。在项目上，商业分析师一般会与项目经理紧密合作。

8. 项目范围说明书的目的是归档项目的目标和可交付成果，而且将作为项目的基准，以及当项目结束时判断项目是否成功的标准。

9. 项目范围管理计划描述了如何做好以下几个过程，包括如何定义、维护和批准 WBS；如何验证和接受可交付成果；相关方如何通过提变更请求的方式来做项目的范围变更。

10. 签署了项目范围说明书可以保证所有相关方都同意并支持项目的目标及可交付成果。而且当项目后期团队记忆变模糊了同样也可方便作为一种提醒。项目经理可以参考项目范围说明书来确定新的要求属于变更，还是原来要求中的一部分。

11. 沟通计划记录相关方在项目信息方面的需要，以及何时分发信息和如何传递信息。

第 5 章　分解项目活动

1. 定义项目活动的目的是将项目工作分解到可管理的程度，以保证能确定时间、资源和成本估算。

2. 活动排序就是将所有活动按逻辑关系排列，这样能帮你做好项目进度计划。它也意味着可以将类似的工作集中在一起来处理。

3. 里程碑是项目中已经取得显著的重要的成就。但它并不是工作本身，它意味着已经完成了一系列的项目活动，或已经取得一项更大成就。

4. WBS 是以可交付成果为导向的层次结构，是项目管理中很重要的一个工具，并以树状或大纲形式显示信息。

5. 工作包是 WBS 的最底层，在这个层级会分配资源、估算时间和成本。

6. 编码是为了跟踪 WBS 中每个元素的成本，一般是指工作包层面的。它也可以作为参考识别码帮助你更好地识别 WBS 中的每个元素。

7. RAM 是责任分配矩阵，可以用来表示 WBS 中每个元素需要什么样的资源。RAM 通常是一个表格，在该表格的首行中列出所需的资源类型，然后在首列中列出 WBS 的元素。

8. 两种方法：一是专家判断，另一个是参数估算。

9. 四种相互依赖关系：完成到开始、完成到完成、开始到开始和开始到完成。最常使用的依赖关系是完成到开始。

10. 紧前关系绘图法是最常用的绘制进度网络图的方法，它是一种根据项目活动之间的依赖关系链接项目活动的制图方法，它使用方框或节点来表示项目活动，并使用箭头来表示活动之间的依赖关系。

第 6 章　规划和获取资源

1. 你要了解组织的政策，尤其是对于职位描述和员工跨部门调动的有关政策。

2. 如知识、性格特征、经验、团队协作能力。

3. 技能评估和技能清单是非常有用的工具。

4. WBS。

5. 项目相关方登记册列出了所有与项目有关人员的姓名和联系方式，这些人包括相关方、项目发起人、所有项目团队成员，以及项目中的供应商等。

6. 自制或外购决定的做出，最终看哪个选项对组织有更高的成本效益和效率。

7. 资源计划描述项目所需的所有资源，包括人力资源和实物资源的文档。

8. 项目经理经常需要通过签订合同来采购商品或服务。许多组织都设立有专门负责合同谈判和合同履行的部门，但这并不意味着你就可以什么都不用做。作为项目经理，你应该对整个合同签订过程有一定的了解。合同签订之后，在项目上你需要与供应商进行沟通，也需要向采购部门或合同经理报告供应商履约的情况，以便他们向供应商付款。

9. 在此阶段中，你将再次确认项目目标，如有必要可以进一步对其进行修正。这个过程的主要工作是为那些可能会来投标的潜在供应商准备 RFP，在 RFP 中会介绍你的项目目标和可交付成果。

10. 合同生命周期的第四个阶段是“授予”。在该阶段中，你需要检查供应商提交的响应 RFP 的投标文件，然后选择供应商并授予合同。

第 7 章 评估风险

1. 风险是指可能在项目期间以某种方式影响项目结果的事件。

2. 项目假设条件和制约因素、WBS、任务清单和项目的关键成功因素等都可以帮助你发现项目本身的风险。

3. 大多数风险可以分为三类：具有可预测结果的已知风险（已知—已知风险）、具有不确定结果的已知风险（已知—未知风险），以及未知风险（未知—未知风险）。

4. 项目经理、项目团队成员、相关方、技术专家、有类似项目经验的人员。

5. 名义小组技术。

6. 头脑风暴、德尔菲技术、访谈。

7. 将风险概率和影响赋值都放在概率和影响矩阵中，然后将概率分值乘以影响分值，从而得到一个总体风险分数。总体风险分数越高，则该风险就越大。

8. 风险态度是指人对风险所采取的态度。风险态度包括两个要素：风险偏好和风险临界值。

9. 你可以使用这几种公认的风险应对策略来管理或控制项目中的威胁（消极风险）：上报、接受、规避、转移和减轻。对于可能出现在项目上的机会（积极风险），你可以用这五种策略来应对：上报、开拓、分享、提高和接受。

10. 应急储备是一种备用资金用来应对风险，帮助减轻风险对项目范围、进度、成本和质量所造成的影响。

第 8 章 制订项目计划

1. 项目范围说明书、WBS、活动清单、活动估算、进度网络图和资源需求等。

2. 最可能工期，最悲观工期和最乐观工期。

3. 期望值是 PERT 中三种估算值（最可能估算，最悲观估算和最乐观估算）的加权平均值。

4. 期望值 =[最乐观估算 +（4 × 最可能估算）+ 最悲观估算]/6

5. 置信度是你对计算出来的估算值的信任程度。

6. 关键路径是项目进度网络图中最长的那条路径。

7. 浮动时间有两种：总浮动时间和自由浮动时间。总浮动时间是在不影响整个项目完工时间的前提下，该任务可以延迟开始的时间；而自由浮动时间是在不影响紧后任务的开始时间的前提下，该任务可以延迟开始的时间。

8. 增加更多的资源；通过将可交付成果分解为多个阶段，或缩减一些可交付成果，来更改项目范围；以不同的顺序重新安排任务；引入不同的资源；让原计划顺序开展的任务并行开展。

9. “资源平衡”是给项目团队成员分配任务工作量的过程中所使用到的一个项目管理术语。你需要调整任务分配，以使那些超负荷工作的人可以将部分工作量转给那些未被充分利用的团队成员。

10. 质量成本是为了使生产出来的产品或服务达到质量管理计划中的质量标准，或者去处理生产出来的不合格产品或服务所花的成本。

第 9 章 制定项目预算

1. 项目预算就是估算完成工作所需费用的分项清单。

2. 人力资源成本、管理成本或物资成本。

3. 比如直接成本及间接成本。直接成本包括工资、设备租赁费和软件费，以及团队成员的培训费。任何可直接归因于项目工作的成本就是直接成本。间接成本就是与项目相关但与项目具体工作无关的成本，间接成本不是针对具体的项目。例如，你的项目团队可能与同一栋楼中的其他同事（不在项目中工作的同事）合作，办公楼建筑物的租赁成本就是间接成本。

4. 类比估算是根据在规模和范围上与正在估算的项目相似的以前的项目的实际成本来确定当前项目的估算值的。

5. 自下而上的估算是为每个活动进行单独估算并将其相加而最终确定项目的总预算。

6. 应急储备金是增加到项目预算中用于支付意外事件的应急资金。应急储备金可以给你一个缓冲，以支付意外成本或处理出现的意外风险。你不可能知道所有的事情，你的团队也无法预测项目中可能发生的所有事情，因此有一笔应急储备金将有助于当它们出现的时候，你就可以从紧张的状态中走出来。

7. 为了减少预算，你可以对项目做一些调整，比如减少项目范围、减少可交付物的功能和特点，以及减少项目团队成员数量。

8. 成本基准是项目期望的成本。它是被用来跟踪未来项目的表现以保证实际的花费是在项目预算的范围内的。

9. 项目的范围发生变更一般都会引起项目的进度和预算的变更。

10. 批准了所有的计划文档并不能保证总体的项目计划会被批准。因为组织的变化、预算的变化、人员的变化和风险容忍度的变化，这些因素都有可能毁掉整个项目，甚至所有的计划即便被批准了也没办法。

第10章 执行项目

1. 团队发展的5个阶段包括：形成、震荡、规范、成熟和解散。

2. 震荡阶段。

3. 首先需要把问题写下来；其次是写下关于问题的假设条件；最后是写下建议的解决方案。

4. 问题解决的五种方法包括强迫/指导、平滑/调解、妥协/和解、撤退/躲避和合作/解决问题。其中合作/解决问题是项目经理最常用的方法。

5. 内在激励因素是个人特有的或源自内心的激励因素，用以激励人们履行职责。外在激励是指对个人外在的激励，如给予金钱、礼物和奖励，这些都可以激励他们去好好表现。

6. 和具体表现相联系的奖励会在将来产生更多好的行为。奖励需要结合实际，否则人们便会失去获得奖励的动力。

7. 专家权力。

8. 这种情形之下，如果你接受了供应商的赠票就会有利益冲突的发生。已有的经验表明如果你获得了个人的利益就会使得你受供应商的影响，而在项目工作中做出倾向于他们的决定。

9. 除了周期性的项目进展状态报告，相关方可能还要求看到其他有关的信息，如进度变更、范围调整、差异报告、资源使用、更新的成本估算和质量测量等。

10. 监控过程组。

第11章 控制项目成果

1. 如相关方和客户的请求；项目团队成员的要求；主要成员离开项目。

2. 没有人的记忆是完美无缺的，因此没有书面记录的变更就可能导致重大冲突。如果你不记得变更要求所描述的方式，或者相关方所说的具体意思是什么，而项目团队目前实施的又是另一套方案，那么在原本的变更请求之外你还需要处理更多的麻烦，以及其他的种种变更。这样缺少书面的变更请求可能最终影响项目的进度和产品质量，并造成组织资产或业务损失，因此必须要以书面形式来提出变更请求。

3. 变更控制系统是一套被写成文档的流程，包括如何控制、变更及批准项目的可交付成果和相关项目文档。

4. 变更控制系统是一套文档化了的管理流程，它们描述了如何对项目可交付成果和相关项目文档进行控制、变更和批准。还经常会描述如何提交变更请求，以及如何管理变更要求。变更控制系统还要跟踪变更请求的状态，包括变更请求是否得到批准。变更控制系统通常会对变更批准所需的权限级别做出规定。

5. 变更控制委员会是负责审查、批准或拒绝变更请求的。

6. 项目范围变更一般会导致项目进度变更，包括已经确定的 WBS。

7. 当面对项目范围和进度变更时，你可以考虑增加更多的资源、调整任务的范围、移动项目的可交付成果到下一个阶段。

8. 快速跟进和赶工。

9. 快速跟进是一种进度压缩技术，它意味着并行多个项目活动进程或同时启动多个关键路径任务，而这些任务最初是按逻辑顺序依次启动的。

10. 状态审查会议。

第 12 章 项目收尾

1. 一个成功的项目是要满足或超过相关方的期望值。

2. 收尾过程组包括对项目产品的最后批准、关闭账户、总结归档经验教训和汇总项目信息等活动。

3. 项目账户在项目结束时就应关闭了，这样就不会有新的花费记在项目预算上。如果有任何费用记在我们计划的预算上，就会产生预算的差异。

4. 执行了合同收尾，项目经理应该以书面的形式通知卖方说明合同已经完成，项目的产品或服务是满意并可接受的。

5. 因为他们非常喜欢目前项目的工作，想继续进行而不愿意结束。

6. 在保修期内，当用户使用新的程序或硬件时可以向团队报告问题并要求立即解决。团队在这期间不是要开发新的功能或增强原有的功能，而仅仅是修复错误。一旦保修期到期之后，客户如有新的问题，就会按照组织流程进行优先顺序排列并按日常问题处理。

7. 经验教训是关于项目成功和失败的收获，这些都要和项目文档一起汇集起来为将来的项目做参考。

8. 这个过程要确保客户和相关方正式通过验证项目范围说明书中的所有要求都已得到满足，从而接受产品。

9. 项目章程、项目范围说明书、项目计划文件、质量计划、风险应对计划、最终状态报告、经验教训登记册和最终验收文件等。

10. 庆祝活动会把项目带入尾声，并让团队成员正式意识到项目结束了，它也有助于平滑过渡，让团队成员知道他们的贡献得到了赞赏。也有助于团队成员结束原有的关系并开始考虑他们的新任务，所以一定不要跳过这个过程。

11. 产品负责人。

12. B。

附录 B

项目管理工具模板和核对单

本附录包含了本书所有提及的工具模板，你可以使用它们或做些调整来用于自己的项目。

项目管理流程核对单（来自第 1 章）

项目管理流程核对单

是否完成	流程或文档名称	说　　明
❑	商业论证	一般由项目发起人创建，用于论证项目是否对组织有财务方面的收益。商业论证创建于项目开始之前，用于判断项目是否需要被开展
❑	项目章程	一般由项目经理创建,并由发起人和关键相关方提供输入，最后经项目发起人批准，用于描述项目的目的和成果
❑	相关方登记册	由项目经理创建，列出了关键相关方的姓名、联系方式、对项目的影响力、与项目的利害关系，以及其他能更好帮助管理相关方所需要的信息
❑	假设日志	由项目经理创建，相关方提供输入。描述项目的假设条件和制约因素
❑	项目范围说明书	由项目经理创建，并由发起人和相关方批准。在项目范围说明书里面，项目经理与团队和相关方一起来定义项目的可交付成果
❑	关键成功因素	定义项目完成所必需的要素和要求。可以被包含在商业论证、项目章程或项目范围说明书里面
❑	沟通计划	由项目经理创建，描述相关方和项目团队的信息传递方面的需求，包括如何和何时分发项目信息等
❑	工作分解结构（WBS）	由项目经理创建，对可交付成果进行层级分解，使其成为更易于管理的工作包，描述了完成项目所需要完成的详细工作内容
❑	责任分配矩阵	由项目经理创建，描述了 WBS 各个要素中项目团队成员的角色和职责
❑	资源计划	由项目经理创建，描述了为完成项目所需要的实物资源和人力资源
❑	采购计划	由项目经理或采购部创建，描述需要从外部供应商采购的资源或服务
❑	风险管理计划	由项目经理或风险管理团队创建，识别、描述和规划项目风险

续表

是否完成	流程或文档名称	说　　明
❑	质量管理计划	由项目经理或质量团队创建，描述如何进行质量规划、管理和控制
❑	项目进度计划	由项目经理或项目进度专员创建，描述任务之间的依赖关系、完成任务所需的时长、项目里程碑式的节点，可用于确定关键路径
❑	项目预算	由项目经理创建，描述项目的目标成本
❑	变更管理计划	由项目经理创建，描述如何识别、批准和管理变更
❑	变更日志	由项目经理创建，列出项目的变更请求内容、如何处置、执行日期、相关备注和其他信息
❑	实施核对单	由项目经理创建，描述项目结果在移交给内部运营部门或客户后需要关注的要点
❑	最终状态报告	由项目经理创建，对整个项目进行概要描述，包括做法和问题，并记录相关方接受项目关键可交付成果的日期
❑	经验教训登记册	由项目经理创建，并由发起人、相关方和团队成员提供输入。提供用于改进未来项目绩效或当前项目的未来阶段绩效的各种经验教训

项目概念文档（来自第 3 章）：

项目概念文档

项目概念文档（第一页）

Ⅰ. 一般信息

项目名称：________________　　项目编号：________________

申请者姓名：______________　　申请日期：________________

申请者联系方式：__________

第一部分——由申请者完成

Ⅱ. 商务判断（说明必须实施项目的原因、项目要解决的问题或难点，描述如果不批准项目会对组织产生的影响）

Ⅲ. 项目描述（提供高层级的项目目标，包括一个期望的项目产出的概要清单）

Ⅳ. 项目成本（如果知道，提供高层级的估算）

Ⅴ. 时间框架（是否有关键的完成日期：是/否　　申请日期：_________
如果不是关键的，所期望的完成日期：_________）

项目概念文档（第二页）

第二部分——由项目经理或职能经理完成

VI. 初步的计划（提供项目完成的高层级的估计）

VII. 业务影响的领域（列出受项目影响的所有业务单元）

第三部分——由评审委员会完成

VIII. 评审委员会审查

审查日期：
建议：
项目接受/拒绝：
项目优先级：

IX. 评审委员会签名

相关方登记册（相关内容见第 3 章）

相关方登记册

Ⅰ. 基本信息

项目名称：__________ 项目编号：__________

项目经理姓名：__________ 日期：__________

项目发起人姓名：__________

Ⅱ. 相关方登记册

姓名	角色	期望	内部/外部	联系信息	交流方式	权力/影响力

项目章程（来自第3章）

项目章程

Ⅰ. 一般信息

项目名称：________________　　项目编号：________________

项目发起人姓名：__________　　日期：____________________

Ⅱ. 项目概述（描述项目要带来的产品和服务、项目实施的原因、项目的目的等）

Ⅲ. 项目目标（描述项目总体目标，比如确定哪些因素决定项目的成功）

Ⅳ. 高层级需求（描述客户、发起人和相关方的期望和要求等）

Ⅴ. 商务判断（说明为什么要做这个项目以及项目将要解决的问题和难题，描述如果不批准项目将会对组织产生的影响等）

Ⅵ. 资源和成本估算（如果知道就提供成本估算，包括已经花的费用，如可行性研究的成本和咨询的时间成本等）

Ⅶ. 角色和职责（列出所有相关方和他们的职责）

Ⅷ. 签字（包括给项目发起人、项目经理、关键相关方、客户及其他与项目有关的人的签字）

Ⅸ. 附件（列出项目章程的附件）

项目开工会议日程（来自第 3 章）

项目开工会议日程

Ⅰ. 一般信息

项目名称：________________　　项目编号：________________

项目经理姓名：________________　　日期：____________________

项目发起人姓名：______________

Ⅱ. 日程

1. 介绍
2. 项目章程
3. 项目目的
4. 项目目标
5. 角色和职责
6. 问题

项目范围说明书（来自第 4 章）

项目范围说明书

1. 基本信息

项目名称：______________________　　项目编号：______________

项目经理姓名：__________________　　日期：________________

2. 项目概览（描述项目产出的产品或服务、项目启动的原因，以及项目的目的）

3. 项目目的和目标（用SMART原则来描述项目目标。在项目结束时，项目目标会被用来衡量和确定项目是否取得成功）

4. 项目可交付成果详细清单（为了实现项目目标，需要产出多个可交付成果。这些可交付成果必须是可测量、可验证的，还需要在这些可交付成果中识别出项目的关键成功因素）

5. 项目需求的详细清单（需求是对可交付成果的进一步说明和描述）

6. 项目的除外责任（列出本项目范围之外的可交付成果或需求）

7. 时间和成本估算（包括时间和资源的初始估算，请注意这只是初始粗略的估算，该初始估算会在后面的项目规划活动中进一步得到更新）

8. 角色与职责（包括一个描述角色—职责对应关系的图表，详细阐述项目中的各种角色及其职责）

9. 假设条件（列出项目的所有假设条件）

10. 项目验收标准（解释说明如何成功交付项目的可交付成果和最终产品，以及用来验收项目的验收标准）

11. 制约因素（列出项目的所有制约因素）

12. 签名（必须设置项目发起人、项目经理、关键项目相关方、客户和供应商签字的地方）

沟通计划（来自第 4 章）

沟通计划

1. 基本信息

项目名称：________________　　项目编号：________________

项目经理姓名：________________　　日期：________________

沟通信息类别	接收方	方法	时间要求	负责人

活动清单（相关内容见第 5 章）

活动清单

Ⅰ. 基本信息

项目名称：________________ 项目编号：________________

项目经理姓名：____________ 项目发起人姓名：____________

Ⅱ. 活动清单

WBS#	可交付成果	工作包	建议	完成日期

项目里程碑图（相关内容见第 5 章）

项目里程碑图

Ⅰ. 基本信息

项目名称：________________　　　　项目编号：__________________

项目经理姓名：____________　　　　项目发起人姓名：____________

Ⅱ. 里程碑表

里程碑	期望的完成日期	实际完成日期	建议

RACI 矩阵示例图（相关内容见第 5 章）

RACI 矩阵示例图

1. 在活动栏填活动的名称
2. 在资源姓名栏填上对应的将要承担责任的职责人的姓名（执行人、担责人、咨询顾问、知情人）
3. 最后，在表中填上对应的 RACI 的角色任命

Ⅰ. 基本信息

项目名称：________________　　　　项目编号：___________________

项目经理姓名：____________　　　　项目发起人姓名：_____________

Ⅱ. RACI 表

活动	资源姓名	资源姓名	资源姓名	资源姓名

技能清单（相关内容见第 6 章）

技能清单

Ⅰ．基本信息

项目名称：________________________　　项目编号：____________________

项目经理姓名：____________________　　日期：______________________

项目发起人姓名：______________

员工	工作岗位	技能	从业年数	教育/培训

材料、用品和设备清单（来自第6章）

材料、用品和设备清单

Ⅰ. 基本信息

项目名称：________________________ 项目编号：____________________

项目经理姓名：____________________ 日期：________________________

项目发起人姓名：______________

任务	需要的材料、用品和设备	数量	已有/采购	估计总花费（美元）

常见项目风险核对单（来自第 7 章）

常见项目风险核对单

I．基本信息

项目名称：________________　　项目编号：________________

项目经理姓名：______________　　项目发起人姓名：____________

风险类别	风险对项目的影响/风险特征	检查
项目进度	延长项目工期	❑
预算/资金	增加成本	❑
人员问题	关键团队成员流失，没有足够的项目团队成员	❑
质量	没有达到验收标准	❑
关键相关方的一致性	引起冲突和项目延误	❑
范围变更	延长项目工期，增加项目成本	❑
项目计划	延长项目工期，增加项目成本，影响项目质量；还会导致项目团队和相关方迷失方向，沟通混乱	❑
项目管理方法	延长项目工期，增加项目成本	❑
商业风险	公众形象不佳	❑
管理风险	部门或业务重组会导致团队成员的流失	❑
供应商问题	延迟交付	❑
合同问题	项目延误，增加项目成本	❑
法律问题	增加项目成本，公众形象不佳	❑
政策问题	公众形象不佳	❑
环境风险	增加成本，延误进度，公众形象不佳	❑
天气或自然灾害	延误进度或项目交付，增加成本	❑
技术风险	需要时不可用	❑
项目复杂性	项目团队缺乏经验	❑
项目经理的技能水平	项目经理缺乏经验	❑
团队的技能和能力水平	项目团队缺乏经验，缺乏相关培训	❑

概率和影响矩阵（相关内容见第 7 章）

概率和影响矩阵

项目名称：________________ 项目编号：________________

项目经理姓名：________________ 日期：________________

项目发起人姓名：________________

风险编号	风险事件	概率数值	影响数值	风险值（概率*影响）

风险登记册（相关内容见第 7 章）

风险登记册

Ⅰ. 基本信息

项目名称：________________　　项目编号：________________

项目经理姓名：________________　　日期：________________

项目发起人姓名：____________

Ⅱ. 风险登记册

风险编号	风险名称	是否需要制订应对计划	应对计划所在位置	风险负责人	状态

质量管理计划（来自第 8 章）

质量管理计划

1. 基本信息

项目名称：______________ 项目编号：______________

项目经理姓名：______________ 日期：______________

项目发起人姓名：______________

2. 项目概览（概要描述项目，包括项目目的和目标）

3. 质量标准和规范（注明项目团队需要遵循的质量方针、标准和规范）

4. 质量验收标准（提供一个详细的质量验收标准清单，该质量验收标准清单可以用来验收和确认可交付成果是否完整和正确，其包括了各个可交付成果所对应的各自的质量验收标准）

5. 质量保证流程（质量保证流程用来监视是否遵循了项目质量标准，需要列出这些质量保证相关的活动和流程）

6. 质量管理人员的角色和职责（列出质量管理人员的角色和职责，包括谁会负责哪一个质量管理活动）

7. 签名（必须设置项目发起人、项目经理、负责质量保证和评审的人员签字的地方）

项目规划过程（来自第 9 章）

项目规划过程

Ⅰ. 基本信息

项目名称：____________________　　项目编号：____________________
项目经理姓名：____________________　　项目发起人姓名：____________________

Ⅱ. 项目规划过程

项目规划活动	输　入	输　出
项目范围说明书	项目章程	项目目标和目的、假设和约束、关键成功要素
WBS	项目范围说明书、项目范围管理计划	项目可交付成果的工作分解
活动定义	项目范围说明书、WBS	WBS、活动清单
沟通计划	项目章程、项目范围说明书	沟通计划
资源定义	项目范围说明书、WBS、活动清单	定义项目需要的实物和人力资源
任务依赖关系	WBS、活动清单	活动的逻辑依赖关系
网络图	WBS、活动清单、依赖关系	依据活动顺序的逻辑图
活动时长估算	WBS、活动清单、资源计划、网络图	完成每个活动所需的时间
采购计划	WBS、活动清单、资源计划、网络图	采购计划
风险计划	项目范围说明书、WBS、活动清单、资源计划、网络图	风险管理计划
质量计划	项目范围说明书、项目范围管理、WBS、活动清单、网络图	
项目进度	项目范围说明书、WBS、活动清单、网络图、资源计划	
预算	项目范围说明书、WBS、活动清单、网络图、资源计划、采购计划、风险计划、项目进度	

项目状态报告（来自第 10 章）

项目状态报告

Ⅰ. 一般信息

项目名称：________________　　项目编号：________________

项目经理姓名：____________　　报告截止时间：________________

项目发起人姓名：____________

Ⅱ. 自从上次报告之后项目的进展

Ⅲ. 项目进度计划和实际完成日期

Ⅳ. 未完成的本阶段要求完成的任务

Ⅴ. 下一阶段希望完成的任务

Ⅵ. 问题

行动清单（来自第 10 章）

行动清单

Ⅰ. 一般信息

项目名称：________________　　项目编号：________________

项目经理姓名：____________　　项目发起人姓名：____________

Ⅱ. 项目行动清单

编号	汇报日期	行动内容	责任人	完成日期

变更控制日志（相关内容见第 11 章）

变更控制日志

Ⅰ. 基本信息

项目名称：__________________　　项目编号：____________________

项目经理姓名：______________　　项目发起人姓名：______________

Ⅱ. 变更控制日志

ID	变更请求描述	提交日期	状态/建议	批准/拒绝/延期	实施日期

变更请求单（来自第 11 章）

I. 一般信息

项目名称：__________________ 项目编号：__________________

申请人姓名：________________ 申请日期：__________________

申请人联系电话：____________ 申请批准/拒绝日期：__________

变更申请跟踪号：____________

第一部分，由申请者完成

II. 变更申请描述（包括详细的要求变更的范围描述）

III. 对于变更的业务判断（描述变更会给业务、项目或产品带来的好处）

IV. 项目不进行变更会带来的影响（描述如果没有变更会对业务、项目或产品带来的影响）

V. 变更的替代方案（描述任何已知的替代方案）

第二部分，由项目经理完成

VI. 变更的影响（描述此变更对于项目、预算和质量的影响）

VII. 变更的替代方案（描述替代方案）

VIII. 对变更控制委员会的建议（描述项目经理的建议：批准还是拒绝这一变更，包括对建议的判断）

第三部分，由变更控制委员会完成

建议（包括对项目目标的讨论，这一变更是否会严重地影响项目目标？如果这样，项目目标是不是就无法实现了？这一变更能不能被考虑为一个新的项目或本项目的第二阶段）

审阅日期：

签字：

项目管理流程核对单（相关内容见第12章）

项目管理流程核对单

1. 基本信息

项目名称：________________　　项目编号：________________

项目经理姓名：______________　　项目发起人姓名：____________

完成状态	流程或文档名称	职　责	说　明	项目生命周期
❑	商业论证	项目发起人	一般由项目发起人创建，用于论证项目是否可以为组织带来业务方面的收益。商业论证创建于项目开始之前，用于判断项目是否需要被开展	启动
❑	项目章程	项目章程通常由项目经理创建，一般应以发起人的名义发布项目章程	一般由项目经理根据项目发起人和关键相关方提供的信息来创建，其中会描述项目的目的和成果	启动
❑	假设日志	项目经理，以相关方提供的信息和要求为依据	描述项目的假设条件和制约因素对团队的限制，可能会被包含在项目范围说明书里，但是经常归档在假设日志中	规划
❑	项目范围说明书	项目经理，以相关方提供的信息和要求为依据	描述项目目标，包含完整的可交付成果清单，还有特定的对于产品、服务和项目成果的技术指标要求，需要由项目发起人、项目经理和相关方共同签字。注意要由业务分析师负责收集需求和归档	规划
❑	关键成功要素	项目经理，以相关方提供的信息和要求为依据	描述为了项目的成功必须要精准完成的要素和要求，可以被包含在商业论证或项目范围说明书中	规划
❑	沟通计划	项目经理	描述相关方和项目团队成员的信息传递方面的需求，包括如何和何时分发项目信息等	规划
❑	WBS	项目经理	描述完成项目所需要完成的工作，对可交付成果进行层级分解	规划
❑	责任分配矩阵	项目经理	描述了 WBS 各个要素中项目团队成员的角色和职责	规划
❑	资源计划	项目经理	描述了为完成项目所需的物资设备和人力资源	规划
❑	采购计划	项目经理或采购部	描述需要从外部供应商采购的资源和服务	规划
❑	风险管理计划	项目经理，以相关方、风险分析团队和项目团队提供的信息和要求为依据	对风险进行识别、描述和规划，包括对风险登记册的管理，以及对高层级风险应对计划的制订	规划
❑	质量管理计划	项目经理或质量团队	描述如何进行质量控制	规划
❑	项目进度	项目经理或项目进度专员	描述任务之间的依赖关系、完成任务所需的时长和里程碑式的节点，可用于确定关键路径	规划

完成状态	流程或文档名称	职 责	说 明	项目生命周期
❑	项目预算	项目经理或财务经理	描述项目的目标成本	规划
❑	项目团队开工会议	项目经理	给所有团队成员分配责任	执行
❑	状态会议和状态报告	项目经理	向相关方和团队成员提供项目的更新状态，涉及项目的进展、问题、变更请求等	执行和监控
❑	变更管理计划	项目经理和变更控制委员会	描述如何识别和管理变更	计划和监控
❑	监督项目的绩效表现并采取正确的行动	项目经理	总体监察项目表现，可能需要更新项目规划文档	监控
❑	关闭账号记录及合同收尾	项目经理和财务经理	项目经理通知财务经理关闭所有项目账户，此后将不会再有费用被记录到项目预算里	收尾
❑	实施核对单	项目经理	面向内部运营部门或客户，描述与产品、服务或项目的结果相关的需要讨论的问题或需要更新的信息	监控和收尾
❑	经验教训登记册	项目经理、相关方和团队的输入	总结做得较好的流程、计划等，同样要记录项目中做得不好的，不希望在将来的项目中重复的地方。如果可行的话，把这些汇总之后整合到标准的公司项目管理流程和模板中	收尾
❑	获取项目完成签署并发送正式的项目结束通知	项目经理	确保项目的产品、服务和结果已被接受，并通知所有部门项目正式结束	收尾
❑	项目反馈	项目经理、相关方和团队的输入	总结经验进行反馈以提升未来在项目中的表现，可以被包含在经验教训登记册中	收尾
❑	归档项目文件	项目经理	归档项目的记录为将来的项目做参考	收尾
❑	庆祝你的成功	项目经理和项目团队	以公开的方式感谢团队成员的努力工作并认可项目的成功。作为项目的收尾同时帮助团队成员转到新的项目上	收尾

实施移交检查清单（来自第 12 章）

实施移交检查清单

项目名称：__________　　项目编号：__________

项目经理姓名：__________　　项目发起人姓名：__________

完成状态	描述	建议
❑	完成可交付成果	
❑	接受和批准可交付成果	
❑	合同收尾	
❑	合同付款	
❑	完成客户培训	
❑	已提供产品文档给客户	
❑	已给客户保修期信息	
❑	已提供给客户联系信息	
❑	交付最终产品	

最终状态报告（来自第 12 章）

最终状态报告

I. 一般信息

项目名称：__________________ 项目编号：__________________

项目经理姓名：__________________ 汇报日期：__________________

II. 项目概述（描述项目的最终产品、服务、实施项目的原因、项目的目的，包括实施项目后解决的业务问题）

III. 项目的目标和目的（写明项目已经达到的目标并和项目范围说明书的目标做比较）

IV. 项目的可交付成果和里程碑（写明已完成的主要可交付成果及里程碑，以及计划中对应的截止日期，实际完成日期，相关方的验收日期）

V. 项目预算（做出最终项目预算的总结，计算其与原有预算的差异）

VI. 质量保证（对于质量标准和检查的结果归档）

VII. 建议（与那些被转移到项目第二阶段的可交付成果相关的协议、要考虑的主要问题及解决办法、需要进一步解释的风险事件等，凡是需要提醒相关方注意的信息都应该包括在内）

VIII. 最终验收和签字（相关方验收项目并签名，表明他们接受项目）

接受/拒绝： 相关方姓名：

反侵权盗版声明

举报电话：（010）88254396；（010）88258888

传　　真：（010）88254397

E-mail：　dbqq@phei.com.cn

通信地址：北京市万寿路 173 信箱

　　　　　电子工业出版社总编办公室

邮　　编：100036